뭐 저런 대통령이 다 있나

뭐 저런 대통령이 다 있나

초판 1쇄 인쇄 2024년 3월 5일
초판 1쇄 발행 2024년 3월 11일

지은이 장세진
펴낸이 장길수
펴낸곳 지식과감성#
출판등록 제2012-000081호

교정 한장희
디자인 정윤솔
편집 정윤솔
검수 주경민, 이현
마케팅 김윤길, 정은혜

주소 서울시 금천구 벚꽃로298 대륭포스트타워6차 1212호
전화 070-4651-3730~4
팩스 070-4325-7006
이메일 ksbookup@naver.com
홈페이지 www.knsbookup.com

ISBN 979-11-392-1710-0(03810)
값 18,000원

- 이 책의 판권은 지은이에게 있습니다.
- 이 책 내용의 전부 또는 일부를 재사용하려면 반드시 지은이의 서면 동의를 받아야 합니다.
- 잘못된 책은 구입하신 곳에서 바꾸어 드립니다.

지식과감성#
홈페이지 바로가기

장세진 에세이

뭐 저런 대통령이 다 있나

■ 저자의 말

어통령 시대 살아가는 법

57권째 책 '뭐 저런 대통령이 다 있나'를 세상에 내놓는다. 퇴직후 하는 게 글 쓰는 일뿐이라 스스로는 1년에 한두 권씩 펴내던 현직일 때보다 더 왕성한 창작활동이 이루어진 셈이라 생각한다. 그도 그럴 것이 2022년엔 편저 포함 3권, 등단 40주년을 맞은 2023년엔 기념문집 3권 등 4권의 책을 펴낸 바 있다. 이로써 펴낸 책이 평론집·수필집 등 총 57권(편저 5권 포함)에 이른다.

수필·산문집으로만 국한하면 16번째 장세진 지음의 책인 '뭐 저런 대통령이 다 있나'는 2022년 5월 펴낸 '뭐 저런 검찰총장이 다 있나' 이후 1년 9개월 만에 내놓는 장세진 에세이다. 같은해 11월 펴낸 수필집 '월드 클래스 손흥민'보다 판매 등 독자 호응이 미미하지만, '뭐 저런 검찰총장이 다 있나'는 '사이다 에세이'를 표방한 책이다.

역시 '사이다 에세이'임을 내세운 '뭐 저런 대통령이 다 있나'는, 이를테면 '뭐 저런~' 시리즈 2탄의 책인 셈이다. 순전 어통령('어쩌다 대통령'을 줄인 말) 시대를 살게돼 세상과 만나는 책이라 할 수 있다. 사실은 교단을 떠나면 그렇게 까거나 씹는 글 쓰지 않으며 살지 싶었는데, 8년이 넘도록 그게 아니다. 특히 본의 아니게 어통령 시대를 사는 처지가 돼서 그런지 오히려 미치고 팔짝 뛸 일이 수시로 벌어지거나 일어나고 있어 쓴 책이기도 하다.

'뭐 저런 대통령이 다 있나'에는 편당 원고지 10장 안팎의 짧은 글 87편이 실려 있다. 다소 긴 글도 있지만, 1~5부 글은 일부를 빼곤 발표 및 쓴 시기가 빠른 것부터 앞에 오게 실었다. 복합어의 띄어쓰기가 통일되지 않은 게 있더라도 양해 바란다. 일간신문 등에 이미 발표한 것들도 있고, 미발표작들도 상당수 있다. 몇 편을 제외하곤 대부분 어통령 시대 벌어졌거나 벌어지고 있는 미치고 뒤틀린 정치 등 사회현실에 대해 '까거나 씹는' 이야기들이다.

미리 밝혀둘 것이 있다. 비판은 비난과 다르다는 점이다. 내가 어통령 시대 뒤틀려있는 온갖 사회현실을 지적하고 비판하는 건 궁극적으로 잘못되어 있음을 바로잡자는 것일 뿐이다. 나름 어통령 시대를 살아가는 법이기도 하다. 다른 의도는 없다. 그러니까 어떤 개인이나 집단을 겨냥한 '펜의 힘' 발휘는 아니란 것이다.

굳이 부언하자면 나는 비판을 일삼는 평론가이지 어떤 이념에 의해 움직이는 사람이 아니다. 남들이 보수로 분류하는 70대에 접어든 꼰대이지만, 나는 아니다. 그렇다고 진보도 아니다. 따라서 일부에서 즐겨쓰는 좌파도 아니다. 그렇다면 중도일텐데, 그것도 아니다.

오로지 나는 작품에서 감동받지 않으려고 애쓰며 비판을 일삼는 평론가일 뿐이다. 나는 어떤 사안에 대해 객관적이면서도 일반 상식과 부합하는 판단을 가치로 알고 글을 쓰는 평론가일 뿐이다. '뭐 저런 대통령이 다 있나'를 읽고 어떤 생각을 하든 독자 개인의 자유지만, 누구 편이 되거나 유리하게 하려고 이런 책을 내는 게 아님도 미리 밝혀둔다.

어통령 시대 세상 돌아가는 게 답답하고 분통 터지는, 그리하여 미치고 팔짝 뛸 일이라 느끼거나 생각하는 사람들에게 사이다 에세이 '뭐 저런 대통령이 다 있나'를 자신있게 권한다. 끝으로 출간의 기쁨은 이 사이다 에세이를 읽고, 답답했던 속이 뻥 뚫렸다며 엄지척 해줄 독자들과 함께 나누고 싶다.

2024년 봄
지은이 **장 세 진**

차 례

■ 저자의 말 - 어통령 시대 살아가는 법 ——————— 4

제1부

인간의 도리 ————————————————— 12
없던 일이 되어버린 공모전 상금 ——————————— 16
밥값과 먹튀 ——————————————————— 19
제3회교원문학상 시상식을 치르고 ——————————— 22
내가 겪은 금품요구 ———————————————— 25
깜 안 되는 지방의원들 ——————————————— 31
재난 없는 안전사회를 위하여 ————————————— 36
가장 기분 나쁜 세금 건강보험료 ———————————— 42
교장공모제 악몽 떠오르게한 돈선거 의혹 ———————— 45
어처구니없는 교육부장관 임명 ————————————— 47
현직 장관이 차기 대권주자 1위 ———————————— 50
뭐 저런 대통령이 다 있나1 —————————————— 53
뭐 저런 대통령이 다 있나2 —————————————— 57
뭐 저런 대통령이 다 있나3 —————————————— 61
뭐 저런 대통령이 다 있나4 —————————————— 65
뭐 저런 대통령이 다 있나5 —————————————— 69
20%대 대통령 지지율 ———————————————— 72

제2부

전북엔 그렇게 사람이 없나 ········ 76
촉법소년 제도 없애야 ········ 78
참 쪼잔한 짓 ········ 81
국익 빙자한 언론탄압 ········ 84
뭔놈의 이런 나라가 다 있나 ········ 87
그 입 다물라 ········ 90
2차 가해는 또 다른 참사 ········ 94
제정신인가, 일제 깅제동원 피해자 해법 ········ 98
대단하다, 훈장 거부 ········ 101
감사원의 자기 부정 ········ 104
표적감사 논란 감사원 ········ 108
유력 대선후보 배우자들 ········ 112
역대급 여사(女史) ········ 115
어대현 ········ 119
뭐 저런 당이 다 있나1 ········ 123
뭐 저런 당이 다 있나2 ········ 126
뭐 저런 당이 다 있나3 ········ 130

제3부

어통령 — 134
전북문화관광재단에 유감 — 137
사상 최초의 장관 탄핵안 가결 — 140
뉴스 메이커 최고위원들 — 144
충격적인 대통령의 일본관 — 147
그렇다고 저서를 기증하라고 하나 — 150
국민특검의 구속·기소 — 154
왜 도서관을 건드리나 — 157
뭐 저런 장관이 다 있나1 — 160
뭐 저런 장관이 다 있나2 — 163
미치고 팔짝 뛸 쪼잔한 정권 — 167
새만금 저격수 고발은 당연 — 171
중단하라 새만금 죽이기 — 174
선을 넘어도 한참 넘은 일개 장관1 — 178
선을 넘어도 한참 넘은 일개 장관2 — 181
선을 넘어도 한참 넘은 일개 장관3 — 184
국민의힘은 전북을 버렸다 — 187

제4부

그렇게 사람이 없나1 ─────── 192
그렇게 사람이 없나2 ─────── 195
뭐 저런 장관 후보자가 다 있나 ─────── 198
된통 까인 특별사면과 공천 ─────── 202
대법원장 임명동의안 부결 ─────── 205
뭐 저런 사무총장이 다 있나1 ─────── 208
뭐 저런 사무총장이 다 있나2 ─────── 212
또 한 명의 돌격대장1 ─────── 216
또 한 명의 돌격대장2 ─────── 220
뭐 저런 사장이 다 있나1 ─────── 223
뭐 저런 사장이 다 있나2 ─────── 227
뭐 저런 사장이 다 있나3 ─────── 230
무주군에 바란다 ─────── 233
문학상 선정 기준이 뭔가 ─────── 236
문학상 수상자 발표를 보며 ─────── 239
아니나다를까 땡윤 뉴스 ─────── 242
어느 돌격대장의 자진사퇴 ─────── 246
트러블 메이커 ─────── 250

제5부

대통령실의 수사외압 의혹1	254
대통령실의 수사외압 의혹2	258
뭐 저런 비대위원장이 다 있나1	261
뭐 저런 비대위원장이 다 있나2	265
민주당의 인재영입 류삼영 전 총경	269
류삼영 사용법	273
또 다른 돌격대장1	277
또 다른 돌격대장2	281
밥값 안하는 국회의원들	285
이낙연 전 대표, 제 정신인가	289
제1야당 대표가 테러당하는 나라1	293
제1야당 대표가 테러당하는 나라2	296
이준석 전 대표의 국민의힘 탈당	300
이상민 의원을 규탄한다	304
국회의원이 들려나가는 나라	308
이성윤 사용법	312
민폐쟁이 김 여사1	316
민폐쟁이 김 여사2	320

제1부

인간의 도리
없던 일이 되어버린 공모전 상금
밥값과 먹튀
제3회교원문학상 시상식을 치르고
내가 겪은 금품요구
깜 안 되는 지방의원들
재난 없는 안전사회를 위하여
가장 기분 나쁜 세금 건강보험료
교장공모제 악몽 떠오르게한 돈선거 의혹
어처구니없는 교육부장관 임명
현직 장관이 차기 대권주자 1위
뭐 저런 대통령이 다 있나1
뭐 저런 대통령이 다 있나2
뭐 저런 대통령이 다 있나3
뭐 저런 대통령이 다 있나4
뭐 저런 대통령이 다 있나5
20%대 대통령 지지율

인간의 도리

소설가 박범신은 어느 신문 칼럼에서 "사람처럼 영혼의 스펙트럼이 넓은 존재는 없다"(한겨레, 2009.7.11.)고 말했다. 그러면서 "사람의 영혼은 짐승이 사는 시궁창으로부터 신이 사는 하늘에까지 걸쳐져 있을진대, 어떤 층위에서 살아가느냐 하는 것은 전적으로 그 자신에게 달린 문제다"라는 말도 했다.

6년 전 내가 쓴 '인간의 도리'(전북매일신문, 2009.7.30.)란 글의 서두이다. 박범신 글을 읽으면서 인간의 도리에 대해 생각해보았다. 교장공모에서 차점자로 탈락하고, 인간의 도리를 다하지 못한 어느 교장에 대해 쓴 글이었다. 이후 '인간의 도리'를 제목으로 하여 산문집을 펴내기도 했다.

6년이 지난 지금 다시 인간의 도리에 대해 생각해본다. 도리(道理)는, 국어대사전 해석에 따르면 '사람이 지켜야 할 바른 길'이다. 사람이 지켜야 할 바른 길은 무엇일까. 여러 의견이 있겠지만, '신의를 지키고 염치를 아는 것'이 그 으뜸이지 않을까 싶다. 또 받으면 갚을 줄 아는 것이 인간의 도리가 아닐까 한다.

인간의 도리가 말로야 쉽지만, 그렇게 만만하거나 호락호락한 것이 아님을 최근 다시 한 번 깨닫게 되었다. 하필 환갑을 맞아 그런 경험을 하고 보니 새삼 헛되게 산 인생이라는 자책마저 솟구친다. 인간의 도리를 다하며 사는 것이 그렇게 어려운 일일까.

사실 첨엔 좀 저어했다. "요즘 세상에 누가 환갑 잔치하냐"는 비아냥이 귓전을 맴돌아서다. 헤아려보니 실제 친척이나 문인과 지인(知

ㅅ) 회갑연에 가본지가 언제인지 기억조차 없다. 그러다가 공무원 건강검진에서 "위암초기가 의심된다"는 진단을 받았다.

위암초기는 60평생 한번도 해보지 않은 위내시경 검사 등 야단법석을 떤 끝에 이상없음으로 판명되었다. 덤으로 만 60세까지 건강하게 산 것도 축하할 일이라는 결론을 얻게 되었다. 가만 셈해보니 1999년 출판기념회 이후 16년 만이라면 품앗이하는 문인들 사이에서도 욕먹을 짓은 아닐 것 같았다.

또 책을 증정받은 여러 지인들이 "출판기념회 언제 하냐?"며 물어오곤 했다. 지인들은 출판기념회를 미처 기다릴 수 없었는지 소정의 축의금을 보내오기까지 했다. 마침 글쟁이라는 핑계도 있어 그냥 회갑연이 아닌 환갑기념 출판기념회를 작정해버렸다. 생애 처음 호텔에서 하는 출판기념회로.

그런데 음력으로 귀빠진 날이 하필 어버이날이었다. 그렇다고 일부러 앞당기거나 뒤로 물려 하는 것도 좀 그랬다. 아니나다를까 많은 분들이 출판기념회장에 직접 올 수 없다는 사정을 전해왔다. 딴은 그럴만하다. 그들은 계좌이체를 하거나 우편환 등으로 축의금을 보내왔다. 심지어 사후 직접 찾아와 축하해주기도 했다.

의아스러운 것은 나의 출판기념회에 분명 와야 할 문인들이 다수 보이지 않은 점이다. 원로이거나 여류이거나 시인·수필가·아동문학가이거나 그야말로 남녀노소, 장르 불문하고 골고루 있었다. 이를테면 인간의 도리로 볼 때 꼭 와야 할 문인들이 상당수 빠진 반쪽자리 출판기념회였던 셈이다.

여기서 '꼭 와야 할 문인'이라 말한 것은 내가 그들의 출판기념회때 직접 참석, 축의금과 함께 축하해주었기 때문이다. 부모 조문이나 자녀 결혼식이 그렇듯 출판기념회 품앗이도 일반화되어 있어서다. 그러니까 그들은 자신의 출판기념회때 환한 미소로 나의 축하를 받고도 그걸 갚는 품앗이는 나몰라라 한 것이다.

전화 등 아무 연락 없이 행사장에도 오지 않는 그런 문인들을 어떻게 생각하고 이해해야 할지 난감하다. 남녀노소 불문이니 '인간의 도리'가 전방위적으로 무너져 내린 것이 아닌지, 솟구치는 강한 의구심을 주체할 수 없다. 참석은 했는데, 축의금 없이 밥만 먹고 간 문인들도 있어 애들 말로 쪽 팔릴 지경이다.

다음은 교원들이다. 직장에서 직접 행사장을 찾아온 건 10여 명이다. 대부분 대표로 참석한 것이라 축하해준 동료들은 그보다 훨씬 많다. 그런데 나몰라라 한 경우도 꽤 있다. 일부러 안했는지, 깜박 잊고 못했는지 알 길은 없으나 같은 직장 안에서 서먹서먹한 기분이 들지 않을까, 내심 걱정된다.

물론 딱히 서운해하거나 괘씸하게 생각할 필요는 없다. 무릇 애경사가 품앗이이니 앞으로 그들의 그런 행사에 동참하지 않으면 되니까. 전입한지 두 달 남짓밖에 안되었다곤 하나 좀 놀라운 경험이긴 하다. 직장 동료는 친소(親疎)를 떠나 거의 날마다 보는 사이이니까 무조건 그냥 부조하는 것이 아닌가?

애경사는 분명 서로 품앗이하는 것이다. 그런데 그걸 모르는 교사들이 있어 꽤 당황스럽기도 하다. 필자의 축하(혹은 조문)와 함께 부조금을 받고도 정작 회갑기념회엔 꿩 구어 먹은 교원들이 부지기수이니 말이다. 초청장이 반송된 경우야 그렇다쳐도 그렇지 않은 경우 어떻게 해석해야 할지 진짜 난감하다.

누구나 다 하고 사는 사소하지만 당연한 인간의 도리를 시정잡배가 아닌, 하필 문인이나 교원들이 저버려 그 씁쓸함을 감출 수 없다. 그러고도 그들은 어디 가서 문인입네 선생입네하는지, 그것이 궁금하다. 인간의 도리도 다하지 못하는 그들과 함께 문인과 교사라는 사실이 불볕더위를 날릴 만큼 너무 으스스하다.

아, 하긴 교원들이 보기에 출판기념회는 애경사에 들어가지 않는 것일지도 모르겠다. 같은 내용으로 품앗이할 일이 거의 없을테니까. 그렇다면 자녀 혼사때까지 기다려야 도리였나. 또한 부모는 물론 장인·장모 초상까지 이미 치른 처지이니 나에게 조문 갈 일은 이제 없는 것인가?

〈'전북수필' 제81호, 2015.11.25.〉

없던 일이 되어버린 공모전 상금

특성화고인 군산여자상업고등학교에서 문예 지도교사를 하던 때 일이다. 2012년 5월 24일 경북 영천시에서 열린 '임고서원성역화사업' 준공식에 학생을 데리고 갔다. 고려 말 충신 포은 정몽주의 충절과 업적을 기려 경북 영천시 임고면 양항리 일대에 조성한 추모 기념관을 준공한 아주 뜻깊은 자리였다.

내가 준공식장에 간 것은, 그러나 제1회포은문학제 전국청소년문예백일장에서 글쓰기 지도를 하는 제자가 우수상을 수상했기 때문이다. 나 역시 학생지도 공적을 인정받아 경상북도교육감 지도교사상을 받게 되어 있었다. 당연히 직접 가서 상을 받는 게 주최 측에 대한 예의라 생각했다.

물론 평일이라 내가 사는 전북 전주에서 경북 영천시 시상식장 가는 일이 쉽지는 않았다. 우선 4명의 동료에게 수업을 부탁했다. 가는 데만 자가용으로 3시간이 더 걸리는 곳이라 시상식 시간을 맞추기 위해 새벽에 집을 나서기도 했다. 그래도 즐거웠다. 내가 지도한 학생이 상금과 함께 상을 받으러 가는 길이어서다.

햇살이 때 이르게 되게 따가웠지만, 준공식은 성대했다. 조순 전 총리를 비롯 지역구 국회의원 · 영천시장 · 영천시의회의장 · 영천교육장 · 3군사관학교장 등 내빈 외 수많은 지역민들이 운집해 있었다. 해외출장중인 경상북도 도지사는 영상을 통해 인사하기도 했다.

참석인사 면면 등 매우 뜻깊은 행사에서 뭐가 잘못되었음을 알게 된 것은 식이 끝나고나서였다. 제1회포은문학제 전국청소년문예백일장을 주관한 영천문인협회 사람들과 점심식사를 하는 자리에서 상금이 없어졌다는, 그야말로 청천벽력의 믿기지 않는 얘길 들은 것이다.

내가 공모전 안내를 본 것은 네이버의 '엽서시 문학공모'를 통해서였다. 거기에는 대상 경상북도교육감 상장과 상금 5십만 원, 최우수상 경상북도교육감 상장과 상금 3십만 원, 우수상 영천시장 상장과 상금 2십만 원이라 되어 있었다. 지도교사상은 훈격이 경상북도교육감이고, 상금 따윈 없었다.

제자는 우수상 수상자로 영천시장 상장과 상금 2십만 원 수여 대상이었다. 그런데 아뿔사, 나는 그 소릴 함께 전해들은 제자의 표정이 금세 울상이 되는 걸 보고 말았다. 동시에 제자의 부모나 교장과 교감, 동료들과 제자가 속한 3학년 1반 학생들에겐 이런 황당한 일을 어떻게 설명해야 될지 멍한 기분이었다.

사정을 들어보니 영천시청에서 공직선거법 위반 운운하며 관련 예산을 지원하지 않아 생긴 일이었다. 제1회 대회라 여러 가지 미숙한 점이 드러날 수 있겠으나, 공문서에 제시된 상금 수여 자체가 없던 일이 되어버린 것은 도무지 이해되지 않는 하나의 사건이었다.

살펴보면 영천시청만 그런 행사에 예산을 지원하는 게 아니다. 전국의 문인추모 백일장이나 공모전 등은 지자체의 예산지원으로 이루어진다 해도 과언이 아니다. 가난한 문인단체만으로 전국 규모의 백일장이나 공모전을 하는 곳은, 내가 아는 한 없다.

나는 20년 넘게 문예지도 교사를 하면서 지자체가 예산지원을 하지 않아 이미 공지된 수상자 상금이 없던 일이 되어버린 건 그 어느 백일장이나 공모전에서도 본 적이 없다. 전국 규모 대회의 경우 타 시·도 수상자의 상금은 줘도 되는 걸로 알고 있기도 하다.

'상금 없음'이란 수정된 공고를 영천시청 홈페이지에 탑재한 것만으로 그 황당함이 상쇄되진 않을 것이다. 공직선거법 위반 운운했다면 그것은 무지의 소치이거나 영천시청의 직무유기이다. 공직선거법 제112조 2항은 "지방자치단체가 대상·방법·범위 등을 구체적으로 정한 조례에 의한 금품제공 행위는 직무상의 행위"로 규정하고 있는 '기부행위 예외조항'을 참조했으면 한다.

실제로 군산시는 매년 채만식문학상을 시상하면서 1,000만 원의 상금을 부상으로 주고 있다. 충북 옥천군이나 경남 남해군 등도 매년 각각 정지용문학제와 김만중문학상에 예산을 지원해주어 수상자들이 상금과 함께 상 받는 기쁨을 누리고 있다.

바꿔 말하면 영천시가 게으르거나 무지해 잔뜩 부푼 어린 학생의 마음에 상처와 함께 지자체에 대한 불신감을 안긴 것이라 할 수 있다. 하긴 그외에도 서울특별시나 인천광역시, 전라북도나 전주시, 광주광역시 등 많은 지자체들이 조례를 제정하지 않아 상금없이 상장이나 상패만 달랑 주는, 지나가던 소도 웃을 시상식을 하고 있는 실정이다.

무엇보다도 정몽주 같은 충신을 추모하는 행사에 그런 오점을 남긴 영천시청의 실책은 크다 할 것이다. 나름대로 사정이야 있겠지만, 선출직인 지자체장의 공직선거법 위반 핑계를 일삼는 이런 대민(對民) 행정은 하루속히 개선되어야 한다. 달랑 상장만 주는 인색한 시상이 안되도록 노력할 것을 간곡히 당부한다.

최악의 경우 예산이 없다면 상장만 달랑 주는 그런 공모전을 개최하지 않으면 될 일이다. 전국적으로 현상공모전을 실시하면서 상금은 주지 않는, 속된 말로 '쪽팔리는 짓'은 하지 않아야 다시 가고 싶은 경북이 되지 않겠는가?

〈2016. 12. 27.〉

밥값과 먹튀

큰딸 결혼식을 치른 지 3주가 되었다. 혼주가 되어 막상 치르고 보니 처음이라 그런지 자식 결혼시키는 것이 형제들과 공동으로 진행하는 부모상보다 훨씬 더 큰일임을 실감하게 된다. 큰딸 결혼식은 나로선 2015년 5월 회갑기념 문학평론집 출판기념회 이후 4년 만에 가진 행사다. 나의 출판기념회에 비하면 그야말로 집안 대사(大事)를 치른 셈이다.

딸과 사위, 그리고 사돈댁까지 모두 서울에 살지만, 그러나 결혼식은 내가 50년 넘게 살고 있는 전주에서 가졌다. 상견례 자리에서 소원이라는 나의 말을 사돈 내외가 흔쾌히 수용해줘 그럴 수 있었다. 마침 결혼식에서 잠깐 마이크 잡는 기회가 있어 나는 그에 대한 고마움을 표시했다. 신부쪽 하객들로 하여금 서울에서 온 손님들을 향해 박수로 환영하는 퍼포먼스를 가진 것.

사실 전주에서의 결혼식이 내 소원이 된 것은 축하객들과 무관치 않다. 서울 결혼식일 경우 일가친척들이야 대부분 간다하더라도 지인(知人)들이 과연 얼마나 전세버스에 오를 수 있을지 도저히 엄두가 나지 않았다. 또 전세버스 탑승 여부를 알기 위해 청첩장 발송과 별도로 전화나 문자로 일일이 확인할 일이 너무 심란스러웠다.

그렇게 치른 큰딸 결혼식이건만 축하객중 절반쯤 되는 분들이 전화나 문자를 통해 결혼식장에 직접 올 수 없다는 사정을 전해왔다. 그들 포함 많은 분들이 그냥 계좌이체를 하거나 우편환 등으로 축의금을 보내왔다. 혼주인 나로선 꼭 와야 맞을 것으로 생각했던 지인들이 간접 축하로 대신하는 바람에 솔직히 되게 섭한 마음을 감추기 어렵다.

축의 내용을 살펴보곤 4년 전 출판기념회때처럼 '받고도 갚을 줄 모르는 사람들'이 많음 역시 다시 알게 되었다. 그때는 그러려니 생각하며 그냥 넘어갔다. 특히 문인들과 다르게 교원 등 일반인의 경우 생전 없을 출판기념회이니 그들로선 품앗이 대상이 되지 못할 수도 있겠지, 뭐 그런 이해를 하려고 최대한 노력한 결정이라 할까.

그러나 부모상보다 더 큰일인 자식 결혼식임을 깨닫게된 이번에는 그러지 않았다. 결혼식 1주일쯤 지나 한 통의 편지를 보냈다. 아다시피 우리 사회에서 애경사는 품앗이이다. 애경사때 서로 주고 받는 미풍양속의 하나로 받아들여지고 있다. 그리고 어느 가정에서나 그렇듯 그 내역을 가려 다음 애경사때 품앗이하는게 일반적이다.

요컨대 내가 출판기념회를 비롯하여 조문이나 자녀 결혼식 등 애경사에 직접 가거나 부조(扶助)한 경우 그들로선 품앗이해야 맞다는 것이다. 응당 이번에도 품앗이하지 않은 분들에게 편지를 보냈다. 왜 이런 일을 해야 하는지 은근히 부아가 치밀었지만, 인간의 도리를 다하지 않거나 못하는 그들을 더 이상 이해해줄 필요는 없었다.

4년 전 출판기념회는 그렇다쳐도 딸아이 결혼식인 이번엔 그걸 품앗이해야 맞다는 것이 나의 확고한 생각이다. 혹 나를 '독한 놈'이라 속으로 욕하는 사람도 있을 법하지만, 상관없다. 그들이 먼저 인간의 도리를 다하지 않거나 못했으므로. 편지를 보낸 절반쯤 되는 분들이 미안하다며 뒤늦은 축하를 전해왔다.

그런데 청첩장을 받지 못했다는 분들도 있어 난감하게 되었다. 등기 우송이 아니라 생긴 본의 아닌 불상사라 할까. "도대체 연락을 받은 바 없는데, 어떻게 품앗이를 하냐"면서도 여러 분이 큰딸 결혼을 축하해주었다. 결과적으로 그런 편지를 보낸 결례가 되어버렸는데도 너그럽게 용서하며 축하해준 분들에게 죄송하다. 물론 편지로 그 마음을 따로 전했다.

큰딸 결혼식을 치른 전체적 소감은 밥값을 못하는 사람들과 먹튀에 대한 깨달음이다. 가령 청첩장으로 이미 안내했는데도 문자 등을 통해 계좌번호를 묻는 경우가 그렇다. 그것은 소리없이 축의금을 보내온 대다수 사람들과 다른 행보다. 대학을 나오고, 무슨무슨 장을 지내고, 그런 경력이 맞는지 왈칵 의구심이 생기는, 밥값을 제대로 못하는 행태라 할 수 있다.

먹튀는 글자 그대로 사라져버린 경우다. 일단 그들의 잘못이 아닐 수 있긴 하다. 내가 받은 그들의 청첩장에 적힌 전화, 주소 어느 것 하나 맞지 않아 아예 연락을 하지 못했으니까. 그래도 좀 아니지 싶다. 자녀 결혼식이나 부모상을 치른 그들이 보낸 감사인사에서 말한 '귀댁 애경사에 대한 보은'이 허언(虛言)으로 끝난 셈이어서다.

아주 고약한 경우도 있다. 큰딸 결혼식에 불참한 분을 그후 어떤 행사에서 만났는데, 가타부타 아무 말이 없다. 지난 해 10월 시간이 겹친 다른 출판기념회를 빠진 채 그의 아들 결혼식장에 가서 축하했는데도 그 모양이다. 나는 65년 인생을 헛살은 것일까. 큰딸 결혼식 후 주로서 썩 즐겁거나 기쁘지 않은 그런 생각들이 꾸역꾸역 밀려든다.

〈전북연합신문, 2019.5.17.〉

제3회교원문학상 시상식을 치르고

　얼마 전 제3회교원문학상과 제3회전북고교생문학대전 시상식을 치렀다. '교원문학' 제4호 출판기념을 겸한 시상식이기도 했다. 나는 '교원문학회 3년을 돌아보며'라는 '교원문학' 제4호 발간사에서 말했다. "어느새 '교원문학' 제4호를 내게 되니 회장 겸 발행인으로서 자못 감개무량하다. 아마 창립 멤버들 감회 역시 다르지 않으리라"고.
　그런데 막상 시상식을 치르고 난 기분은 예년과 다르게 그리 신나거나 즐겁지 않다. 불현듯 남강교육상을 받은지 1년 만에 명예퇴직으로 교단을 떠난 일이 떠오른다. 정년까지 2년이나 남아 있었기에 그 기간 더 열심히 학생들의 지도교사가 되어달라는 수상의 의미를 본의 아니게 배반한 셈이 되고 말았던 명예퇴직이라 할 수 있다.
　그렇다. 지난 해 주는 기쁨의 마음을 담은 글로 연금수필문학상까지 수상한 바 있지만, 제3회교원문학상과 제3회전북고교생문학대전 시상식을 치른 소감은 한마디로 '떠나고 싶다'이다. 2016년 6월 '교원문학' 창간호 발간을 시작으로 제4호까지, 그리고 '교원문학신문' 제1~5호 발행 등 3년간 사재(私財) 1,600만 원 넘게 써가며 꾸려온 교원문학회를 그만 떠나고 싶은 것이다.
　그 동안은 그런 거금을 쓰면서도 즐겁고 기쁘기 그지 없었다. 1983년 등단 이후 받은 원고료·인세·상금 등을 한 푼도 쓰지 않고 30년 넘게 모았는데, 그것이 꽤 되었다. 그걸 재원 삼아 사회에 환원키로 한 인생 2막의 시작이라 할까. 일개 교사 출신인 내가 감히 사재를 출연해 퇴직후 교원문학회에 매진할 수 있었던 배경이다.

거기에 퇴직 후 어느 날 죽을 때 돈 가지고 가는 것 아니라는 깨달음이 더해져 시작한 일이었다. 그렇게 여러 문인 및 지인들 말로 '대단한 일'을 벌이게 되었지만, 제3회교원문학상과 제3회전북고교생문학대전 시상식을 치르고 나선 '내가 지금 무슨 뻘짓을 하고 있지?' 하는 의구심이 왈칵 솟구치더니 쉬이 떠나질 않는다.

사실 내가 창립을 주도하고 초대 회장으로 나름 기반을 다진 교원문학회를 떠날 생각에 사로잡힌 건 이번이 처음은 아니다. 상금 없어도 좋으니 상만 달라는 연락은 그냥 묵살해버렸지만, 상 안준다며 전화에 문자질하는 회원 때문 고통스러웠다. 내 돈 써가며 좋은 일 하는 것인데, 왜 이런 고통을 당해야 하나, 그만둬버리고 싶었다.

그러나 내 돈 써가며 좋은 일 하는 것인 만큼 회원들이나 문인들로부터 욕 먹을 짓은 하지말자는 신념이 있었다. 누가 봐도 공감할 수 있는 수상자 선정이 그것이다. 이를테면 말도 되지 않는 불미스러운 언행으로 인해 빠져든 깊은 회의를 간신히 극복하고 치른 제3회교원문학상과 제3회전북고교생문학대전 시상식인 셈이다.

일종의 배신감이랄까 아무튼 시시콜콜 그 내용을 밝히진 않겠지만, 시상식 후 그로 인해 '좋은 일하며 왜 이런 당혹감과 난처함에 빠져 들어야 하나' 하는 생각으로 잠을 제대로 이루지 못했다. 생각이 이어졌다. 그딴 것들은 사재 출연의 교원문학회장을 하지 않으면 겪지 않아도 될 일들이다. 그런 '교원문학회'를 떠나려 하는 건 인지상정일 수밖에.

떠나고 싶은 생각이 드는 데에는 인간의 도리를 다하지 못하는 회원 등 아주 사적(私的)인 이유도 있다. 이 역시 미주알고주알 여기서 밝히지 않겠지만, 앙금이라 할 그런 개인적 감정이 새록새록 솟구쳐

오르는 걸 어찌 할 수 없다. 이래저래 떠날 생각의 늪에 빠지게된 것이다. 여느 문학상과 달리 많은 문인들 참여가 없는 시상식은 떠나고 싶은 이유로 끼지도 못할 판이다.

요컨대 글을 열심히 쓰는 일이나 내게 어울릴까 문학회 회장 깜냥은 되지 못하는 자책감까지 덤으로 얻게된 제3회교원문학상 시상식인 것이다. 설상가상으로 제3회전북고교생문학대전에선 개최 취지를 무색케 하는 일까지 벌어졌다. 수필에선 1~3등 수상작이 없는데다가 시부문 장원(1등상)은 부모, 차하(3등상)는 지도교사가 대신 상을 받았다.

수상 학생들은 다른 백일장대회에 가고, 무슨 자격증 시험 때문 시상식에 올 수 없단다. 부모와 지도교사에게 상을 주려고 전북고교생문학대전을 실시하는 것이 아닌데…. "많은 분들의 뜻있는 후원에 힘입어 '교원문학'이 제몫을 다해내리라 다짐해본다."로 '교원문학' 제4호 발간사를 마무리하고 있지만, 도무지 그럴 자신이 없다.

〈전북연합신문, 2019.5.29.〉

내가 겪은 금품요구

나는 전직 교사다. 퇴직한지 3년 넘게 지나서 그런지 재임중 일들이 스쳐가곤 한다. 좋은 추억들이 대부분이지만 불쑥 안좋았던 기억 하나가 떠오른다. 10년 전 경험했던 지금까지도 매우 불쾌한 금품요구에 관한 기억이다. 특성화고(옛 전문계고) 교사였던 나는 뉴스에서나 검은 돈 수수(收受)를 보았을 뿐 경험은커녕 상상조차 안 되는 일이었다.

그러나 어찌 짐작이나 할 수 있었으랴! 나는 2009년 제6차 교장공모때 어느 전문계 고교 지원자였다. 학교운영위원회(학운위) 1차 심사를 마치고 귀가하여 해당 학교 홈페이지에 탑재된 다른 지원자들(5명)의 학교경영계획서를 느긋하게 살펴보던 나는 깜짝 놀랐다. 내 학교경영계획서를 표절한 지원자가 있었던 것이다. 순간 불길한 뭔가가 분수처럼 확 솟구쳐 올랐다.

아니나다를까 나는 1차심사에서 탈락했다. 나는 즉각 해당 고등학교 측에 이의를 제기했다. 표절 교사의 나와 같은 학교경영계획서로 말미암아 감점 처리되고, 결국 1차심사에서 탈락된 것이라는 의구심을 지울 수 없으니 심사점수 집계표를 공개해달라는 것이 핵심 내용이다.

그러나 "감점처리하지 않았고, 공정하게 심사가 이루어져 하자가 없으므로 공개할 수 없다"는 학교 측 답변이 서면으로 왔다. 참으로 이상한 일이다. 만약 그들 답변대로 심사과정이 공정하여 하자가 없다면 떳떳하게 공개못할 이유가 하등 없는게 아닌가?

나는 수십 년 교사의 교육자적 양심으로 말한다. 만약 그런 감점이 없었다면 내가 1차심사 통과선인 3배수 안에 들지 못할 이유가 전혀 없다고. 우선 활동실적 면이다. 원본대조필한 근거자료를 A4용지 100여 장(상장사본 20건 포함)이나 첨부할 만큼 우수한 실적은 5명의 다른 지원자와 비교가 안될 정도이다.

학교경영계획서와 자기소개서 등 다른 것들 역시 내가 남들에 비해 점수를 깎일 만큼 뒤진다고 생각하지 않는다. 면접시험도 마찬가지다. 그렇다면 도대체 나는 무엇 때문에 탈락한 것일까? 그때 섬광처럼 반짝 떠오르는 것이 있었다. 바로 돈, 검은 돈이다. 나는 다른 지원자들처럼 심사위원인 학교운영위원들을 만나 지지를 호소했다. 그런 가운데 진짜 당황스럽게도 금품을 요구당했다.

"200만 원씩 5명만 끌어 들이면 안전합니다. 1,000만 원만 쓰면 3배수 안에 들게 해줄테니 그건 걱정마시고. 돈 안 쓰면 절대로 안돼요!"

실로 귀를 씻어버리고 싶은 얘기였는데도 나는 어떤 불이익을 당할까 두려워 직방 거절하지 못했다. '돈으로 교장을 사다니 말도 안 되는 소리지만 만약 거절하면?' 하는 생각이 실타래처럼 얽혀 갈피를 잡을 수 없었다. 사실 제5차 교장공모에서 2등으로 아깝게 탈락한 후 절치부심하며 기다려 온 기회였다.

나는 말미를 달라고 해 이틀 낮밤을 생각했다. 역시 검은 돈을 쓸 수는 없는 일이었다. 가끔 언론에 보도되던 '무슨 농·축협조합장 선거도 아니고 교장을 뽑는데 무슨 금품수수'냐는, 뭐랄까 교직에 대한 믿음 같은게 있었는지 모른다. 또한 내게는 교장직을 돈으로 사놓고 학생들에게 사회 정의와 올바른 가치관을 운운할 수 있는 철판 같은 배짱이 없기도 했다.

그런데 막상 1차심사에서 탈락당하고 보니 돈을 안써 그리 된 것 같다는 생각을 떨쳐내기 힘들다. 학운위 주장처럼 표절로 인해 감점 되지 않았다면 내가 6명중 3명을 뽑는 1차심사에서 떨어질 하등의 이유가 없기 때문이다. 심사점수 공개 불가도 금품 요구를 거절했기 때문이라는 의구심이 떠나질 않았다. 정녕 나에게 호의적이었던 학교운영위원들조차 돈을 챙기지 못해 등을 돌린 것일까?

당연히 도교육청에도 문제를 제기했다. 나의 문제 제기에 대한 해당 교육청의 태도는, 그러나 얼른 납득 안 되는 것이었다. 1차심사 점수공개는 물론 금품수수 의혹에 대해서도 "학운위 심사의 독립성과 공정성을 최대한 보장하기 위하여" 관여하지 않겠다는 등 나몰라라 했으니까!

심사점수 공개가 그렇듯 성역(聖域)이란 말인가. 그렇다면 그것을 악용한 심사위원(학교운영위원)들의 야합과 전횡은 무엇으로 견제하고 응징할 수 있단 말인가. 학교운영위원회에서 금품수수 등 적폐가 쌓여가도 세상사가 그런 거라며 그냥 체념해야 되는 것인가?

나는 우선 어느 공직자보다도 청렴하고, 높은 도덕성이 요구되는 학교장을 뽑는 과정에서 그런 불미스런 일을 직접 겪게돼 참담하기 그지 없었다. 하지만, 오히려 그러기에 그냥 넘어갈 일이 아니었다. 학생들의 꿈과 미래가 달려 있는 학교의 교장을 뽑는데 금품수수라니…….

일부 지원자와 학교운영위원간에 금품이 오갔다면 그들은 학생들과 자신의 고향이나 자식을 담보로 검은 돈을 챙긴 셈이 된다. 또 모르긴 해도 어느 지원자가 1,000만 원을 써서 교장이 된다면 보통 인간의 속성상 아마 본전을 뽑으려고 할 것이다. 그러니까 처음부터 리베이트 유혹으로부터 자유로울 수 없는 교장이 되는 것이다.

한편 도교육청의 그런 태도는 2009년 전반기 제5차 교장공모때 경상남도교육청이 거창군 북상초등학교의 학운위 심사에서 문제가 불거지자 점수집계표를 공개했던 것과 너무 다른 모습이다. 북상초의 경우 공개 결과 3명의 학운위원이 특정인에게 만점을 주고 그 외 2인에게는 0점 준 사실이 드러났다. 당연히 그 교장공모는 철회되었다.

이를테면 금품수수 의혹을 제기하며 교원 범죄가 발 붙일 수 없도록 하려는 교사의 적폐 청산 용기와 의지가 실제로는 무참히 짓밟히고만 셈이다. 교과부가 어떤 대책을 내놓고, 교육청이 신고센터를 설치한들 요식 행위에 불과한 것이라는 비아냥이 터져나올 수밖에 없다.

마침내 나는 국민신문고 민원에 이어 청와대에도 탄원서를 냈다. 청와대 탄원은 효과가 있었다. 학교운영위원회로부터 심사 결과를 공개한다는 답변이 온 것. 약간 설레는 기분으로 그 학교를 방문했지만, 그러나 내가 본 건 6위라는 전체 순위뿐이었다. 그러니까 꼴찌였던 것이다.

세상에, 내 학교경영계획서를 표절한 지원자가 있어 경찰에 고소까지 하는 소동을 겪었는데, 그런 범법자보다 순위가 낮은 꼴찌라니! 그것을 공정하고 절차상 하자가 없는 심사였으니 나더러 믿으란 말인가? 단언컨대 삼척동자에게 물어봐도 아마 대답은 "진짜 이상하네요"일 것이다.

걸어다니는 중소기업이란 소리를 듣는 부부교사인 내가 돈이 없어 못쓴 건 아니다. 검은 돈, 신성해야 할 학교를 부패의 온상으로 만들고, 나아가 사회를 혼탁하게 하는 적폐이기에 애써 안쓴 것이다. 교사로서 학생들과 아비로서 자식 앞에 떳떳이 서기 위하여 뱀 혓바닥 같은 검은 돈 유혹을 뿌리친 대가(代價)가 너무 가혹한 셈이라 할까.

그러나 이제 금품 요구를 거절해 꼴찌라는 보복을 당한 것임이 확실해졌다. 사실 시골학교의 학운위원이라는 것이 학연·지연 따위로 얽혀 얼마든지 가능한 일이다. 하긴 금품 요구 사실을 지인들에게 실토하니 그 반응이 심상치 않았다. "교장 승진하는데 그 돈만 들겠냐", "천만 원 요구했으면 적게 말했구만" 따위가 그것이다.

마치 그것을 입증이라도 하듯 서울시 교육청 비리사건이 언론에 보도되었다. 그러고 보면 서울시 교육청 비리는 빙산의 일각일지도 모른다. 장학사 시험이나 교감 승진, 교장 임용, 그리고 학교의 시설 공사 등에 검은 돈이 오가는 일은 공공연한 비밀이다. 그것이 아는 사람은 다 아는 일이라면 정녕 사람을 움직이는 건 돈이란 말인가? 당연히 그래선 안된다.

나아가 상급기관인 교과부와 지역 교육청의 금품 비리를 대하는 인식이 그렇듯 안이하고 축소 내지 은폐하는 것이라면 어떤 교원 범죄도 근절할 수 없다. 비리도 눈사람이나 거짓말같이 오랫동안 굴리면 굴릴수록 커진다. 교원 범죄에 대한 교과부나 교육청의 신속한 초기 대응이 중요한 이유이다. 내가 겪은 금품 요구 사실을 애써 공개하는 이유이기도 하다.

아무리 세상이 부정과 비리로 만연한 시궁창이라해도 교육계만큼은 절대 그래선 안된다는 것이 교사시절부터 퇴직한 지금까지도 나의 변함 없는 소신이다. 무엇보다도 어린 학생들 앞에서 선생님이란 그 이름값을 떳떳이 해내야 하기 때문이다.

정녕 사람을 움직이는 것이 돈이어선 안된다. 그런 소신이 나 같은 바보만의 억측이 아니길 바랄 뿐이다. 역시 바보 같은 소리지만, 청렴사회는 하늘에서 그냥 뚝 떨어지는 것이 아니다. 청렴사회는 우리 모두가 양심과 이성(理性)의 힘으로 애써 만들어 가야 하는 공동체이다.

말들은 요란하지만, 그러나 실천의지나 노력이 부족하다. 언론보도에 이어 경찰의 수사까지 진행됐지만 교장공모가 철회되지 않은 것만으로도 알 수 있는 일이다. 촛불혁명에 이어 문재인정부가 출범한지도 2년이 넘었다. 교장공모 과정에서의 금품 수수는 적폐 청산 차원에서 접근할 필요가 있는 문제로 보인다.

그 지점에서 생각해볼 것이 있다. 바로 심사점수 비공개다. 비공개는 비리 조장의 한 원인을 제공한다. 학운위원들의 금품수수나 매수 따위로 인한 담합 등 그들이 야합하여 특정 후보를 은밀히 밀어도 밝혀낼 방법이 없다. 비공개는, 이를테면 학교운영위원들 배만 불리게 되는 또 다른 비리 사슬을 예고하고 있는 셈이다.

대한민국은 김영란법 시행에서 보듯 청렴지향 사회가 되었다. 나는 청렴과 교장 자리를 바꾼 자격으로 당당히 교장공모 지원자의 항목별 심사점수 공개를 제안한다. 점수 공개의 긍정적 효과는 말할 필요조차 없다. 우선 학교운영위원들이 감히 심사를 소홀히 할 수 없다. 다음 검은 돈 챙길 생각을 아예 할 수 없게 된다. 최소한 나쁜 짓 할 엄두조차 낼 수 없는 방지효과가 있다.

나는 표절당한 어이없는 상황에서 지금까지도 매우 불쾌한 기억으로 남아있는 금품 요구를 뿌리쳤다. 덕분에 꼭 해보고 싶었던 공모교장을 하지 못한 채 교사로 퇴직하고 말았다. 그러나 10년 전 내가 실천한 청렴 행동이 이렇듯 떳떳한 교직생활로 기억될 줄, 당당한 삶을 살게 할 줄 정말이지 예전엔 미처 몰랐다.

〈2019. 9. 18.〉

깜 안 되는 지방의원들

KBS는 7월 1일부터 밤 10시 평일(월~목) 드라마를 30분 앞당겨 방송하기 시작했다. 그 첫 작품이 KBS 2TV 수목드라마 '하라는 취업은 안하고 출사표'이다. '하라는 취업은 안하고 출사표'는 29살 취준생 구세라가 연봉 5,000만 원이란 사실에 혹해 지방의원 재보선에 출마하고 당선, 구의원에 이어 의장으로 활동하는 내용의 드라마다. 주민 민원을 확실히 처리하는 등 제대로 된 지방의원이 되려는 구세라의 좌절과 고투(苦鬪)가 그려진다.

대체로 코믹 모드여서 진지하거나 심각하게 접근할 드라마는 아니지만, 지방의원 중심으로 내용이 펼쳐지는 건 일견 흥미로운 일이다. 가령 그런 구세라가 주인공인 만큼 상대적으로 구의원들간 담합이라든가 이권에 따른 비리, 의장 선출과정의 금품 수수 등이 그렇다. 이제 절반쯤 펼쳐진 드라마라 더 두고 봐야겠지만, 솔직히 나는 지방의원들의 위세가 그렇게 대단한지 여태껏 몰랐다.

오히려 나는 지방의원 그게 무슨 대단한 벼슬이라고 거릴 오가는 주민들에게 억지웃음을 짓거나 손까지 흔들어대며 자신을 찍어달라는 것인지 도통 이해할 수 없었다. 기본적으로 정치하는 사람들을 '같잖게' 여겨와서 그런지 모른다. 더욱이 드라마보다 더 생생한 지방의원들의 민낯을 대할 때면 '참으로 가지가지 한다'는 비아냥이 절로 터져 나오곤 한다.

최근 언론 보도를 보면 지방의원들의 범죄 내지 혐의가 기사를 '화려하게' 장식하고 있다. 가령 전북 정읍시의회 한 의원은 최근 동료

여성 의원을 성추행한 혐의로 재판에 넘겨졌다. 다른 의원은 지난해 말 회식 장소에서 동료 의원을 성희롱하고 껴안는 등의 혐의로 검찰 조사를 받고 있다. 전남 목포시의회에서는 상습적 성희롱 발언을 한 의원이 제명되었다.

또한 경기도 부천시 더불어민주당 소속 이 아무개 의장은 지난 3월 24일 오전 부천시 상동의 한 은행 현금인출기에서 다른 이용자가 실수로 두고 간 인출금 70만 원을 가져가 절도 혐의로 기소됐다. 그런데 이 사건은 7월 10일 인천지법 부천지원에서 진행된 이 아무개 의장의 부천시 용지 매입 관련 알선수재 등 혐의에 관한 공판에서 절도 혐의가 병합되면서 알려졌다.

역시 민주당 소속 서울 강남구의회 이 아무개 의장은 지난 7월 11일 새벽 시간대 강남구 대치동의 한 아파트 단지에서 사고를 낸 뒤 출동한 경찰관의 음주측정을 거부하다 도로교통법 위반 혐의로 입건됐다. 주차된 차량 4대를 들이받아 파손한 사고다. 주민 신고로 출동한 경찰이 술 냄새가 나 음주측정을 하려고 했지만 이 의장이 측정을 거부했다.

경찰이 사고 경위 등을 조사 중인데, 현행법상 아파트 단지 내 음주운전은 처벌 대상이다. 유 아무개 대구 북구의회 의원도 음주(만취 상태) 운전한 혐의(도로교통법 위반)로 재판에 넘겨져 7월 6일 벌금 800만 원을 선고받았다. 그는 지난 해 12월 혈중알코올농도 0.164% 만취 상태로 차량을 운행하다 신호대기 중이던 차를 들이받은 혐의로 기소됐다.

사고 직후 민주당을 탈당, 무소속이 된 유 의원은 송년회에 참석해 술을 마시고 운전하다가 사고를 낸 것으로 알려졌다. 이 밖에도 울산

시의회 민주당 소속 장 아무개 의원은 2018년 주민자치위원회 회식 자리에서 술에 취해 주민자치위원장에게 주먹을 휘두른 혐의로 기소돼 최근 벌금 50만 원을 선고받기도 했다.

막말 지방의원도 있다. 막말 사건은 7월 15일 전북 완주군의회 자치행정위원회 회의장에서 이 아무개 의원이 발의한 '완주군 의안의 비용 추계에 관한 조례안' 심사 도중 일어났다. "비용추계 금액 범위에 관해 토론하자"는 그의 의견에 정 아무개 의원이 "현재는 질의응답 시간이므로 토론이 아닌 각자의 의견을 개진한 다음 추후 토론이 필요하면 위원장 제안에 따라 (토론이) 이뤄져야 한다."고 하자 "참 멍청한 것이 진짜 씨~"라며 모욕했다는 것이다.

하긴 전북 김제시의회에 비하면 위에 든 지방의원들의 일탈은 새 발의 피다. 사실은 연전에 '김제시의회의 블랙리스트'(전북연합신문, 2017.2.13.)란 칼럼을 쓴 적이 있다. 요약하면 "비판적인 신문은 구독하지 말라"며 전북 김제시의 신문 구독료 예산을 삭감한 김제시의회에 어이가 없어 말문이 막힐 정도라는 내용의 칼럼이다.

아울러 "기본적으로 비판을 꺼리는 사람들은 민주시민이랄 수 없다. 비판적 기사를 탓하기에 앞서 그 주인공이 되지 않도록 똑바로 잘하면 될 일이다. 그러라고 신문 등 언론에는 비판 기능이 있다. 시의원도 선출된 권력이다. 선택 받은 만큼만 공인(公人)에 맞게 정치하는 의원들의 김제시의회가 되길 기대한다"며 지자체나 의회 등 선출권력에 대한 비판이야말로 언론의 주요 기능이라는 점을 강조한 칼럼이기도 하다.

또다시 김제시의회가 언론에 오르내리고 있다. 내용조차 적시하기 민망한 시의원간 불륜으로 파행을 겪은 소식이 그것이다. 몰래 한 불륜으로 모자랐는지 후반기 의장을 뽑으려는 시의회에서 당사자인 유 아무개 의원의 "너, 나하고 간통 안했냐?" 따위 언행이 TV 뉴스 화면에 그대로 나올 정도이니 공인(公人)은커녕 그들이 사람인지조차 의아스러울 지경이다.

오죽했으면 청와대 국민청원까지 올라갔을까. '시의원들의 불륜으로 막장 드라마가 돼 버린 김제시의회를 구해주세요'라는 제목의 글을 쓴 청원인은 "지방행정을 견제·감시하라고 뽑아준 시의원들이 국민 혈세로 떠난 해외연수에서 부적절한 관계를 맺고 각종 문제로 3~4개월이나 의회를 비웠다"면서 "윤리적 책임과 도리를 저버린 의원들이 어쩜 이렇게 뻔뻔할 수 있는지 할 말을 잃게 만든다"고 지적했다.

그렇듯 거리낌없이 까발리는 게 간통죄가 폐지된 데 따른 잘못된 풍속도인가 싶지만, 제 정신 가진 사람의 일로 보이진 않는다. 그래서 그런지 김제시내에는 공통적으로 '김제시의회 해산하라' 아래 '해외에서 전화 온다. 쪽팔려서 못살겠다', '시의회 너흰 당연 낙선이지, 그것들이 의원이랍시고 개가 웃는다'라고 각각 적힌 현수막이 내걸리기도 했다.

깜 안 되는 지방의원들의 끝판왕이라 할 김제시의회 남녀 당사자들은 당연히 7월 22일 제명됐다. 이로써 더불어민주당 비례대표였던 고 아무개 의원은 의원직을 상실했다. 불륜 스캔들의 남자 당사자인 유 아무개 전 의원이 의원직을 박탈당한 지 7일 만이다. 본회의에서 참석 의원 12명 전원이 손을 들어 제명안에 찬성한 것으로 알려졌다.

개인 일탈을 넘어 떼로 나선 경우도 있다. 경기도 안양시의회 의장

선거 과정에서 더불어민주당 소속 의원들이 짬짜미는 물론 사실상 '기명투표'를 했다는 논란에 휩싸인 것. 의원들이 의장으로 지지하는 의원 이름을 기표용지에 써 내면서 누가 투표를 했는지 알 수 있도록 해 무기명 투표의 비밀선거 원칙을 훼손했다는 게 논란의 요지다. '출사표'에도 나온다.

2018년 12월 경상북도 예천군의회 자유한국당 소속 의원들이 미국과 캐나다로 해외연수를 가서 교포 가이드를 폭행하고 성접대를 요구한 사건이나 2019년 5월 골프채로 아내를 폭행해 숨지게 한 민주당 당적의 전 김포시의회 의장 등이 온나라를 떠들썩하게 한 지 얼마나 됐다고, 지방의원들 비리가 그렇게 줄줄이 사탕인지 허탈하기까지 하다.

혹 너무 많아서 탈인 걸까. '참으로 가지가지 한다'는 비아냥을 받는 지방의원들이 전부 민주당 소속(탈당자 포함)이란 사실은 짚고 넘어갈 대목이다. 애시당초 깜 안 되는 후보를 공천한 민주당의 책임이 가볍지 않은 이유다. 그것도 권력이라고 호가호위하는 지방의원들의 작태가 한심스럽고 가소롭지만, 탈당이나 제명만으로 끝날 일인지 생각하게 된다.

〈2020. 7. 25.〉

재난 없는 안전사회를 위하여

참 세월이 빠르다. 세월호가 침몰한지 벌써 7년이 넘어서다. 돌아보건대 세월호 참사는 내각이 총사퇴해야 할 만큼 인재(人災)로 얼룩진 대형사고였다. 304명이 애먼 생목숨을 잃었다. 1995년 6월 발생한 삼풍백화점 붕괴사고의 502명, 1970년 12월 남영호 침몰시 321명 사망에 이은 세 번째 대형참사로 기록되었다. 수학여행 학생 희생 규모로는 역대 최다 기록이다.

세월호 침몰사고에서 가장 억장이 무너지는 것은 승객들을 버려둔 채 선원들과 함께 맨먼저 도망친 선장 때문이다. '승객 먼저 구조'라는 선장으로서의 책무를 다했더라면 침몰 참사에도 불구하고 그렇듯 온 국민을 공분으로 들끓게 하지는 않았을 것이다. 그렇다. 세월호 침몰은 1차적으론 승객들을 나 몰라라하며 먼저 도망친 선장을 비롯한 선원들의 잘못이다.

나아가 그런 위험천만한 배가 수백 명을 싣고 운항하는데도 그걸 새까맣게 모르고 있던 자들, 안전불감증이란 병이 창궐하는 나라의 잘못이다. 검찰수사에서 속속 드러났듯 검은 돈으로 얼룩진, 그러고도 그것을 하나의 관행처럼 당연시하는 비리와 부정에 찌든 사회의 잘못이다.

4월 23일 문재인 대통령은 이현주 변호사를 '세월호 참사 진상규명 특별검사'로 임명했다. 문 대통령은 이 자리에서 "세월호 참사는 피해자와 유가족뿐 아니라 우리 사회에 큰 상처와 한을 남긴 사건으로, 7년이 지난 지금까지도 의혹이 남아 있는 것은 안타까운 일이다. 한 치의 의문도 남지 않도록 수사해 진실을 밝히는 것이 필요하다"고 말했다.

세월호 참사 7주기가 지난 일주일 후에야 비로소 특검이 정식으로 출범하게된 것이다. 세월호 특검 요청안은 2016년 세월호 참사 특별조사위원회에서 처음 제출됐지만, 19·20대 국회에서 임기 종료로 자동 폐기된 바 있다. 4·15 총선에서 민주당이 압승한 21대 국회가 들어선 지난해 12월 마침내 특검법안이 통과될 수 있었다.

그러나 특검의 최장 90일 수사로 유가족들과 시민단체들이 주장하는 침몰 원인을 비롯한 세월호 폐쇄회로(CC)TV 데이터 조작, 해군·해양경찰의 세월호 디지털 영상 저장장치(DVR) 수거·인수인계 과정, DVR 관련 청와대를 비롯한 당시 정부 대응 등 온갖 의혹을 다 밝혀낼 지는 의문이다.

참사 직후 3년은 유가족들을 사찰하고 진상조사 방해와 심지어 은폐까지 서슴지 않은 정권이니 그렇다 치자. 문재인 정부 4년 동안 세월호선체조사위원회·사회적참사특별위원회·특별수사단 등이 가동됐지만, 뭐 하나 속 시원하게 진상 규명한 게 없거나 미진해 특검 출범 지경에 이르러 하는 걱정이다.

특검과 상관없이 올해도 세월호참사 7주기 기억식과 선상 추모식 등 많은 행사가 열렸다. 방송과 영화 등 문화계도 가만 있지 않았다. MBC가 방송한 단편영화 '부재의 기억: 감독판'(감독 이승준)을 보는데, 생존자 김성묵씨의 "가장 분통 터지는 미스터리는 왜 신속한 구조가 없었는지 하는 점"이란 증언을 대하니 새삼 가슴이 먹먹해진다.

"인간은 만물의 영장이다."

안전불감증과 관련, 불현듯 고대 그리스 철학자 아리스토텔레스가 한 말이 떠오른다. 이미 수천 년 전에 한 말인데도 나는 그것을 어떤 진리보다 더 확신하면서 살고 있다. 가령 설악산에 갔을 때 자연과 어우러진 천혜의 비경보다도 내가 더 감탄한 것은 따로 있다. 흔들바위를 거쳐 울산바위에 오르도록 설치한 철재 계단이 바로 그것이다.

정확히 말해 그것은 과학의 발달이 가져온 문명의 이기(利器)라 할 수 있다. 암벽과 암벽 사이 단애(斷崖)의 낭떠러지를 철재 사다리로 연결시켜 놓았는데, 그것이 무려 808개란다. 가공할 인지(人智)의 발달이요, '위대한 인간'의 모습이다. 그것이 만물의 영장 인간의 작품이라는 사실에 절로 고개가 숙여진다.

아마 두 발로 걷고, 손으로 도구를 사용하고, 불을 발견하고, 생각하는 힘과 언어까지 갖고 있는 인간이기에 만물의 영장(靈長)이 되었을 것이다. 자연을 이용하고, 나아가 정복하려는 몸짓이 꾸준히 이어져 온 것도 그 때문이지 싶다. 세월호 참사는, 이를테면 만물의 영장인 그런 인간의 모습과 동떨어진 재난인 셈이다. 어이가 없고, 당혹스럽기까지 한 인재(人災)이지만, 내 생각으로는 자연재해도 예외가 아니다.

사실 인간은 자연 앞에서 얼마나 나약한 존재이던가? 단적인 예로 태풍이다. 연전에 3개의 태풍이 몰아닥친 필리핀은 수도인 마닐라까지 물에 잠기는 참상을 겪었다. 폭우·폭설·지진 등 섬나라 일본의 자연재해는 일일이 열거할 수조차 없을 정도이다. 그렇듯 대자연은 인간에게 곧잘 재해로 다가온다.

하긴 남의 나라 일만을 이야기할 것이 아니다. 삼천리 금수강산에다가 사계절이 뚜렷한 우리나라의 자연재해도 만만치 않다. 지구온

난화 현상으로 기상이변이 속출한다지만, 그것은 변명에 불과하다. 물론 불가항력적 측면도 있긴 하지만, 인재(人災)냐 천재(天災)냐 하는 문제는 뜨거운 감자의 논란거리로 계속되고 있다.

예컨대 10년 전 서울의 우면산 산사태와 물에 잠긴 강남을 떠올려 보자. 1차 원인이 폭우라는데 이의를 달 사람은 없다. 그야말로 하늘에 구멍이라도 뚫린 듯 쏟아지는 '비폭탄'이기에 자연재해를 감당해야지 어쩔 수 없다는 것이다.

과연 그럴까? 그렇지만은 않다는 데에 문제의 심각성이 있다. 자고로 치산치수(治山治水)는 나라 통치의 근간이었다. 산과 물을 잘 다스릴 줄 알아야 비로소 백성도 잘 다스리게 되어 있다는 것이다. '관자, 탁지편'에 보면 제(齊)나라 환공이 재상 관중에게 도성을 건설하려는데, 어떻게 해야 하냐고 묻는다.

관중이 답한다. 나라의 도읍은 반드시 지세(地勢)가 안전, 견실해야 한다. 땅이 기름져야 한다. 산을 등지고, 좌우로 강이 흐르거나 호수가 있어야 한다. 성안에 건설된 배수로를 따라 물이 강으로 잘 빠지는 곳이어야 한다. 이쯤되고 보면 물에 잠긴 강남 일대와 무너진 우면산이 자연재해만은 결코 아닌 이유로 족하지 않은가?

그는 또 군주가 5해(害)를 제거하여 백성을 재해로부터 보호할 것을 역설하기도 한다. 다섯 가지 해악은 홍수, 가뭄, 바람·안개·서리, 전염병, 해충 등이다. 그 중 홍수·가뭄·바람(태풍) 등에 대한 경고는 오늘날까지도 유효한 대표적 재해라 할 수 있다.

홍수·가뭄·바람 따위가 인류의 생존을 위협하는 자연재해인 건 맞다. 그렇다고 그냥 당하기만 해야 하는가? 물론 아니다. 만약 그렇다면 인간에게 훈장처럼 주어진 '만물의 영장'도 반납해야 할 것이다. 실제 104년 만의 가뭄에도 물 걱정 없이 농사를 짓고 있는 곳이 화제로 등장한 바 있다.

아시아뉴스통신 인터넷판(2012.6.29.)에 따르면 경기도 옹진군 백령면인 백령도는 104년 만의 가뭄에도 아무 문제가 없다. 비결은 '배수로 위주의 농업용수 이용'이다. 지하수 관정 개발을 억제하고, 자연산 빗물을 최대한 이용하여 극심한 가뭄에도 물 걱정 없이 농사를 짓게 된 것이다.

백령면은 농업용수의 용이한 관리를 위해 '수문 전동화시스템 설치', '문비교체 및 가수문 설치', '배수로 물을 퍼 올리는 양수시설 및 관로 설치', '수중모터펌프 사전 확보' 등 가뭄 대책을 철저히 마련했다. 치수가 잘 되면 자연재해쯤은 거뜬히 이겨낼 수 있음을 산뜻하게 보여주는 사례라 할만하다.

내가 관내 모 고교에서 근무하던 때인 2012년 8월 군산과 충남 태안 일대에 기록적인 폭우가 내렸다. 우면산 산사태로 사방댐 건설 등 대책이 마련되었지만, 특히 군산의 경우 폭우로 인한 피해는 상상이 안될 정도이다. 모르고 당하는 것이 천재지변이다. 알면서도 당하는 것은 어리석은 짓이다. 응당 인재(人災)가 안 되게 해야 하는 이유이다.

그렇다면 불은 어떤가. 군산에 상상도 못할 폭우가 퍼부은 날, 서울의 국립현대 미술관 공사현장에선 4명 사망 등 29명의 사상자를 낸 화재가 발생했다. 불이 잘 붙는 우레탄으로 단열공사를 하면서 용접이 동시에 이루어진 것이 화재 원인이라면 너무 어처구니없는 안전불감증 아닌가! 27명의 부상자를 낸 강원도 삼척에서 일어난 LP가스 폭발사고는 또 어떤가?

어찌 보면 불은 물에 비해 아무 것도 아니다. 홍수나 가뭄이 치산치수가 필요한 자연재해라면 불은 개인이 조금만 주의를 기울여도 얼마든지 막아낼 수 있는 인재(人災)일 뿐이다. 따라서 불은 국가적이기보다 개인적인 재해에 가깝다.

그런 뉴스를 대하면서 무엇보다도 안타까운 것이 있다. 존귀한, 그러면서도 질기고도 질긴 사람 목숨이 사소한 부주의나 안전수칙 불이행 따위로 너무 어이없거나 허망하게 끝장나버린다는 사실이다. 만물의 영장은커녕 이 얼마나 속절없고 미련한 인간의 모습인가?

불을 발견하여 만물의 영장이 된 인간이 그로 인해 졸지에 생을 마감해버리는 건 씁쓸한 아이러니가 아닐 수 없다. 홍수·가뭄·태풍 등이 국가적, 장기적 프로젝트로 최소화해야 할 자연재해라면 불은 주의만으로도 충분히 극복할 수 있는 인재(人災)이다. 불현듯 '꺼진 불도 다시 보자'는 옛날 표어가 떠오른다.

불가피한 자연재해란 없다는 것이 나의 생각이다. 그것이 나만의 생각에 그쳐선 안된다. 누구나 그렇게 인식해야 한다. 인간은 만물의 영장이니까! 모든 재난은 안전사회를 만들려는 우리의 노력이 부족하고, 준비가 미흡하여 생기는 부산물이다. 적어도 그런 마음가짐으로 대비한다면 재난 없는 안전사회가 되지 않을까 생각해본다.

〈2021. 5. 10.〉

가장 기분 나쁜 세금 건강보험료

5차 재난지원금(국민지원금) 지급이 시작되면서 이른바 소득 하위 88%에 들지 못한 국민들의 불만이 폭주하는 것으로 알려졌다. 가령 직장인 커뮤니티 블라인드에는 "내 옆자리 강남 사는 외벌이는 받고 맞벌이 전세 사는 나는 못 받았다", "아내랑 둘이 합쳐서 실수령 월 600도 안 되는데 왜 내가 상위 12%냐" 등의 글이 이어지고 있다.

"차도 없고 집도 없는데 상위 12%라는 게 말이 되냐"는 울분도 터져나오고 있다. 비슷한 연봉이라도 누구는 받고 누구는 못 받는 사례가 생기면서 쏟아진 혼선이라 할 수 있다. 이런 차이는 연봉뿐 아니라 가구원 전체 소득과 재산을 모두 고려하는 까다로운 건강보험료를 지급 기준으로 했기 때문에 발생한다. 정부가 혼란을 자초한 셈이다.

10일 밤 MBC 뉴스데스크 보도에 따르면 5일 동안 7만 2천 2백 건의 이의신청이 접수된 것으로 알려졌다. 하루 1만 4천 4백건에 해당하는 많은 숫자다. 이보다 앞선 8일 어기구 민주당 의원은 국회 예산결산특별위원회 전체회의에서 "지급 대상에서 제외된 국민들이 납득하지 못하는 사례가 폭주하고 있다"며 홍남기 부총리를 질타하기도 했다.

무엇보다도 부부 소득이 월 600도 안되고, 차와 집이 없는 사람조차 부자 12% 안에 든다면 대한민국이 문제가 있는 나라가 아닐까 싶은 의구심을 갖게 한다. 그 정도라면 얼마 전 공식 진입했다는 선진국은커녕 빈국중 한 나라라는 생각을 떨칠 수 없어서다.

어 의원은 "그래서 더불어민주당은 애초부터 전 국민 지급을 당론으로 채택하고 보편 지급을 주장했다"고 재차 비판했다. 코로나19로 피폐해질 대로 피폐해진 국민들 삶을 감안하면 백번 옳은 말이다. 죽은 아들 뭣 만지기지만, 겪지 않아도 될 괜한 고통을 또다시 안긴 국민지원금이란 점에서 어 의원의 전 국민 지급은 백번 옳은 소리로 다가온다.

그런데 헤럴드경제(2021.9.8.)에 따르면 특히 국민지원금 등 정부 정책에서 맞벌이 부부가 소외를 당하고 있다는 불만이 나오고 있다. 당초 정부는 이런 우려를 반영, 국민지원금을 설계할 때 맞벌이 가구에 혜택을 줬다. 가구 내 소득원이 2인 이상인 맞벌이 가구는 가구원이 한 명 더 있는 것으로 간주해 기준표를 적용키로 했다.

하지만 이 혜택만으로 구제받은 맞벌이 가구는 많지 않다는 지적이다. 국민건강보험공단 보험료 모의계산기에 따르면 2인 가구 외벌이 직장인 월급이 520만 원일 경우 건보료가 19만 8,900원으로 국민지원금을 받는다. 같은 직장에서 같은 직급인 2인 맞벌이 가구는 배우자가 한 달에 135만 원만 벌어도 건보료가 5만 1,630원이라 국민지원금 지급 상한선인 25만 원을 웃돈다.

임금이 같은 2인 맞벌이 부부는 월급 327만 원(건보료 12만 5,080원) 이상부터 국민지원금을 받지 못한다. 이를 두고 한 직장인은 "직장에 모두 다니는 웬만한 30, 40대 맞벌이 부부는 국민지원금을 받지 못하는 것 같다"며 "임금이 100만 원대인 공공근로만 해도 국민지원금에서 제외될 판"이라고 말했다.

하긴 남들 얘기만 할 게 아니다. 내가 소득 상위 12% 국민인 줄 나도 이번에 처음 알고 깜짝 놀랐으니까. 부부교사였던 나는 재직시절 '걸어다니는 중소기업'이란 소릴 듣곤 했다. 그때마다 그냥 씩 웃고 말았지만, 이렇게 국민지원금을 못받게 될 줄은 몰랐고, 상상조차 할 수 없었다.

그렇게 부부교사였던 나와 배우자가 퇴직후 공무원연금을 월급처럼 받고 있으니 맞벌이에 속하는 2인 가구라 할 수 있다. 우리 부부가 받는 연금은 월 650만 원쯤이다. 32년과 35년을 각각 개고생해 가며 일군 나름의 노후 대책이다. 퇴직하면서 일시금으로 받지 않고 월급처럼 수령을 결정한 연금이기도 하다.

부부교사였던 내가 퇴직후 '건강보험료 부과체계 1단계 개편'(2018년 7월)에 따라 지역가입자로 전환되면서 처음 낸 건강보험료는 147,150원(2018년 8월 납부)이다. 이게 6개월 만에 195,100원(2019년 2월 납부)이 되더니 다시 1년 후 298,120원(2020년 2월 납부)으로 올랐다. 그러니까 2년 만에 두 배 이상 오른 건강보험료인 것이다.

그리고 또 10개월 만에 330,280원(2020년 12월 납부)이 되었다. 그로부터 두 달 후 343,820원(2021년 2월 납부)으로 올라 지금도 그렇게 내고 있다. 나보다 2년 늦게 퇴직한 배우자의 연금소득 등이 추가돼 그랬다는 설명인데, 가히 기하급수적 오름폭인 건강보험료임을 알 수 있다. 이런 내가 12% 안 부자라면 대한민국은 문제가 있는 나라가 아닐까 싶다.

그렇지 않아도 1년치 재산세보다 훨씬 많은 건강보험료를 매달 내는 걸 어떻게 이해할지 앙앙불락(怏怏不樂)하던 참이다. 그 건강보험료로 인해 문 대통령이 '온 국민이 으샤으샤 힘을 내자'면서 주는 국민지원금까지 못받게 됐으니 이러려고 부부교사를 했나 싶다. 아무튼 내게는 가장 기분 나쁜 세금 건강보험료다.

〈전북연합신문, 2021.9.15.〉

교장공모제 악몽 떠오르게한 돈선거 의혹

7월 1일 민선 8기 단체장들이 임기를 시작했다. 앞으로 4년 동안 지금보다 더 나아진 삶이 되길 기대해보지만, 벌써부터 누가 낙마할지에 관심이 쏠리기도 한다. 지난 6월 2일 대검찰청이 지방선거와 관련, 공직선거법 위반 혐의로 1,003명을 입건해 878명을 수사하고 있다고 밝힌 게 떠올라서다.

먼저 이는 2020년 4월 21대 국회의원 선거와 관련해 총 2,874명(구속 36명)이 입건된 것에 비하면 절반 이하로 줄어든 수치다. 2018년 지방선거의 2,113명에 비해서도 절반 이하로 줄어든 입건자 수다. 그만큼 깨끗해진 선거판이 된 듯해 일단 반갑지만, 이들의 주요 혐의가 허위사실공표, 금품수수 등인 점에서 실망감도 적지 않다.

당선자 가운데 선거법 위반 수사 대상은 광역단체장 3명, 교육감 6명, 기초단체장 39명 등이다. 도내의 경우 12명이 수사대상에 올라있는 것으로 전해졌다. 서거석 교육감, 강임준 군산시장, 정헌율 익산시장, 심덕섭 고창군수, 최훈식 장수군수와 광역·기초의원 7명 등 12명이다.

선거사범 완전 근절이야 기적 같은 일이겠지만, 그럴망정 금품수수는 너무 '원시적' 범죄라 개탄스러운 일이라 하지 않을 수 없다. '아니, 지금이 어느때인데, 돈 받고 표를 준다는 말인가' 하는 탄식이 절로 나오는 금품수수여서다. 돌이켜보면 장수군지역 돈선거 의혹은 전주시장 이중선 예비후보가 폭로한 '선거브로커' 사건에서 비롯됐다. 언론보도를 종합해보면 선거운동자금 수천만 원을 차량에 보관한 혐의로 최훈식후보 캠프쪽 자원봉사자가 구속·기소됐다. 또 다른 캠프쪽 사람은 주민에게 현금 20만 원을 건넸다가 그 사실이 밝혀지자 극단적 선택으로 죽기까지 했다. 검찰 수사로 명명백백 밝혀지겠지만, 나로선 오래 전 겪었던 '교장공모제 악몽'이 떠오르는 걸 어찌할 수 없다.

 2009년 12월 군산여상 교사였던 나는 장수의 어느 고등학교 교장 개방형공모에 지원했다. 나는 심사위원인 학교운영위원들을 만나러 다니면서 받은 노골적인 돈 요구에 경악을 금할 수 없었다. "200만 원씩 5명만 잡으면 된다. 1,000만 원 내면 3배수 안에 들게 해주겠다.", "돈 안 쓰면 안된다." 등 실로 귀를 씻어버리고 싶은 얘기들이었다.

 나는 당연히 거절했다. 그러나 검은 돈을 뿌리친 대가(代價)는 컸다. 학교운영위원들의 1차심사(6명중 3명 뽑음)에서 탈락한 것이다. 청와대 탄원까지 한 끝에 알게된 나의 순위는, 맙소사! 6명중 6위였다. 내 학교경영계획서를 표절한 지원자가 있어 경찰에 고소까지 하는 소동을 겪었는데, 그보다 순위가 낮은 꼴찌라니!

 교장공모제와 지방선거가 다르긴 하지만, 여러 후보중 1명을 뽑는 점에선 같다. 십수년 전 그 지역민으로부터 노골적인 금품 요구를 당했던 나로선 이번에 드러난 장수군수 돈선거 의혹이 그냥 흔한 선거사범, 그러니까 예사로 있는 일이라 생각되지 않는다.

 금품수수가 마치 전통처럼 오랫동안 장수지역에 퍼져 있는 게 아닌가 하는 의구심을 불러 일으킨다. 장수외 부안과 남원 지역 2개 교장공모학교에 지원서를 더 냈지만, 그곳에선 금품요구는 들어보지 못했기 때문이다. 자라 보고 놀란 가슴 솥뚜껑 보고도 놀란 기우이길 바라지만, 그럴 것 같지 않다. 특히 돈선거는 엄벌해야 한다.

              〈전북도민일보, 2022.7.6.〉

어처구니없는 교육부장관 임명

2016년 2월말 교단을 떠난 이후 전체적 글쓰기는 늘어났는데, 줄어든 분야가 있다. 최근 3년 사이에 펴낸 '진짜로 대통령 잘 뽑아야'·'뭐 저런 검찰총장이 다 있나' 같은 책을 봐도 금방 알 수 있는 일인데, 바로 교육분야다. 시간이 많아져 글쓰기가 늘어난데 비해 아무래도 교직을 떠난 입장이라 이런저런 교육계 문제는 덜 현실적으로 느껴졌던 모양이다.

그럴망정 도저히 그냥 묵과하기 어려운 게 있다. 바로 음주운전 전력 등 의혹 투성이의 박순애 사회부총리 겸 교육부장관 임명이다. 대통령실 핵심 관계자는 박순애 후보자의 임명 배경에 대해 "국가교육위원회 구성도 하고 여러 일들이 기다리고 있어서 더 이상 기다리기 어려운 상황"이라고 설명했지만, 어처구니없는 일이란 생각이 떠나지 않아서다.

당장 지명 철회를 요구해온 교육계는 강하게 반발했다. 가령 전국교직원노동조합은 박 장관에 대해 "자질 논란으로 이미 지도력을 상실했다"며 "음주운전 혐의와 이에 따른 선고유예에 대한 해명 없는 사과, 제자 논문 가로채기 및 논문 중복 게재 의혹 등 한국 사회에 만연한 윤리 불감증, 교수 재직시 조교에 대한 갑질 논란까지 이게 박 장관의 이력이 됐다"고 밝혔다.

서울교사노동조합도 "박 장관의 과거 만취 음주운전은 교육부 장관으로서 해서는 안 될 치명적인 전력"이라며 "교육부 장관의 이력은 우리나라 교육이 목표로 하는 바람직한 인간상과 거리가 멀다. 박 장관의 임명은 교육공무원들의 교육부에 대한 냉소주의를 확대시키는 데 일조할 것"이라고 밝혔다. 여러 의혹이 있지만, 박 교육부장관의 가장 큰 문제는 음주운전 전력이다. 보도를 종합해보면 2001년 12월 음주운전 적발 때 박 장관의 혈중알코올농도는 당시 면허취소 기준(0.1%)의 2.5배였다. 2002년 9월 서울중앙지법은 박 장관에게 벌금 250만 원형의 선고유예 처분을 내렸다. 박 교육부장관은 당시 숭실대 조교수 신분이었지만, 학교에서 따로 징계를 받지 않은 것으로 알려졌다.

그런데 같은 해 도로교통법 위반(음주운전) 혐의로 기소됐다가 선고유예를 받은 비율은 전체 사건의 0.67%에 불과했다. 어떻게 그 어려운 선고유예 판결을 받았는지 명백히 밝혀져야 할 부분인데, 청문회 절차 없이 강행된 장관 임명이라 사실상 진실은 물 건너간 것으로 보인다.

그럼에도 윤석열 대통령은 6월 10일 "음주운전도 언제 한 것이며 여러 가지 상황 등을 따져봐야 한다"고 말해 과연 공정과 상식을 내세워 당선된 게 맞는지 의아스럽게 한다. 박순애 교육부장관 임명 직후 권성동 국민의힘 원내대표 역시 "음주운전 자체는 잘못된 것이지만 20년 전 일"이라며 두둔하기도 했다.

그러나 음주운전에 대한 교육당국의 처벌은 가혹할 정도다. 안민석 더불어민주당 의원이 교육부에서 제출받은 '교육부·교육청 공무원 음주운전 관련 징계 현황'이 그걸 말해준다. 이 자료에 따르면 2019년부터 2021년까지 3년간 음주운전으로 징계를 받은 교원은 모두 547명이다. 이 가운데 311명은 파면·해임·강등·정직 등의 중징계를 받았다.

징계와 별도로 최근 3년간 음주운전으로 퇴직교원 포상에서 제외된 교원도 1,195명인 것으로 나타났다. 포상 신청자 3만 2,483명

가운데 결격자 2,621명의 46%가 음주운전으로 포상을 받지 못한 것이다. 포상을 받은 바 있는 박 교육부장관보다 더 오래 전의 음주운전 이력으로 탈락한 교원도 408명에 이르는 것으로 확인됐다.

장관 임명도 그렇지만, 특히 20년 전 일 운운한 권성동 원내대표 발언이 많은 국민의 부아를 돋군다. 21년 전(1995년) 교통사고 벌금형이 문제가 돼 정부포상을 받지 못한 채 퇴직한 나부터 그런 생각이 든다. 나는 재직기간이 32년 10월이라 훈장 대신 근정포장에 해당하는데, 받을 수 없다는 연락을 받았다.

21년 전 금품수수·음주사고·성문란 등 3대 주요 비위(非違)도 아닌 교통사고로 벌금 500만 원을 낸 것이 그 이유였다. 규정이 그러냐며 전화를 끊었지만, 너무 가혹한 '정부포상업무지침'이란 생각이 한동안 떠나지 않았다. 동시에 억울한 생각도 고개를 쳐들어 그걸 삭히느라 힘든 나날을 보냈던 기억이 난다.

퇴직할 때까지 선생을 하는데 지장은 없었지만, 나는 나라에서 21년 전 본의 아닌 교통사고 벌금형을 오랜 세월이 흘렀음에도 사면은커녕 '주홍글씨' 같은 낙인을 찍어 영원히 써먹는 줄 몰랐다. 당연히 국가에 대한 배신감이 끓어 올라 어쩔 줄 몰라했다. 이건 아니지 싶다며 생긴 울분을 겨우 삭힐 수 있었다.

이제 어느 정도 아문 상태인데, 20년 전 음주운전이니 아무 문제 없다며 박 장관을 한 나라의 교육 수장으로 임명해 그 상처를 헤집어 다시 덧나게한 꼴이다. 20년 전 음주운전이라 장관 임명해도 괜찮다니 나로선 그게 말인지 막걸리인지 알 수 없다. 다시 생각해봐도 어처구니없는 교육부장관 임명이다.

〈전북연합신문, 2022.8.4.〉

현직 장관이 차기 대권주자 1위

20%대 윤 대통령 지지율 여론조사가 연달아 나오고 있다. 부정 평가 이유를 보면 '인사'가 24%로 가장 높게 나타났다. 자진사퇴로 낙마한 장관후보자들은 물론 임명을 강행한 경우까지 복합적 이유가 작용한 결과의 국민 반응으로 보인다. '소통령' 소릴 들었던 한동훈 법무부장관이 그 정점에 있다 해도 결코 과언이 아닐 것이다.

8월 2일 여론조사업체 리서치뷰가 지난 7월 30~31일 전국 만 18세 이상 성인남녀 1,000명을 대상으로 실시한 여론조사 결과를 발표했다. 여론조사 결과 한동훈 법무부 장관이 범보수 차기 정치지도자 적합도에서 1위를 달리고 있는 것으로 나타났다. 한 장관은 '범보수 차기 대권주자 적합도'에서 13%로 1위에 올랐다.

홍준표 대구시장(12%), 오세훈 서울시장(11%), 유승민 전 의원(10%), 이준석 국민의힘 대표(9%), 안철수 의원(6%), 원희룡 국토부 장관(4%)의 순으로 그 뒤를 이었다. 지난달 같은 조사에선 한 장관과 오 시장이 나란히 15%로 1위에 올랐다. 한 장관은 지난달에 비해 2%포인트 빠졌지만 오 시장이 4%포인트 떨어지는 바람에 공동 1위에서 단독 1위가 됐단다.

국민의힘 지지층에서는 한동훈(32%)·오세훈(24%)·홍준표(13%)·이준석(10%)·안철수(8%)·원희룡(7%) 순이었다. 보수층에서는 한동훈(23%)·오세훈(17%)·홍준표(14%)·이준석(12%)·안철수(8%)·원희룡(6%)·유승민(5%) 등으로 조사됐다. 당원권 정지 상태인 이준석 대표 지지율이 3%포인트 상승한 것이 눈길을 끌기도 한다.

여론조사야 민주국가에서 노상 있는 일이지만, 좀 아니지 싶은 게 있다. 원희룡 장관 포함 임명직인 한동훈 법무부장관이 왜 새 정부 출범 한두 달 만에 여론조사 대상이 됐는가 하는 점이다. 그 의도가 의심스러운 여론조사라 아니 할 수 없다. '뜨물에 애 밴다'는 속담과 함께 윤석열 검찰총장의 대통령되기 과정이 떠올라서다.

2019년 7월 인사청문회에서 "정치할 생각이 없다"며 손사래를 쳤던 윤석열 검찰총장이 사퇴를 선언한 건 2021년 3월 4일이다. 매달 차기 정치 지도자 선호도 조사를 하는 한국갤럽 여론조사 결과를 보면 윤 전 검찰총장은 2020년 초 1%에서 시작해 추미애-윤석열 충돌 사태가 벌어지자 13%까지 올라갔다.

문재인 대통령이 새해 기자회견에서 "문재인 정부의 검찰총장"이라고 한 뒤에는 9%로 떨어졌지만, 사퇴 뒤에는 24%로 치솟았다. 그것은 이재명 경기지사와 같은 1위의 지지율이었다. 어떤 조사에선 32.4%를 찍어 집권 더불어민주당 이재명 경기지사(24.1%)와 이낙연 대표(14.9%)를 멀찌감치 따돌린 1위로 나오기도 했다.

"정치할 생각이 없다"던 윤석열 전 총장이 임기가 보장된 검찰총장 중도하차와 함께 방향을 튼 이유의 하나라 할 수 있다. 2020년 1월 10.8%로 황교안 대표를 누르고 2위를 차지한 세계일보 여론조사가 윤석열 검찰총장으로 하여금 대선출마를 결심하게 한 건 알려진 사실이다.

장동혁 국민의힘 의원은 7월 28일 국회 법제사법위원회 전체회의에서 한동훈 법무부 장관에게 "윤석열 정부가 출범한 지 한 달 만에 어떤 의도로 그런 여론조사가 실시됐는지 알 수 없으나 한 장관이 유력 대권주자로 등장했다"며 "대통령의 국정 운영에 부담될 뿐만 아니라 장관의 부처 운영에도 부담될 측면이 있지 않겠냐"고 말했다.

그는 "지난 6월 말 조사에서는 차기 정치 지도자 적합도에서 가장 앞서는 조사가 있었다"고도 지적했다. 이어 장 의원은 "윤 대통령은 검찰총장 재임 시절 대선후보 여론조사에서 본인의 이름을 빼달라고 요청하신 바 있다는 말씀을 참고적으로 드리겠다"고 말했다. 장 의원에게 한 장관은 "유념하겠다"고 밝혔다. 제법 순하게 장 의원의 지적을 받아들인 모양새다. 아마 '주군'인 윤 대통령을 의식한 처신이 아닐까 한다.

여론조사는 그냥 여론조사일 뿐이라고 말들 하지만, 한 장관은 여론조사에서 자신을 빼달라고 해야 마땅하다. 더 본질적인 문제가 있어서다. 임명직 장관을 무슨 이유로 여론조사에 넣었고, '범보수 차기 대권주자 적합도' 1위라는 결과가 나오게 했는가 하는 점이다. 새 정부 출범 한 달 만에 임명직 국무위원을 집어넣은 여론조사가 도무지 정상으로 보이지 않아서다.

아직 5년 가까이 남아있는 대선이지만, 장 의원의 지적에서 보듯 여권에서는 집권 초기 국무위원이 차기 대권주자로 등장하는 여론조사를 달갑지 않게 생각할 수 있다. 물론 여론조사가 특정 정당의 입장 따위를 고려하며 진행되는 건 아니다. 그보다 중요한 것은 임명직 장관들이 여론조사에 현혹돼 직분을 망각하는 등 염불보다 잿밥에만 관심을 두는 부작용이 생겨선 안된다는 점이다.

사실은 '범보수 차기 대권주자 적합도 1위 한동훈'만으로도 소름이 돋을 지경이다. 여론조사에서 일정량 지지율이 나오는 걸 보면 그냥 무심할 수 없는 게 인지상정이다. 임명직이 자신의 정치적 야망을 이루기 위해 그 직을 이용한 걸 보는 건 윤석열 대통령 한 사람으로 되었다. 한동훈·원희룡 장관 등 임명직은 **뺀** 여론조사가 되어야 한다.

〈전북연합신문, 2022.8.24.〉

뭐 저런 대통령이 다 있나1

'뭐 저런 검찰총장이 다 있나'란 칼럼을 발표한 것은 2021년 3월 18일자 전북연합신문이다. 2022년 5월 9일 장세진에세이 '뭐 저런 검찰총장이 다 있나'를 펴내기도 했는데, 독자들 반응은 시원치 않다. 검찰총장일 때부터 윤석열 대통령과 각을 세워온 임은정 검사가 최근 펴낸 '계속 가보겠습니다'가 베스트셀러에 오른 것과 너무 다른 독자 반응이 당황스러울 정도다.

'뭐 저런 검찰총장이 다 있나'는 당시 윤석열 검찰총장의 사퇴 선언에 대해 쓴 글이다. "살아있는 권력에 대한 수사는 잘할지 몰라도 국정 운영까지 그럴지는 미지수다. 그 분야 전문가로 칭송받을망정 대통령감은 아니란 얘기다. 여전히 '뭐 저런 검찰총장이 다 있나' 싶지만, 앞으로 어떤 일이 벌어질지 사뭇 궁금해지는 정국이"라며 글을 맺고 있다.

그 이후 벌어진 일은 굳이 미주알고주알 늘어놓지 않아도 될 듯하다. "대통령감은 아니란 얘기"라고 한 윤석열 전 검찰총장이 대한민국 대통령이 되어 취임 100일을 지나고 있으니 말이다. 대선이 끝난 후에도 나는 "무릇 유권자들은 때로 대통령을 잘못 뽑기도 한다. 윤석열 제20대 대통령은 부디 그런 국민의 선택이 아니었길 바란다"고 말한 바 있다.

그러나 이제 보니 그게 아니다. 가령 '윤 대통령 지지율 또 20%대… 부정평가 70% 육박'(한겨레인터넷판, 2022.8.1.) 제하 기사가 그걸 말해준다. 여론조사 전문업체 한국사회여론연구소(KSOI)가

TBS 의뢰로 7월 29~30일 전국 성인 1,003명에게 윤 대통령의 국정운영 수행에 대한 평가를 물은 결과(신뢰수준 95%, 표본오차 ±3.1%포인트), 긍정 평가는 28.9%로 나타났다.

윤 대통령 지지율이 처음으로 20%대로 떨어진 것은 여론조사 전문업체 한국갤럽이 7월 26~28일 전국 성인 1,000명을 대상으로 조사한 결과(신뢰수준 95%, 표본오차 ±3.1%포인트)에서다. 윤 대통령이 대통령직 직무 수행을 '잘하고 있다'는 응답은 28%인 것으로 나타났다. '잘못하고 있다'는 부정 평가는 지난주 60%에서 2%포인트가 오른 62%를 기록했다.

윤 대통령의 지지율은 6월 둘째주(53%) 이후 한 달 넘게 하락해오다 32%를 찍어 하락세가 멈춘 듯했다. 그런데 한국갤럽 조사에서 4%가 추가로 빠지며 취임 이후 처음으로 30% 선이 무너졌다. 세대별로 보면, 긍정 평가는 18~29살에서 9%포인트 하락한 20%를 기록하는 등 낙폭이 컸다. 60대에서도 9%포인트 빠져 40%를 나타냈다.

30대와 40대의 긍정 평가율은 17%로, 연령대별 최저를 기록했다. 부정 평가 이유를 보면, '인사'가 21%로 가장 높았다. 또한 최근 불거진 경찰국 신설(4%)과 여당 내부 갈등 및 권성동 대표 직무대행 겸 원내대표 문자메시지 노출(3%) 등도 포함됐다. 이를테면 역사를 새로 쓰고 있는 윤석열 대통령인 셈이다.

이는 윤석열 후보를 찍어 대통령이 되게한 지지자들이 절반도 넘게 등을 돌렸다는 얘기다. 이번에도 지난 18대 대선때 뽑은 박근혜 후보처럼 대통령을 잘못 뽑았다는 방증이라 해도 무방한 20%대 지지율이라 할 수 있다. '뭐 저런 대통령이 다 있나'라는 탄식이 저절로 나오는 이유다. 취임 두 달여 만의 20%대 지지율은 거의 유례가 없는 일이어서다.

　이명박 대통령이 광우병 파동 당시 21%로 곤두박질친 적은 있다. 탄핵 전 박근혜 대통령과 문재인 대통령도 30%대 초반으로 하락한 적이 있지만, 아시아경제(2022.7.16.)에 의하면 그때는 각각 집권 3년차였던 2015년 1월 3주(30%, 연말정산·증세 논란)와 집권 4년차였던 2021년 4월 1주(32%, LH투기 의혹·김상조 청와대 정책실장 경질)다.

　아주 희한한 일이 벌어지기도 했다. 7월 12~13일 뉴스토마토가 여론조사 전문기관 미디어토마토에 의뢰해 만 18세 이상 전국 성인 남녀 1,015명에게 '만약 다시 20대 대통령 선거 당일로 돌아간다면 누구에게 투표하겠나'라는 질문을 한 결과, 응답자의 50.3%가 '이재명'이라고 답했다. '윤석열'이라고 답한 응답자는 35.3%에 그쳤다.

　대통령 임기말에 흔히 나타나는 레임덕이 아닌 '취임덕'이라는 비아냥 섞인 얘기까지 나올 정도이니 이 민망함을 어떻게 해야할지 모르겠다. 그야말로 보통이 아닌 큰일이 벌어졌는데도 대통령실은 "지지율이 올라가든 내려가든 일희일비하지 않고 국민만 보고 열심히 일하겠다는 말씀을 드렸다"며 기존의 원론적 입장을 반복했다.

　사실 처음 쓴 '뭐 저런 대통령이 다 있나'(전북연합신문, 2016.12.8.)는 국회의 탄핵안발의 직전 박근혜 대통령의 국립대 총장에 대한 늦장 임명 이유와 세월호 책들에 대한 지원 배제 및 청와대 수석을 통한 CJ그룹 이미경 부회장 퇴진 압력 등 '미운 털'에 대한 쪼잔한 보복행위 등을 탄식한 글이다. 그예 박근혜 대통령은 탄핵과 함께 감옥에 가야 했다.

　국민의힘 홍준표 대구시장은 대선정국 당시 청년 소통 플랫폼인

'청년의꿈' 내 청문홍답(靑問洪答 · 청년이 물으면 홍준표가 답한다) 코너에서 "윤 후보가 대통령 되면 나라가 정상으로 돌아갈지 의문"이라는 글에 "대한민국만 불행해진다"고 답했다. 그것이 현실화되는 전조(前兆)의 20%대 지지율은 아닌지…. 다시 '뭐 저런 대통령이 다 있나'를 쓰게돼 참담할 뿐이다.

〈전북연합신문, 2022.9.1.〉

뭐 저런 대통령이 다 있나2

본의 아니게 윤석열 대통령 시절을 살아가자니 그야말로 미치고 팔짝 뛸 일 천지다. 비단 나뿐 아니라 지난 대선에서 이재명 후보를 찍었던 1,614만 7,738명이 모두 그런 생각일지도 모르겠다. 아니 1,614만 7,738명에 더해 지난 대선에서 윤석열 후보를 찍었던 사람들까지도 제 발등을 찍고 있을지 모를 일이다.

2022년 3월에 쓴 '국민이 문제다'(장세진에세이 '뭐 저런 검찰총장이 다 있나' 수록)라는 글이 떠오른다. "박근혜 후보를 대통령으로 뽑은 대가는 크고 아팠다. 이른바 국정농단사건 등 탄핵·파면으로 강제 퇴임, 구속·수감되는 걸 지켜봐야 했다. … 무릇 유권자들은 때로 대통령을 잘못 뽑기도 한다. 윤석열 제20대 대통령은 부디 그런 국민의 선택이 아니었길 바란다"고 끝맺은 글이다.

윤석열 대통령 취임 10개월을 향해가고 있는 지금, 그러나 그것이 희망사항이었음을 새삼 환기시키고 있을 뿐이다. 여러 가지 '윤석열다운 정치'로 어안이 벙벙할 지경의 일들이 벌어져서다. 박근혜때처럼 이제 다시 윤석열 대통령 뽑은 대가를 앞으로 4년 이상 더 치러야 할 걸 생각하니 오싹 소름이 돋는다. 그만큼 되게 끔찍한 일이다.

하긴 나는 '뭐 저런 검찰총장이 다 있나'(장세진에세이 '뭐 저런 검찰총장이 다 있나' 수록)란 글에서 "검사만 하던 윤 전 검찰총장도 다르지 않다. 살아있는 권력에 대한 수사는 잘할지 몰라도 국정 운영까지 그럴지는 미지수다. 그 분야 전문가로 칭송받을망정 대통령감은 아니란 얘기다"라며 우려를 이미 한 바 있다.

가장 심각한 문제는 야당의 존재 자체를 인정하지 않는 윤 대통령의 태도다. 취임한 지 10개월째가 됐건만 윤 대통령은 제1야당의 대표를 비롯 원내대표 등 누구와도 만나지 않고 있다. '뭐 저런 대통령이 다 있나' 하는 탄식이 절로 터져 나오는 이유다. "이런 대통령은 지금껏 처음 겪는다"(한겨레, 2023.1.30.)는 박현 논설위원의 개탄이 눈길을 끄는 것도 그래서다.

해외 순방을 다녀온 뒤 보인 윤 대통령 행보도 '어통령'('어쩌다 대통령'의 준말)이라 그런지 의심스럽다. 역대 대통령들은 해외 순방을 다녀온 뒤에는 여야 대표를 청와대로 초청했다. 순방 결과를 설명하기 위해서다. 딱히 어떤 성과는 거두지 못할망정 그렇게 만난 자리에서 자연스럽게 민생과 시국 현안을 논의하곤 했다. 그게 하나의 관행처럼 굳어졌다.

그러나 윤 대통령은 해외 순방 후 여당 지도부만 관저에 초대했다. "야당 대표가 '피의자'이니 안 만난다는 건 어불성설이다. 수사와 정치는 엄연히 별개이고, 별개여야 한다. 대통령이 제1야당을 만나지 않는 것 자체가 수사와 정치를 '한몸'처럼 여긴다는 방증일 수 있다. 상대 당을 인정하는 건 대의민주주의의 기본 중의 기본인데 이를 거부하고 있는 것"(앞의 한겨레)이다.

윤 대통령이 제1야당 대표조차 아예 만나지 않는 건 지난 대선에서 그에게 표를 준 1,614만 7,738명은 안중에 없다는 뜻이기도 하다. 자신을 지지 하지 않은 국민을 버리는 짓이나 다름 없다. 부인하겠지만, 자신에게 표를 준, 국민 절반쯤만의 대통령이 되겠다는 것이나 다름 없기도 하다. 이런 대통령을 최근 35년 넘게 본 적이 없기에 더욱 심각한 문제다.

'뭐 저런 대통령이 다 있나' 하는 탄식이 터져나오는 건 또 있다. 언론은 물론이고 어느 누구의 견제도 받지 않으려 하는 게 그렇다. 견제를 해도 전혀 개의치 않는 듯한 태도 역시 마찬가지다. 정작 분통 터질 일은 기본이 안된 이런 대통령을 뽑은 보수 유권자들 때문에 전에 못보던, 그래서 역사를 새로 쓰는 대통령 시절을 살아가야 한다는 점이다.

한편 디지털 타임스(2023.1.6.)에 따르면 그간 윤석열 대통령을 지속적으로 저격해온 류근 시인이 "선거 한 번 잘못한 죄로 '반만년 역사'의 민족과 나라가 이렇게 망해간다"고 직격했다. 류 시인은 "그 옛날 사마천처럼 나 또한 절규하는 것이다. 아아, 하늘이여! 하늘이여!"라고 외치며 폭탄발언을 쏟아냈다. 교육관련 울분을 쏟아낸 것인데, 쏙 들어오는 게 있다.

"군대를 안 갔다 왔으니 전쟁이 쉽고, 아이를 안 낳아봤으니 육아가 만만하고, 아이를 안 키워봤으니 경쟁이 놀이 같고, 정상적으로 돈 벌어본 적 없으니 민생이 장난 같고, 공직자로 살았으면서도 국민을 섬긴 적 없으니 국민을 윽박지른다"면서 "찍찍 반말을 일삼으며 그냥 당연하게 개돼지라 여긴다"고 날을 세운 게 그렇다.

거기서 자동으로 떠오르는 것은 이명박·박근혜·윤석열 후보 대통령 당선에서 보듯 보수 유권자들은 '최초'를 매우 좋아하는 것 같다는 점이다. 뽑힌 그들이 각각 대한민국 최초의 사업가 출신(이명박), 여성·미혼·부녀(박근혜), 검찰총장 출신과 국회의원 0선 대통령(윤석열)이라서다. 윤 대통령은 1987년 민주화 이후 최초의 무자(無子) 대통령이란 역사도 새로 썼다.

세상이 많이 변했다곤 하나 미혼이나 무자가 일반적이거나 보편적이진 않다. 그 점에서 정상적이라고 하기 어렵다. 한부모처럼 결손가정이라고 해도 틀리지 않아 보인다. 나로선 왜 그런 결손가정 후보들이 대통령에 당선되어 탄핵되거나 도마에 오르는지 그들에게 표를 몰아준 보수 표심과 함께 미스터리다.

〈2023. 2. 14.〉

뭐 저런 대통령이 다 있나3

　이태원참사 1주기를 맞은 2023년 10월 29일 오후 5시 서울시청 앞 서울광장에서 시민추모대회가 거행됐다. '이태원참사 1주기 시민추모대회'에 앞서 이태원참사 현장에는 이른 시간부터 수많은 사람들의 발길이 이어졌다. 참사 현장에서 일부 유족들은 슬픔에 겨워 몸도 제대로 가누지 못했다. 한 유족은 "1년 동안 뭘 했느냐"며 "이럴 순 없다"고 절규했다.

　보도를 종합해보면 이태원참사 현장엔 그날의 참상을 잊지 않고 기억하기 위한 시민들의 발걸음이 끊이지 않았다. 해밀톤호텔 옆 골목 초입에는 추모객들이 두고 간 조화와 술병, 간식들이 수북이 쌓여 있었다. 한 추모객은 "시간이 그렇게 흘렀지만 바뀐 게 아무것도 없다"며 "계속 지켜보고 행동하겠다"는 내용의 추모글을 벽면에 남기기도 했다.

　서울지하철 6호선 1번 출구 인근에선 이태원참사 유가족협의회·시민대책회의 주관으로 4대 종교(불교·개신교·천주교·원불교) 기도회가 열렸다. 유가족들과 종교인들은 고인의 넋을 기리는 동시에 한목소리로 책임자 처벌과 진상 규명을 요구했다. 이태원참사를 상징하는 보라색 점퍼를 입은 유족들은 울먹이며 "이태원 특별법 제정하라" 같은 구호를 외쳤다.

　윤석열 대통령의 사과와 이상민 행정안전부 장관의 사퇴를 요구하는 구호도 울려 퍼졌다. 유족들과 시민들은 기도회를 마치고 참사 현장에 헌화한 뒤 용산 대통령실을 거쳐 서울광장에 도착해 이태원참사 1주기 추모대회를 열었다. 인근에 마련된 합동분향소엔 시민들의 추모 행렬이 200m 넘게 이어졌다. 추모대회에는 주최쪽 추산 1만 7,000여 명이 참여했다.

더불어민주당 등 야당 의원들은 이날 추모대회에 대거 참석해 애도의 뜻을 표하며 유가족들을 위로했다. 민주당에서는 이재명 대표·홍익표 원내대표 등 지도부와 다수 의원들이 참석했다. 이정미 정의당 대표와 용혜인 기본소득당 상임대표, 윤희숙 진보당 상임대표 등 다른 야당 대표들도 자리를 함께했다.

추도사를 한 야당 대표들은 정부와 여권을 한목소리로 비판했다. 이재명 민주당 대표는 "국가는 참사 때도, 지금도 희생자와 유족들 곁에 없다. 그렇게 반성하지 않는 마음과 책임지지 않는 태도가 오송참사와, 해병대원 사망이라는 또 다른 비극을 낳았다"고 말했다.

윤희숙 진보당 대표는 "야당이 주도하는 행사라서 불참했다면, 여당이 주도하면 되지 않느냐"며 "윤 대통령이야말로 참사를 정쟁화하는 것"이라고 주장했다. 이정미 정의당 대표는 "이태원참사 특별법 제정 반드시 이뤄내겠다"고 약속했다. 실제로 국민의힘은 정쟁 운운하며 특별법 제정 반대 등 대통령 편들기 및 책임 회피에 급급한 모습을 보이고 있다.

이정민 이태원참사 유가족협의회 운영위원장은 추모대회 개회사에서 "참사 이후 유가족들은 단 한번도 정치적 행동을 한 적이 없다. 단지 우리는 우리의 억울함을 호소했을 뿐"이라며 "정부의 책임은 없다고 생각하고 계신 건 아닌지 (대통령에게) 답을 듣고 싶다"고 말했다.

유가족들이 절규로 호소한 답을 들려줄 윤 대통령은, 그러나 추모대회에 오지 않았다. 야당이 주도하는 '정치행사'라는 이유에서다. 국무위원들은 물론 김기현 대표·윤재옥 원내대표 등 국민의힘 지도부도 윤 대통령과 함께 이날 오전 서울 성북구 영암교회 추도 예배에 참석했다. 윤 대통령은 이태원참사 희생자 49재때도 추모제에 불참한 바 있다.

강서구청장 보궐선거 참패 이후 스스로 말한 '반성'이 전혀 없는 태도로 봐도 무방한 이태원참사 1주기 추모대회 불참이라 할 수 있다. 반면 국민의힘에선 이만희 사무총장, 유의동 정책위의장, 김병민·김예지 최고위원과 인요한 혁신위원장, 이준석 전 대표, 유승민 전 의원 등이 '개인 자격'으로 참석했을 뿐이다.

윤 대통령은 추도사를 통해 "지난해 오늘은 제가 살면서 가장 큰 슬픔을 가진 날이었다. 대한민국 국민 모두가 저와 같은 마음일 것"이라고 말문을 뗐다. 그러면서 "불의의 사고로 돌아가신 분들의 명복을 빈다. 소중한 가족을 잃은 유가족 여러분께 깊은 위로의 말씀을 드린다"고 말했다. 허공에 대고 말한 셈인 이런 추도로 위로받은 유가족이 얼마나 있을지는 미지수다.

대통령실 관계자의 말이 참으로 '걸작'이다. 대통령실 관계자는 이날 오후 윤 대통령이 시민추모대회 대신 간 교회 추도식 참석에 대해 "이태원 사고현장이든 서울광장이든, 아니면 성북동 교회든 희생자를 추도하고 애도하는 마음은 다를 것이 없다고 생각한다"고 말했다. 말인지 막걸리인지 알 수가 없다. 그렇다면 5·18 광주며 4·3 제주엔 왜 굳이 가는 것인가?

내가 보기엔 절로 '뭐 저런 대통령이 다 있나'라는 탄식이 터져나오는 이태원참사 1주기 시민추모대회 불참이라 할만하다. 사고든 사건이든 나라에서 일어난 인명피해의 대형 참사라면 어느 국가라도 대통령과 정부가 유가족과 국민들에게 사과하고 최대한 지원·복구하는 게 일반적인 상식이니까!

세월호 참사때와 마찬가지로 왜 보수정권에서만 이런 '국가 부재'의 또 다른 참사가 벌어지는지 모를 일이다. "대통령과 정부·여당이 외면한 이날 추모대회 풍경은 이태원참사를 빚은 '정부의 부재'를 상징하는 듯하다"(한겨레, 2023.10.30.)는 사설이 와닿는다.

〈2023. 11. 1.〉

뭐 저런 대통령이 다 있나4

　윤석열 대통령이 구랍 29일 박근혜 전 대통령을 만났다. 최근 3개월간 벌써 3번째다. 윤 대통령은 지난해 10월 26일 중동 순방 귀국 직후 바로 국립서울현충원을 찾아 박정희 전 대통령 추도식에 참석, 박 전 대통령을 만났다. 11월 7일엔 윤 대통령이 대구 박 전 대통령 집을 방문해 만났다. 이번 만남은 당시 윤 대통령이 박 전 대통령을 서울로 초청하면서 성사됐단다.

　보도를 종합해보면 윤 대통령은 이날 낮 12시부터 2시간 20분간 서울 한남동 대통령 관저에서 박 전 대통령과 오찬을 가졌다. 자리에는 김건희 여사와 이관섭 대통령 비서실장 내정자, 박 전 대통령 측 유영하 변호사가 함께했다.

　윤 대통령은 박 전 대통령의 안부를 챙기며 운을 뗐다. 윤 대통령이 서울에 얼마나 자주 오는지를 묻자 박 전 대통령은 "한두 달에 한 번 올라온다"고 답했다. 이에 윤 대통령은 "편하게 자주 오시기 바란다"고 화답했다. 식사 후에는 10분가량 함께 관저 정원을 산책하고 사저동 내부로 박 전 대통령을 안내했다.

　특히 윤 대통령은 관저의 역사를 설명하며 박정희 전 대통령을 언급했다. 1968년 외교부 장관이 외빈을 맞이할 마땅한 공간이 없다는 보고를 받고 박정희 전 대통령이 육군 공병대에 지시해 지은 관저라는 이야기도 나눴다. 김수경 대변인은 박 전 대통령이 관저에 도착했을 때 윤 대통령 부부가 직접 영접했음도 전했다.

　식사 후 돌아갈 때도 부부가 함께 배웅했다고 전했다. 대통령실은 지난달 대구 자택 방문 당시에도 박 전 대통령이 현관 계단 아래까지 나와 윤 대통령을 맞이했는데 집 밖까지 나와 배웅하려고 한 것을 윤 대통령이 만류했다고 소개했다. 두 사람이 대화 키워드로 '박정희'를 언급한 것도 지난번 만남 때와 같다.

얼핏 현직이 전직을 깍듯이 예우하고 극진히 모시는 전·현직 대통령의 아름다운 만남으로 보이지만, 그렇지 않다. 만약 자신을 검찰총장에 임명하는 데서 그치지 않고 살아있는 권력을 수사해도 좋다고 해 결과적으로 대통령이 되게한 문재인 전 대통령과의 만남이라면 그런 해석이 가능했을지도 모르겠다.

그러나 윤 대통령과 박 전 대통령은 자신이 수사해 감옥에 가게 만든 검사와 피의자 신분이었다. 그걸 모르는 국민은 없다. 그뿐이 아니다. "사람에게 충성하지 않는다"는 말로 당시 박 대통령에게 미운털이 박혀 좌천되기까지 한 구원(舊怨)도 있을 법한 처지다. 그렇게 '찌그러질' 수 있었던 윤석열 검사를 구원한 게 바로 문 전 대통령이지 않은가?

'뭐 저런 대통령이 다 있나' 하는 탄식을 절로 갖게하는 박 전 대통령 자주 만나기는 총선에 앞서 보수 결집의 행보로 보인다는 분석이 많다. 또한 이준석 전 대표 탈당으로 예약된 거나 다름없는 보수진영의 분열을 막기 위한 제스처라는 해석도 나온다.

구랍 18~20일 시행한 전국지표조사(NBS)에 따르면 보수 텃밭인 대구·경북(TK) 지역에서 윤 대통령의 국정 운영에 대한 부정 평가는 41%에 달해 긍정 평가(47%)와 엇비슷한 수치를 보였다. TK 민심이 윤 대통령에게 압도적 지지를 보내지 않고 있는 것이라 해도 무방하다.

국민일보가 한국갤럽에 의뢰한 여론조사를 보면 '김건희 여사의 도이치모터스 주가조작 의혹 특별검사법'에 대해 "재의요구권(거부권)을 행사하지 말아야 한다"는 의견도 67%로 "행사해야 한다"(19%)를 크게 앞질렀다. 윤 대통령이 거부권 행사를 공언한 상태에서 추가 민심 이탈 가능성이 남아 있는 셈이다. 이를 의식한 정치적 행보라는 얘기다.

더불어민주당은 구랍 30일 이와 관련, 임오경 원내대변인 서면 브리핑을 통해 "10월부터 벌써 세 번째 회동. 위기에 처하면 박근혜 전 대통령에게 손을 벌리는 대통령의 모습에 한숨만 나온다"며 "법과 정의를 외쳐 당선된 윤 대통령이 어떻게 자신이 수사했던 피의자에게 번번히 고개를 숙이며 도움을 읍소할 수 있는가"라고 따져 물었다.

임 원내대변인은 "윤석열 대통령이 기댈 곳은 박근혜 전 대통령을 지지하는 태극기 아스팔트 부대뿐인가"라며 "지지율이 급락할 때마다 보수층 결집으로 위기를 모면하려는 윤 대통령의 행태는 한심함 그 자체"라고 비판했다. 이어 "윤석열 대통령은 새해 연하장에서 국민의 말씀을 경청하겠다고 했다. 경청하겠다던 국민이 박근혜 전 대통령인가? 태극기 부대의 심기인가?"라며 날을 세웠다.

임 원내대변인은 "윤 대통령은 기어코 보수층 결집으로 쌍특검법 정국을 강행 돌파하려고 한다면 국민의 분노가 폭발하는 것을 보게 될 것임을 엄중히 경고한다"고 강조하기도 했다. 민주당의 이런 지적과 주장이 그럴 듯하게 다가오지만, 이해 안 되는 게 또 있다. 바로 서울까지 올라와 윤 대통령을 만난 박 전 대통령 행보다.

지난 수감생활에서 뭘 깨닫고 얻은 것인지 70이 넘어선 지금도 정치에 대한 미련이 남아 있는 것인지, 아님 다가올 총선에 최측근 공천이라도 바라고 그런지 자세히 알 수 없으나 자신을 감옥에 보낸 옛 검사가 현직 대통령이라고 넙죽넙죽 받아들여 만나고 미소까지 짓는 건 아니지 싶다. 그게 아름다운 모습이긴커녕 자연스러워 보이지도 않아서다.

그러나 박 전 대통령과의 만남 자체로 '뭐 저런 대통령이 다 있나' 하는 것은 아니다. 정작 만나야 할 사람들은 만나지 않고 애먼 짓만 하고 있어서 '뭐 저런 대통령이 다 있나' 탄식하는 것이다. 가령 입버릇처럼 되뇌는 그 국민을 위해 만나고 타협해야 할 야당대표가 만나야 할 사람이다. 이준석 전 대표나 유승민 전 의원도 윤 대통령이 만나야 할 사람들이다.

이 추운 겨울에 길바닥에 엎드리는 오체투지까지 해가며 특별법 국회 통과를 외치는 이태원참사 유족들도 윤 대통령이 만나야 할 사람들이긴 마찬가지다. 자신이 수사해 감옥까지 보낸 박 전 대통령 만나는 걸 보면 정치를 아예 모르고 포기한 것 같지도 않은데, 정작 여소야대 정국은 풀려고 하지 않으니 이상한 대통령이다. 그러고도 툭하면 국민 운운하니 '뭐 저런 대통령이 다 있나' 싶다.

〈2024. 1. 1.〉

뭐 저런 대통령이 다 있나5

1월 16일 민주사회를 위한 변호사모임(민변)이 서울 서초구 민변 대회의실에서 '대통령 거부권, 국민이 거부한다 긴급토론회'를 열고 윤석열 대통령에 대해 "헌법소원 여부를 검토하겠다"고 밝혔다. 윤 대통령은 최근 국회를 통과한 '10·29 이태원참사 특별법'에 대해서도 거부권 행사를 검토 중인 것으로 알려졌는데, 민변의 그런 조치를 적극 환영·지지한다.

윤 대통령은 이승만 대통령 이래 취임 2년간 8건이라는 가장 많은 재의요구권(이하 거부권)을 행사했다. 대한민국의 역사를 새로 쓴 셈인데, 거부권 행사하려고 대통령이 된 것인지 묻고 싶은 심정이다. 이 또한 '어통령' 시대를 살아가는 국민들의 비극이라 할 수 있다.

민변은 "대통령 거부권은 헌법 세37조가 언급하듯 법인이 국민의 기본권을 본질적으로 침해하는 사유가 있을 때 예외적으로 행해져야 한다"고 밝혔다. 이날 조영선 민변 회장은 "대통령의 거부권 행사에 대해 권한쟁의·탄핵심판·헌법소원 등 헌법적으로 대응하는 방법을 검토할 것"임을 분명히 했다.

이어 조 회장은 "역대 대통령들은 국회의 자율권을 존중해 거부권 행사를 자제하거나 친인척 수사에 성역이 없다는 점을 보여줬으나 윤 대통령은 자신의 아내를 위해 거부권을 행사했다"며 "이는 어느 시기에도 없던 권력의 전횡"이라고 비판했다. 다른 글에서 이미 말했듯 '뭐 저런 대통령이 다 있나' 탄식이 절로 나오는 거부권 행사라 할까.

그동안 윤 대통령은 양곡관리법·간호법·방송법·방송문화진흥회법·한국교육방송공사법·노동조합 및 노동관계조정법 등에 대해 '입법과정에서 충분한 협의와 사회적 공감대 형성이 부족하다'는 이유로 거부권을 행사했다. 여소야대 상황에서 협치는커녕 거부권 행사로 국회의 입법권을 무력화시키는 걸 보며 갖는 생각은 가히 제왕적이라고 할만한 대통령 권한이다.

아무튼 하이라이트라 할 '김건희 특검법'과 '대장동 50억 클럽 의혹 특검법' 등에 대해서는 '선거의 공정성을 심각하게 훼손할 우려가 있다'는 이유로 거부권을 행사해 논란이 됐다. 특히 대장동 50억클럽 의혹 특검법에 거부권 행사는 대통령의 정치적 중립 위반이라는 비판도 나왔다.

'윤 대통령 법률안 거부권 행사 분석'을 발제한 하주희 변호사(민변 사무총장)는 "대통령이 (특검에 거부권을 행사하며) 국회가 아닌 야당을 비난하고, 선거의 공정성을 사유로 드는 것은 처음 있는 일"이라며 "정치적 중립성을 견지해야 할 대통령의 책무를 완전히 저버렸다"고 말했다.

서채완 변호사(민변 사법센터)는 "대통령이 이태원참사 특별법에 대해 거부권을 행사한다면 입법권을 침해하는 것일 뿐만 아니라, 피해자 인권을 보장해야 할 적극적 의무를 위반한 권한행사가 될 것"이라며 "정부의 거부권 행사는 법치주의 탈을 쓴 대통령 독재의 한 형태"라고 비판했다.

'대통령 거부권 남용'을 막을 근본적 제안도 나왔다. 오동석 아주대 법학전문대학원 교수는 "대통령을 바꾸고 집권당을 교체하거나, 법원이나 헌법재판소에 기대거나, 국회의원의 입법권에 호소해서는 대통령 독재를 막을 수 없다"며 "헌법을 구체화해서 권력을 촘촘하게 규율하는 입법이 필요하다"고 밝혔다.

민변은 "10·29 이태원참사 특별법에 대한 거부권 행사가 남아

있는 상태에서 이태원 유족들이 헌법소원을 낼 수 있다"고 밝히기도 했다. 이태원참사 유가족들은, 그러나 보도에 따르면 1월 22일 오후 1시 59분부터 1만 5,900배에 나섰다. 체감온도 영하 20도라는 혹한을 견뎌가며 이태원참사 특별법 공포를 촉구했다.

종소리에 맞춰 영정을 향해 무릎 꿇고 머리 숙여 큰절하는 이태원참사 유족들의 1만 5,900배는 다음날 오전 9시 반까지 날을 새면서 진행됐다. 원래 희생자 숫자 159명을 상징하는 1만 5,900배 철야행동에 나선 유가족들은 예정했던 1만 5,900배를 넘어 2만 2,400배(연인원 224명)로 철야행동을 마무리했다.

한편 '윤 대통령 부정 평가 이유 2위로 치고 올라온 거부권'이기도 하다. 한국갤럽이 1월 9~11일 전국 성인 1,002명을 상대로 전화면접 조사한 결과 윤 대통령의 직무 수행 긍정 평가는 직전 조사인 한 달 전(지난해 12월 12~14일) 31%보다 2%포인트 상승한 것으로 나타났다. 부정평가는 한 달 전 조사(62%) 때보다 3%포인트 하락했다.

부정평가의 이유로는 '경제·민생·물가'(16%), '거부권 행사'(10%), '외교'·'소통 미흡'(각각 7%) 순이었다. 한국갤럽의 정례조사에서 '거부권 행사'가 부정평가 이유로 올랐던 적은 지난해 4월 양곡관리법 개정안 거부권 행사, 5월 간호법 제정안 거부권 행사 때가 있었지만 그 비율은 각각 1%, 3%에 불과했다.

엠브레인퍼블릭·케이스탯리서치·코리아리서치·한국리서치가 1월 8~10일 전국 성인 1,001명을 대상으로 진행한 전국지표조사에서도 김 여사 특검법 거부권 행사에 대한 평가는 긍정이 23%, 부정이 65%로 나타났다. "국민이 늘 옳다"고 하면서도 아내가 더 옳다는 것인지, 정녕 거부권 행사하려고 대통령이 되었는지 묻는다.

〈2024. 1. 23.〉

20%대 대통령 지지율

'윤 대통령 지지율 하락 멈췄다'(한국일보, 2022.8.13.)는 제목이 번쩍 눈에 띈다. 기사를 읽어보니 8월 12일 발표된 한국갤럽 여론조사 결과, 윤 대통령의 국정운영과 관련해 '긍정평가'가 25%로 전주(24%) 대비 1%포인트 상승한 걸 두고 제목을 그렇게 뽑은 것임을 알 수 있다.

24%에서 더 내려가지 않은 건 "윤 대통령이 취학연령 하향 논란을 자초한 박순애 전 사회부총리 겸 교육부 장관을 경질하며 '낮은 자세'를 강조하면서 보수 지지층 추가 이탈을 막은 효과로 풀이"했다. "다만 안심하기엔 이르다. 윤 대통령의 국정운영에 대한 '부정평가'는 66%로 하락하지 않았다"는 점도 부언(附言)돼 있다.

그러나 전 대통령들과 비교하면 24%까지 기록한 윤 대통령의 지지율 하락세는 심상치 않다. 시사저널(2022.8.5.)에 따르면 현재 윤 대통령의 지지율은 박근혜 전 대통령이 국정개입 의혹으로 탄핵당하기 직전인 2016년 10월 3주차(25%)와 같은 수치다. 문재인 전 대통령의 임기 중 지지율 최저치는 2021년 4월 5주차 29%였다.

세상에 탄핵된 대통령과 같은 지지율이라니! 이건 진짜 보통 일이 아니다. 이 추세가 이어지면 윤 대통령이 이명박(MB) 전 대통령의 전철을 밟을 수 있다는 관측도 나온다니 경악할 지경이다. 미국산 수입 소고기 광우병 논란에 휘말렸던 이 전 대통령은 취임 70일 만에 지지율이 20%대로 떨어졌고, 100일 되던 시점엔 10%대까지 추락한 바 있다.

문제가 더욱 심각한 것은 대통령 취임 100일도 안된 때 지지율이 20%대를 헤어나오지 못하고 있다는 점이다. 윤 대통령은 8월 17일 취임 100일을 맞았다. 역대 대통령들의 취임 100일 무렵 직무 수행 긍정 평가는 노태우 57%, 김영삼 83%, 김대중 62%, 노무현 40%, 이명박 21%, 박근혜 53%, 문재인 78%다.

정치권에선 윤 대통령의 지지율이 20%선 아래로 무너지면 MB정부보다 더 큰 위기에 직면할 수 있다는 우려가 나온다. 보수 정당의 '실세'였던 MB와 달리 '정치 초보'인 윤 대통령은 당 장악력이 상대적으로 떨어지기 때문이다. 실제 국민의힘은 '윤핵관'(윤석열 대통령 핵심 관계자) 세력과 이준석 국민의힘 대표 간 당권 투쟁이 법정으로 가는 등 그야말로 점입가경이다.

배종찬 인사이트케이 연구소장은 "대통령 지지율이 45% 이상이면 대통령의 국정 동력이 살아있는 지점이다. 30%대로 긍정 지지율이 내려가면 위태롭게 되고 25% 미만으로 내려가면 국정 동력은 상실되고 마비된다. 낮은 지지율로 대통령의 국정과제를 순탄하게 추진하기는 현실적으로 불가능하다. 지지율을 더 끌어올려야 국정운영의 동력을 살리고 대통령선거 후보 당시의 공약을 이행할 정치적 기회가 주어진다"(앞의 시사저널)고 강조했다.

이수진 민주당 원내대변인은 국회 브리핑을 통해 "국정을 책임져야 할 대통령실과 정부여당이 대한민국 위기의 진원지가 되며, 윤석열 대통령 취임 3개월 만에 대한민국의 국가 시스템마저 흔들리고 있다"며 "'이게 나라냐?'는 5년 전 외침이 다시 들리기 시작한다. 국민께서 다시 촛불을 들어야 하냐"고 비판했다.

여름 휴가후 복귀한 8월 8일 윤 대통령은 출근길 문답에서 "결국 제가 해야 할 일은 국민 뜻을 세심히 살피고 초심을 지키면서 국민의 뜻을 잘 받드는 것"이라며 "국민의 관점에서 모든 문제를 다시 점검하고 잘 살피겠다"라고 말했다. 윤 대통령의 출근길 문답은 권성동 국민의힘 대표 직무대행 겸 원내대표에게 보낸 '내부총질' 문자가 유출된 뒤 13일 만이다.

윤 대통령은 '국민'을 강조했다. 그는 "(휴가 기간은) 지난 선거 과정과 인수위, 취임 이후 등을 되돌아보는 시간이었다"며 "돌이켜보니 부족한 저를 국민께서 불러내 어떤 땐 호된 비판으로, 어떤 땐 응원과 격려로 이 자리까지 오게 해주신 국민께 감사하는 마음을 먼저 갖게 됐다"고 말했다. "지지율은 별로 유념하지 않는다"는 지난달과 달라진 모습이다.

각종 여론조사에서 국정 지지도가 20%대에서 맴도는 것을 의식한 자세 낮추기로 보이는데, 그 덕분인지 30%대로 오른 여론조사 결과가 나왔다. 리얼미터가 8~12일 성인 2,515명을 상대로 윤 대통령 국정 수행 지지도를 조사한 결과(신뢰수준 95%, 표본오차 ±2%포인트)에서 '잘하고 있다'는 긍정 평가가 30.4%를 기록한 것이다. 부정 평가도 다소 낮아진 63.4%였다.

설사 그렇다 해도 역대 대통령 취임 100일 지지도에서 꼴찌만 겨우 면한 수준임을 확인하게 된다. 아니나다를까 한국갤럽이 9월 2일 발표한 여론조사(8월 30일~9월 1일 전국 만 18세 이상 성인남녀 1,000명을 대상으로 전화조사원 인터뷰 방식)에 따르면 윤 대통령이 대통령 직무를 잘 수행하고 있다고 응답한 이는 다시 27%였다.

잘못하고 있다고 응답한 이는 63%로 집계됐는데, 윤 대통령 지지율은 6월 둘째 주 53%를 찍은 이후 7월 4주 조사(28%)에서 30% 아래로 처음 내려간 후 6주째 20%대에 머물고 있다. 아무래도 1987년 직선제 개헌 선거 이후 노태우·이명박·박근혜에 이어 잘못 뽑은 대통령이란 생각이 떠나지 않는다.

〈전북연합신문, 2022.9.7.〉

제2부

전북엔 그렇게 사람이 없나
촉법소년 제도 없애야
참 쪼잔한 짓
국익 빙자한 언론탄압
뭔놈의 이런 나라가 다 있나
그 입 다물라
2차 가해는 또 다른 참사
제정신인가, 일제 강제동원 피해자 해법
대단하다, 훈장 거부
감사원의 자기 부정
표적감사 논란 감사원
유력 대선후보 배우자들
역대급 여사(女史)
어대현
뭐 저런 당이 다 있나1
뭐 저런 당이 다 있나2
뭐 저런 당이 다 있나3

전북엔 그렇게 사람이 없나

김관영 전북지사가 11월 3일 서경석 전북개발공사 사장 임명을 강행했다. 국주영은 전북도의회 의장과 도의원들은 이날 전북도의회에서 긴급 기자회견을 열고 "인사청문위원들이 청문 절차를 중단하고 경과보고서 채택 절차도 밟지 않기로 결정하면서 사실상 강도 높게 부적격 의견을 낸 후보자였기에 당혹감과 실망감을 감출 수 없다"며 목소리를 높였다.

이보다 앞선 10월 18일 전북도의회 박용근 의원은 임시회 도정질문에서 "최근 산하기관장과 주요 정무직 인사가 국회 보좌관이나 타지역 출신자들이 중용되고 있어 정무직, 임기제 공무원 중 50% 가량이 다른 지역 출신이다"면서 "이는 능력에 따른 '적재적소'라기보다는 정치적 연고에 의한 '정실인사'라는 비판이 끊이지 않고 있다"고 지적했다.

이와 관련 김 지사는 "취임 이후 전북경제와 민생을 살리기 위해 출신·지역·당적을 떠나 능력과 전문성에 중점을 두고 인재를 발탁하려고 노력했다"며 "전북이 아닌 지역에서 활동했던 인사들이 전북의 정서를 제대로 반영할 수 있을지에 대한 우려도 있지만 새로 임용된 분들이 현재 맡은 분야에서 열심히 일하고 있으니 앞으로의 성과를 보고 판단해 주시기를 바란다"고 말했다.

서 후보자에 대한 청문절차가 중단된 데에는 '금융거래내역과 부동산 구입자금 출처, 증여세 납부 내역에 관한 자료제출 거부' 등 여러 이유가 있지만, 내가 주목하는 것은 타지 사람이라는 점이다. 특히 전남 신안 출신으로 10월 7일 임명된 이경윤 전라북도문화관광재단 대표이사의 경우 너무 의아하고, 그렇게 사람이 없나 하는 탄식을 자아내게 한다.

이 대표이사는 "전북을 대표하는 문화예술 전문기관으로서 민선 8기 문화·예술·관광 분야의 도정 방향에 발맞춰 전북다움을 담아내도록 노력하겠다"고 말했다. 이 대표이사는 문화체육관광부 장관 정책보좌관과 아시아문화원 민주평화교류센터장, 문재인 정부 대통령비서실 문화비서관 등을 역임한 것으로 알려졌다.

연전에 '전라북도문화관광재단 대표이사는 전북 사람이 해야'(전북도민일보, 2019.12.10.)라는 칼럼을 쓴 바 있다. 8명 응모자중 4명이 전북, 나머지 4명은 타지 인사였다. 근데 복수 후보로 추천된 2명 모두 타지 출신이었다. 전라북도문화관광재단의 대표이사를 뽑는데, 왜 타지 인사들이 유력 후보가 되었는지 선뜻 이해되지 않았다.

알고보니 대표이사 모집 공고에는 응모자격이 전북 출신으로 한정되어 있지 않았다. 전라북도문화관광재단의 대표이사인데, 기본적으로 타지 인사는 자격 없음이라야 상식 아닌가? 단적인 예로 전라북도를 발전시킬 역량이 있다면 광주·전남 사람이 전북도지사를 해도 되는지 묻고 싶다. 그러니까 일반의 상식을 뒤엎는 의아스럽고, 잘못된 공모라는 게 칼럼의 요지다.

그 때문인지 알 수 없으나 다행히 전북 출신이 전라북도문화관광재단 대표이사에 선임돼 2년 임기를 마쳤지만 이번엔 그예 타지인이 수장이 되고 말았다. 왜 타지인 응모자격이 제한되지 않는지, 우리 전북엔 그렇게 사람이 없나 하는 탄식이 절로 터져나온다. 특히 복수 후보에 오른 사람이 오랜 기간 몸담아 전북 예술계를 잘아는 인사로 보여 더욱 그렇다.

〈전북도민일보, 2022.11.9.〉

촉법소년 제도 없애야

　10월 26일 법무부가 발표한 '소년범죄 종합대책'에 따르면 형법 및 소년법을 개정해 형사미성년자 연령을 기존 '만 14살 미만'에서 '만 13살 미만'으로 한 살 낮추겠다고 한다. 법무부는 이날 브리핑에서 소년범죄가 증가하고 범행수법이 잔인해져 처벌 대상 확대가 불가피하다고 밝혔다. 다소 아쉽지만, 일단 환영할 일이다.

　한겨레(2022.10.27.)에 기대 좀 더 자세히 살펴보면 한동훈 장관은 "소년 인구가 줄어드는 추세임에도 강력범죄는 늘어나고 있다"고 했다. 법무부는 2017년 7,897건이었던 촉법소년 범죄 접수 건수가 지난해 1만 2,502건으로 증가했으며, 강력범죄 비율 역시 2005년 2.3%에서 2020년 4.86%로 늘었다는 자료를 제시했다.

　법무부는 또 국제인권기준 권고(만 14살)보다 형사미성년자 연령이 낮은 프랑스·캐나다 등 외국 사례도 근거로 들었다. 지난해 보호처분을 받은 전체 소년 가운데 만 13살(2,995명)과 만 14살(3,344명)이 차지하는 비율에 큰 차이가 없는 점도 반영됐다.

　이는 현행 형법이 만 14살 미만(형사미성년자)에 대해서는 형사처벌할 수 없다고 규정하고 있는 데 따른 것이라 할 수 있다. 범죄를 저질러온 10살~14살 미만 촉법소년은 형사처벌이 아닌 소년원 송치 같은 보호처분을 받아왔다. 윤석열 대통령이나 이재명 더불어민주당 대표가 후보시절 공약한 '형사미성년자 연령 하향' 조치이기도 하다.

　법무부 추진안대로 국회에서 법이 개정되면 중학교 1학년에 해당하는 만 13살부터 '일반 형사처벌' 대상이 된다는 얘기다. 물론 '촉법소년 나이 하향, 능사 아니다' 같은 반대나 부정적 의견도 있다. 앞의 한겨레 보도를 보면 가령 국가인권위원회가 이날 법 개정 반대 의견을 국회와 법무부에 표명했다고 밝힌 게 그렇다.

인권위는 1980~90년대 미국에서도 청소년 흉악범죄 증가로 형사처벌 연령을 낮췄지만 '근거 없는 감정적 대응'이란 비판과 함께 형사처벌을 받은 소년의 재범률이나 제재 효과를 확인하기 어려웠다고 주장한다. 인권위는 2007년과 2018년에도 반대 입장을 낸 바 있다.

또한 인권위는 "소년범죄 저연령화·흉포화를 주장하지만 살인·강도·방화·강간 같은 강력범죄 통계를 보면 해당 범죄들이 증가했다고 보기 어렵다. 오늘날 가장 큰 문제는 소년사건 재범률이 지속적으로 증가하는 것이다. 교정·교화시설 확충과 보호관찰관 인원 확대 추진 등이 보다 근본적 해법"이라고 했다.

앞서 유엔 아동권리위원회도 2019년 형사책임 최저연령을 만 14살로 유지할 것을 우리 정부에 권고했다. 발달 과정에 있기 때문에 자신의 행동이 미치는 영향을 이해하지 못할 가능성이 크다는 이유에서다. 이에 대해 법무부는 "국제 인권기준은 국내에 법적 구속력이 없다", "나라마다 사정이 다르다"는 입장이다.

사실은 나도 연전에 '촉법소년 이대로 안된다'(전북연합신문, 2019.12.26.)는 글을 쓴 바 있다. 글에선 'KBS드라마스페셜2019' 마지막 작품 제10화 '히든' 이야기를 필두로 여러 소년범죄를 예시하고 있다. 상상도 안 되는 가공할 범죄를 저질러도 촉법소년이라는 이유만으로 그에 상응하는 벌을 받지 않는 문제점을 짚은 글이다.

가령 강원도에서 10대 남학생들이 초등학생을 성폭행한 사건 보도를 보자. 한국일보(2019.8.28.) 보도를 보면 강원도내 중학교와 고등학교 재학중이거나 자퇴한 선·후배 11명이 범행에 가담했다. 경찰은 4명을 구속·기소, 또 다른 4명은 불구속기소 의견으로 검찰에 송치했다. 나머지 3명은 소년부로 사건을 넘겼다.

가해자 3명을 소년부로 넘겼다는 건 촉법소년이라는 얘기다. 같은 범행을 저지르고도 만 14세 미만이란 이유로 형사 입건된 공범들과 다르게 형사 처벌되지 않는 형평성 문제가 제기되는 대목이다. 따라서 촉법소년의 문제를 해결키 위해 만 14세에서 13세로 늦추는 것으로 알려진 정부의 방안이 온전한 대책이 아니며, 누구든 죄를 지었으면 상응하는 벌을 받아야 마땅하다고 주장한 것이다.

군군신신 부부자자(君君臣臣 父父子子)라는 말이 있다. '논어-안연편'에 나오는 말로 임금이 임금다워야 신하가 따르고 아버지가 아버지다워야 자식이 따른다는 뜻으로 쓰이기도 한다. 역으로 말하면 애들이 애들다워야 보호를 받을 수 있다는 얘기다. 촉법소년 제도 자체를 아예 없애야 하는 분명한 이유다.

미국 등 다른 나라 얘기는 참고할 필요도 없다. 성인 찜쪄먹을 강력 범죄를 저지르는 촉법소년은 이미 국가가 보호의무를 다해야 할 어린애들이 아니다. 특히 다수 어린애들로 하여금 죄를 짓고도 죗값을 치르지 않고 넘어갈 수 있구나 하는 잘못된 생각을 심어줄 수 있다는 점에서 단순히 그 나이를 1살 낮추는데 그쳐선 안된다. 촉법소년 제도 자체를 없애야 한다.

〈전북연합신문, 2022.11.15.〉

참 쪼잔한 짓

'참 쪼잔한 정권'(전북연합신문, 2016.11.16.)이란 글을 쓴 것은 박근혜 대통령때 일이다. 언론에 공개된 블랙리스트 관련 내용들을 시시콜콜 읽어보고 한마디로 참 쪼잔한 정권이란 생각이 들어서 그런 글을 쓰게 됐다. 참고로 그 당시 청와대가 작성해 문화체육관광부로 내려 보냈다는 블랙리스트에는 9,473명의 문화예술인 이름이 들어 있었다.

내친김에 떠올려보니 참 쪼잔한 게 더 있다. 일국의 대통령으로서 '미운 털'이 박히면 여지없이 보복을 해온 것으로 속속 드러난 게 그 것이다. 오죽했으면 "국민이 위임한 권력을 개인적인 복수에 악용하는 대통령의 저급하고 편협한 발상과 수준에 말문이 막힌다"(한겨레, 2016.11.18.)는 신문사설까지 등장했을까!

박근혜 대통령의 국립대 총장에 대한 늦장 임명 및 거부도 그중 하나였다. 보도에 따르면 2016년 10월 21일 경북대 총장이 임명됐다. 26개월째 총장 공석이 이어지다 그나마 대학내 선거 2순위 득표자로 임명이 이루어진 것이다. 1순위 후보자가 청와대의 각서 작성 요구를 거부해 그리 되었다니 이런 막장드라마가 또 어디 있을까 싶었다.

각 대학이 추천한 총장 후보들을 교육부가 제때 임명 제청하지 않아 공석사태가 빚어진 국립대는 10곳이나 되는데, 그 이유를 들어보면 선뜻 믿기지 않을 만큼 너무 어이가 없다. 글쎄, "정부에 비판적인 글을 쓰거나 성명서에 이름 한 줄 올린 사례까지 샅샅이 훑어 거부한다는 것은 공공연한 비밀"(한겨레, 2016.10.22.)이라니 말이다.

'미운 털'에 대한 보복행위는 영화계에도 있었다. 널리 알려지지 않았지만, 일례로 제작·배급사 '시네마 달'이 세월호 영화들의 연이은 배급으로 최근 몇 년 간 정부의 모든 지원에서 제외되는 '재앙'을 겪은 걸 들 수 있다. 박태환·김연아 선수에 대한 미운 털 관련 보도 역시 세월호 책들에 대한 지원 배제처럼 참 쪼잔한 짓이라 할 수 있다.

청와대 수석을 통한 CJ그룹 이미경 부회장 퇴진 압력은 널리 알려진 일이다. 일개 회사의 경영권 침해라는 점과 함께 그것이 일련의 영화들 때문이라는 사실에 경악을 금할 수 없었다. 박 대통령의 CJ그룹에 대한 사감(私感)이 시작된 건 박정희 대통령 시해사건을 다룬 2006년 '그때 그 사람들'부터인 것으로 알려졌다.

2017년 5월 조기 대선으로 들어선 문재인 정권 5년 동안 잊어버리고 지낼 수 있었던, 6년 전 쓴 '참 쪼잔한 정권'이란 글이 떠오른 것은 사상 초유의 일이 벌어진 때문이다. 이미 헌정 사상 최초의 검찰총장 출신 및 국회의원 0선 대통령 등 역사를 새로 쓴 윤석열 대통령 취임 6개월을 지나면서 이상한 일들이 궤변과 함께 벌어지고 있다.

가령 11월 10일 대통령실은 아세안(ASEAN·동남아국가연합) 관련 회의와 주요 20개국(G20) 정상회의 참석차 11월 11일 출국하는 대통령전용기에 MBC 취재진을 탑승시키지 않겠다고 밝혔다. 취재진의 대통령 전용기 탑승은 그동안 취재 편의 차원에서 제공해온 것인데, MBC는 최근 외교 관련 왜곡·편파 보도를 반복했다는 점을 이유로 들었다.

윤 대통령도 이날 출근길에서 "대통령이 많은 국민 세금을 써가며 해외 순방하는 것은 중요한 국익이 걸려있기 때문이고, 기자 여러분들에게도 외교·안보 이슈에 관해 취재 편의를 제공해 온 것"이라며 "그런 차원에서 받아들여 달라"고 대통령실의 MBC 대통령전용기 탑승불허 조치 입장을 분명히 했다.

MBC는 11월 10일 "국민 혈세로 만들어진 대통령 전용기는 공적 감시의 대상"이라며 "(대통령 전용기 탑승 거부는) 비판 언론에 대한 보복이자 새로운 형태의 언론탄압이라고 여겨지기에 충분해 보인다. MBC는 국민의 알권리를 위해 할 수 있는 모든 방법을 동원, 현장에서 취재와 보도를 충실히 수행할 예정"이라고 밝혔다.

앞서 MBC는 9월 미국 뉴욕을 방문하던 윤 대통령의 사적 발언 논란을 최초 보도했다. MBC는 윤 대통령이 조 바이든 미국 대통령을 만나고 돌아선 자리에서 발언한 화면에 "국회에서 이 ××들이 승인 안 해주면 바이든은 쪽팔려서 어떡하나"라는 자막을 넣어 방송했다. 대통령실은 "바이든이라고 말한 적 없으며 날리면"이라고 발언한 것이라고 해명했다.

이에 대해 더불어민주당 박홍근 원내대표는 "국제외교무대에서 자신이 비속어를 내뱉어 평지풍파를 일으켰으면서도 반성은커녕 순방 전용기에 보도언론사의 탑승을 치졸하게 불허하는 뒤끝 작렬 소인배 같은 보복 행위마저 이어간다"고 저격했다.

국민의힘 유승민 전 의원은 11월 19일 MBC 취재진에 대한 대통령 전용기 탑승 배제 논란과 관련, 윤석열 대통령을 겨냥해 "말실수는 깨끗하게 사과하고 지나가면 됐을 일이다. 왜 자꾸 논란을 키워가는 건지 안타깝다"고 비판했다. 그렇게 쪼잔한 짓이나 하라고 많은 사람들이 윤석열 후보를 찍어 대통령이 되게 했는지 새삼 분통 터질 노릇이다.

〈2022. 11. 30.〉

국익 빙자한 언론탄압

　대통령실의 MBC에 대한 대통령 전용기 탑승 불허를 다른 글에서 '쪼잔한 짓'이라 말했지만, 단순히 거기서 그치지 않는 그 이상의 심각한 문제가 있어 보인다. 방송기자연합회·전국언론노동조합·한국기자협회·한국여성기자협회·한국영상기자연합회·한국PD연합회 등 언론단체들의 반응을 보면 그 점이 보다 두드러진다.
　위 언론인단체들은 긴급 공동성명에서 "윤석열 대통령은 반헌법적이고, 반역사적인 취재제한 조치를 즉시 취소하고, 국민 앞에 사죄하라"며 "이번 취재제한 조치에 책임있는 대통령실 관계자들은 즉각 파면 조치하라"고 촉구했다. 아울러 "우리는 윤석열 정부가 납득할 만한 조치를 취하지 않는다면, 이번 사태를 언론자유와 민주주의에 대한 중대한 위협으로 규정하고 윤석열 정부와의 전면전도 불사할 것"이라고 밝혔다.
　위 언론인단체들은 11월 10일 오후 서울 용산구 대통령실 인근에서 기자회견을 열기도 했다. 윤창현 언론노조위원장은 "언론인 생활 26년차인 제가 그동안 숱한 기사를 써봤지만 대한민국 대통령의 전용기가 윤석열·김건희 부부의 자가용처럼 이용될 수 있다는 사실을 처음 알게 되었다. 대통령 마음에 들면 타도 되고, 거슬리면 내려야 하고, 이게 21세기 대명천지 대한민국 한복판에서 일어날 수 있는 일인가"라고 성토했다.
　또한 윤 위원장은 "대통령 전용기는 100% 국민 세금으로 운영된다. 전용기에 탑승하는 모든 언론사 취재기자는 취재비용을 각사가 갹출해서 자비로 부담한다. 대통령 전용기 안에서 이뤄지는 수많은 행위들이 모두 공적 감시 대상이고, 언론의 취재와 감시는 민주사회의 당연한 기능"이라고 강조했다.

윤 위원장은 "대통령실이 특정 언론사 MBC를 겨냥해서 '너희는 전용기 타지 마라, 대통령 비속어·막말·욕설 파문이 너희로부터 시작됐으니 우린 이렇게라도 해야겠다'라고 밝히고 있다"며 이번 MBC 탑승 불허 통보를 "해외순방을 취재하는 언론사를 향한 사적 보복"이라고 규정했다.

양만희 방송기자연합회 회장은 "대통령 전용기는 민항기와 다르게 대통령의 외교일정에 맞게 탄력적으로 운항할 수 있고, 그것이 바로 대통령실 기자단이 근접해서 취재하는 이유"라며 "그런 공간에 특정 언론의 접근을 배제하는 건 취재·보도 대상이 되지 않겠다, 공적감시대상이 되지 않겠다고 선언하는 것과 다름 없다"고 꼬집었다.

나준영 한국영상기자협회 회장은 "27년 간 영상기자로서 생활하고 있지만 이런 일은 그 어떤 정권에서도 있지 않았다. 대통령을 비판하는 보도, 문제를 지적하는 언론인은 대통령실 취재를 제한하고 취재할 수 없다는 '취재 가이드라인'을 제시한 것과 무엇이 다른가"라며 "이제는 제발 정신을 차렸으면 좋겠다"고 비판을 높였다.

이러한 언론단체 대응에도 불구하고 결국 MBC는 물론 스스로 전용기 탑승을 거부한 한겨레·경향신문 취재진은 민항기로 이동해 대통령의 순방을 취재·보도했다. 순방을 마친 윤대통령은 11월 18일 출근길에서 "우리 국가 안보의 핵심축인 동맹관계를 사실과 다른 가짜뉴스로 이간질하려고 아주 악의적인 그런 행태를 보였기 때문"이라고 말하기도 했다.

윤 대통령의 발언 후 MBC 기자와 이기정 대통령실 홍보기획비서관 사이에 설전이 벌어지기도 했는데, 더 가관은 국민의힘 지도부 행태다. 3선으로 비대위원인 김상훈 의원이 11월 17일 아침 열린 국민의힘 비상대책위원회에서 한 말은 귀를 의심케 할 정도여서다.

"MBC는 윤석열 대통령과 현 정부에 악의적인 보도와 의도적인 비난으로 뉴스를 채워왔습니다. MBC 광고 제품 불매운동에 동참하고 있는 분들은 삼성과 여러 기업들이 MBC에 광고로 동력을 제공하는 것을 즉각 중단해야 하며 이는 선택이 아닌 의무라고 역설합니다." 김 의원은 MBC와 광고주들이 귀를 기울여야 한다고 덧붙이기도 했다.

집권 여당 지도부가 언론사에 광고를 주지 말라고 대기업들을 압박한 것이라 할 수 있다. 회의를 주재한 정진석 비대위원장은 당의 공식 입장이냐는 질문에 잘못 들었다며 답을 피했고, 지도부 중 한 명은 MBC와 통화에서 "당 차원의 논의는 없었다"고 말하는 등 진화에 나섰지만, 한국기자협회는 언론의 자유가 유신 독재 시대로 돌아갔다고 규탄했다.

한국기자협회(회장 김동훈)는 성명서를 내고 "역사의 시계가 동아일보에 광고 탄압을 한 48년 전 박정희 군사독재정권 시절로 되돌아갔다"며 "언론 자유를 침해하는 정권의 탄압"으로 규정했다. "공영방송을 장악하겠다라는 의도와 다름 아니다. MBC에 광고하면 재미없다. 이 권력이 손을 보겠다라는 무언의 압박이라고…."

민주언론시민연합도 "권력을 앞세운 가장 치졸한 탄압"이라며 "국민의힘이 언론 자유를 짓밟았던 독재 정권의 후신인 걸 스스로 증명하려 한다"고 지적했다. 임오경 더불어민주당 대변인은 "비판적인 언론을 허용하지 않겠다는 경고는 비단 MBC만을 향한 것이 아닙니다. 모든 언론의 입에 재갈을 물리겠다는 것이고, 언론이 정권의 눈치를 보도록 만들겠다는 것"이라 직격했다.

〈2022. 12. 2.〉

뭔놈의 이런 나라가 다 있나

158명의 애먼 목숨을 앗아간 이태원참사가 벌어진 지 벌써 70일 넘게 지났다. 유가족들 상처가 어느 정도 아물어갈 시점이라야 맞을 것 같은데, 전혀 그렇지 않은 모습이다. 공식적인 대통령 사과는커녕 주무 장관 사퇴조차 없는 등 기본적으로 선 수사 후 처벌을 내세운 윤석열 정부의 태도가 유가족들 화를 돋우고 있거나 키우고 있는 모양새다.

그런 가운데 구랍 10일 전체 희생자 158명 중 97명의 유족 170명이 모인 '10·29이태원참사 유가족협의회'가 출범했다. 참사 발생 42일 만의 일이다. 유가족들은 창립 선언 기자회견에서 "희생자들의 명예회복, 온전한 추모와 이를 위한 철저한 진실 및 책임 규명을 목적으로 협의회를 발족한다"고 밝혔다.

유가족들은 국회 국정조사와 성역 없는 수사, 유가족 소통 공간과 희생자 추모 공간 마련, 2차 가해 적극 대처 등을 요구하기도 했다. 유가족들은 창립선언문을 낭독한 뒤 "이상민을 파면하라"는 구호를 외쳤다. 보도에 따르면 유족들은 다른 가족의 이야기를 들으며 함께 울었다. 몇몇 유족은 눈물을 흘리다가 실신해 자리를 끝까지 지키지 못하기도 했다.

구랍 11일 이상민 행안부장관 해임건의안이 더불어민주당·정의당·기본소득당 등 야당 단독 처리로 국회를 통과했다. '10·29이태원참사 유가족협의회' 이종철(고 이지한씨 아버지) 대표는 한겨레신문과의 통화에서 "해임건의안 통과 자체는 환영한다. 윤석열 대통령이 아끼는 장관이라 당연히 거부권을 행사하겠지만 그래도 야당에서 이렇게 해 주니 감사하다"고 말했다.

그러나 이상민 행안부장관 해임건의안 국회 통과에 반발한 국민의힘 소속 이태원참사 국정조사위원들은 전원 사퇴했다. 희생자 고 서형주씨 누나 서이현씨는 "유족들이 요구했던 이 장관 파면 요구도 정쟁으로 몰아가니 국정조사가 (정치적으로) 이용당하고 있는 느낌이다. 국정조사 시작조차 이렇게 힘드니 쉬운 게 없다는 생각이 든다"고 했다.

이보다 앞선 구랍 7일 188개 시민사회단체가 참여한 '10·29이태원참사 시민대책회의'도 출범했다. 시민대책회의는 "이상민 장관은 이태원참사 최고 책임자 중 한 명으로 파면과 함께 시급히 수사를 받아야 할 인물이다. 윤석열 대통령은 이 장관을 즉각 파면하고 국민의힘은 유가족·피해자 가슴에 대못을 박는 후안무치한 방패막이 행태를 즉각 중단하고 국정조사에 조속히 복귀하라"는 성명을 냈다.

구랍 14일 이태원참사 유가족협의회와 시민대책회의는 서울 용산구 녹사평역 이태원 광장에 '10·29이태원참사 희생자합동분향소'를 설치했다. 나비넥타이를 매거나 브이(V)자를 한 채 활짝 웃는 청년들, 교복 입은 학생의 앳된 모습이 분향소에 걸렸다. 이날 분향소에는 76명 희생자의 영정이 올려졌고, 공개를 원치 않는 다른 희생자들은 국화가 그려진 액자를 올리는 것으로 대신했다.

그리고 구랍 16일 이태원참사 희생자 명복을 빌고 유족을 위로하는 49재와 추모제가 서울시내 곳곳에서 하루종일 이어졌다. 가령 대한불교조계종은 '10·29(이태원)참사 희생자 추모위령제'를 봉행했다. 7개 종단으로 구성된 한국종교지도자협의회도 이날 오후 유족과 시민대책회의가 합동분향소를 마련한 이태원 광장에서 합동추모식을 열었다.

보도(한겨레, 2022.12.17.)에 따르면 저녁 6시께부터는 참사 현장 근처인 서울지하철 6호선 이태원역 일대에서 시민추모제가 열렸다. 유가족협의회와 시민대책회의가 연 추모제에는 희생자 가족과 친인척 및 지인, 종교·시민사회단체, 시민 등이 참여했다.

또 추모제에는 이재명 더불어민주당 대표와 이정미 정의당 대표 등 야권 인사도 참석했다. 반면 윤석열 대통령을 비롯해 정부 측 인사와 국민의힘 지도부는 참석하지 않았다. 다만, 조계사에서 열린 대한불교조계종 위령제에 강승규 대통령실 시민사회수석이 참석한 것으로 알려졌을 뿐이다.

"압사당할 거 같아요." 이날 저녁 6시 34분이 되자, 참사 당일 저녁 6시 34분 압사 위험성을 처음 경찰에 알렸던 112 신고자의 음성이 추모제 현장에 재생됐다. 이종철 유가족협의회 대표는 "우리가 사랑하는 이들이 가장 안전한 곳에서 환생하기를 빈다"며 시민들에게 "우리를 잊지 말아달라"고 말했다.

추모제에 참여한 시민들은 주최 쪽이 나눠준 '우리를 기억해주세요' 외에도, '우는 거 말고 해줄 게 없네요', '미안해요, 우리가 많이', '함께 규명하겠습니다', '잊지 않을게요' 등이 적힌 손팻말을 들었다. 왜 이런 장면을 8년 전 세월호 참사에 이어 또다시 보는 대한민국 국민이어야 하는지 먹먹한 가슴 가눌 길이 없다.

먹먹한 가슴은 '뭔놈의 이런 나라가 다 있나' 하는 울분을 낳는다. 삼풍백화점·성수대교 붕괴, 서해 페리호·세월호 침몰 등 뜻하지 않은 참사는 어느 정권에서든 일어날 수 있다. 문제는 책임지는 자세다. 애먼 생목숨 158명이 속절없이 사라졌는데, 누구 하나 책임진다며 물러나는 고위 당국자가 없는 건 듣지도 보지도 못한, 그래서 되게 의아한 일이다.

〈전북연합신문, 2023.1.17.〉

그 입 다물라

 윤석열 대통령은 이태원참사 희생자들 49재인 구랍 16일 직접 참석은커녕 공식적 사과 등 어떤 메시지도 내놓지 않았다. 다만, 이날 오전 조계사에서 열린 대한불교조계종의 이태원참사 희생자 위령제에 강승규 대통령실 시민사회수석이 참석한 것으로 알려졌을 뿐이다.
 또한 대통령실 고위 관계자가 유가족협의회의 공식 사과 요구에 대해 "위로의 마음은 그날이나 49재인 지금이나 같다. 유가족과 희생자의 억울함이 없도록 사실관계를 확인하고 진실을 규명해 합당한 조처를 하는 게 희생자와 유가족을 위한 길이다. 거듭 명복을 빈다"고 밝혔을 따름이다. 뭐 저런 대통령이 다 있나 하는 의구심을 갖게 하는 행보라 아니 할 수 없다.
 윤 대통령은 이태원참사 희생자 추모제 대신 서울 안국역 인근 송현광장에서 열린 중소·소상공인 판촉행사 '윈-윈터 페스티벌'에 들렀다. 윤 대통령은 방짜유기 술잔을 사면서 밝게 웃으며 "술 좋아한다고 술잔 샀다고 그러겠네"라며 농담도 한 것으로 전해졌다. 응당 도마에 올랐다. 사저인 서초동 아크로비스타에 떡을 돌린 일도 마찬가지다.
 임오경 민주당 대변인은 구랍 17일 서면브리핑을 통해 "10·29 참사 49재가 진행되는 이태원 거리는 눈물로 뒤덮였다. 하지만 유가족과 시민들의 절절한 절규를 들어야 할 정부와 여당은 찾아볼 수 없었다"며 "도리어 대통령 내외는 인근 종로의 페스티벌에 참석해서 술잔을 구매하고 있었다. 시종일관 밝은 모습이었다"고 꼬집었다.

정의당도 비판에 나섰다. 류호정 정의당 원내대변인은 논평을 내고 "(추모식에서) 희생자들의 부모와 가족, 친구와 애인은 슬픔으로 몸을 가누지 못했고 때론 오열했다. 같은 시각 윤 대통령은 (페스티벌에 참석해) 농담도 했다"며 "할 말이 없다"고 직격했다.

윤 대통령의 이해할 수 없는 이런 행보보다 유가족들은 물론 국민을 분통 터지게 하는 것은 여당 정치인의 막말이다. 가령 윤핵관으로 불리는 국민의힘 권성동 의원은 구랍 10일 페이스북에 "이태원 압사 사고 유가족들이 모인 유가족협의회가 10일을 기해 출범한다고 한다. … '10·29 이태원참사 시민대책회의'도 출범을 알렸다"고 글을 올렸다.

이어진 글을 보면 "지금처럼 시민단체가 조직적으로 결합해서 정부를 압박하는 방식은 지양해야 한다. 세월호처럼 정쟁으로 소비되다가 시민단체의 횡령수단으로 악용될 가능성이 있기 때문"이라고 적었다. 이어 "실제로 일부 시민단체는 세월호 추모사업을 한다며 세금을 받아가서, 놀러 다니고 종북 교육에 사용했다"며 "이러한 횡령이 반복되지 않도록 범정부 차원의 신중 검토가 필요한 이유"라고 주장했다.

국민의힘 비상대책위원인 김상훈 의원은 구랍 19일 당 비대위 회의에서 이태원참사 시민대책회의를 두고 "국가적 비극을 이용한 '참사 영업'을 하려는 것은 아닌지 우려된다"고 말했다. 그는 세월호 참사를 거론하며 "국가적 참사가 발생했을 때 이를 숙주로 삼아 기생하는 '참사 영업상'이 활개 치는 비극을 똑똑히 목격해왔다"며 "이들은 참사가 생업"이라고 말했다.

그런데 막말의 압권은 따로 있다. 보도(한겨레, 2022.12.15.)에 따르면 이들보다 앞선 11월 4일 국민의힘 김미나 창원시의원이 "유족이라는 무기로 그들의 선 넘는 광기가 시작되었다"고 했다. 11월 23일엔 유족 발언에 대해 '무지몽매한 애미', '자식 팔아 한몫 챙기자는 수작', '자식 앞세운 죄인이 양심이란 것이 있는가'라고 했다.

거기서 그치지 않았다. 구랍 12일엔 '꽃같이 젊디젊은 나이에 하늘로 간 영혼들을 두 번 죽이는 유족들', '우려먹기 장인들', "자식팔아 장사한단 소리 나온다", "제2의 세월호냐", "나라 구하다 죽었냐" 따위 도저히 제대로 정신이 박힌 사람의 소리라고는 생각되지 않는, 제발 그 입 다물라 외치고 싶은 막말들을 '신나게' 쏟아냈다.

문제가 불거지자 김미나 시의원은 창원시의회 제120회 정례회 2차 본회의에서 "저는 창원시의원 신분으로 공인임에도 불구하고 부적절한 글을 개인 사회관계망서비스에 올렸습니다. 저의 잘못된 글로 인하여 마음에 큰 상처를 입었을 시민 여러분들, 특히 유가족 여러분들께 고개 숙여 사과드리며 깊이 반성하겠습니다. 이번 일을 계기로 더 크게 반성하고 더 성실히 봉사하도록 노력하겠습니다. 다시 한번 더 사과드립니다"라고 말했다.

급기야 이태원참사 유족들은 구랍 15일 김미나 창원시의원을 명예훼손·모욕 등 혐의로 경남 창원중부경찰서에 고소했다. "천륜에 벗어난 잔인한 표현을 사용해 공연히 모욕한 점, 정보통신망을 통해 비방할 목적으로 공공연하게 허위 사실을 드러내어 유가족의 명예를 훼손한 점 등"의 고소장에는 "김미나 의원은 인간이기를 포기한 사람이라고 생각한다. 도저히 인간으로 취급할 수 없다" 등 분노를 삭이지 못한 유가족 238명이 이름을 올렸다.

집권여당이면 망극(罔極)한 국가적 참사에 입이 열 개라도 할 말이 없어야 할텐데, 참 이상한 일이다. 납득할만한 책임과 발빠른 수습을 못해 유가족협의회와 '10·29이태원참사 시민대책회의'도 출범한 것이다. 집권여당으로서 무거운 책임감과 함께 상처를 위무하며 보듬어주기는커녕 오히려 슬픔을 가눌 길 없는 유가족들에게 헛심을 쓰게 하니 참으로 통탄할 일이다.

〈전북연합신문, 2023.1.31.〉

2차 가해는 또 다른 참사

보도에 따르면 창원시의회는 1월 18일 오후 제121회 제1차 임시회 제2차 본회의를 열어 10·29 이태원참사 유가족과 관련해 막말을 한 국민의힘 김미나 의원에 대한 징계안을 상정해 처리했다. 창원시의회 윤리특별위원회는 김 의원에 대해 '제명'을 결정해 보고한 바 있다. 앞서 열린 윤리자문위원회도 같은 결정을 했지만, 제명 아닌 '30일 출석정지' 결정이 내려졌다.

무기명 비밀투표로 진행된 김 의원에 대한 제명 표결 결과 찬성 20명, 반대 20명, 기권 1명, 무효 3명으로 나왔다. 제명 안건이 통과되려면 재적의원 2/3 이상의 찬성이 있어야 한다. 창원시의회 정당 분포는 국민의힘 27명, 민주당 18명이다. 김 의원에 대한 제명 안건이 부결되자 민주당 소속 의원들은 본회의장 밖으로 나왔다.

국민의힘 남재욱 의원은 김 의원에 대한 '30일 출석정지'의 수정안을 제출했고, 국민의힘 의원들만 참석해 처리됐다. 남 의원은 "윤리자문위원회의 의사결정을 존중하지만 징계 대상자 본인이 자신의 부적절한 언행에 대해 반성하고 있고, 본회의장에서 공개사과도 했다. 글은 유가족을 폄훼하는 것이 아니라 사건에 대한 정치적 견해를 밝히는 개인적인 소신이"라고 말했다.

창원시의회 민주당 의원단은 "우선 국민의힘 의원단에 항의하기에 앞서, 유가족과 국민들께 사과의 말씀을 전한다"며 "유가족께서 직접 창원에 오셔서 아픔을 호소하였고, 희생자의 명예 회복을 바라는 국민들께서 마음을 보내주셨지만, 우리 의원단의 역량 부족으로 제명안을 통과시키지 못했다. 이에 유가족과 국민들께 깊은 사과의 말씀을 드린다"고 말했다.

10·29이태원참사경남대책회의도 논평을 통해 "김미나 시의원 징계 무산은 또 한 번의 가해이다"라며 "진정한 사과도, 참회도, 책임도 지지 않은 당사자는 공직을 수행해서는 안 되는 사람이다. 그러나 제명을 두고 팽팽히 맞서다 결론을 내지 못함으로써 폐기, 징계가 무산됐다. 창원시의회의 유가족과 시민을 향한 또 한 번의 가해이다"라고 규탄했다.

이들은 국민의힘을 향해 "정당은 동업자 패거리 집단이 아니다"라면서 "왜 김미나가 반성도 참회도 안하는지, 막말을 하고도 부끄러워하지 않는지 증명된다. 자신이 몸담은 정당이 자신을 옹호하며, 그 어떤 책임 있는 조치도 하지 않은 걸 알기 때문이다. 집권당이 동네 구멍가게만도 못한 패거리 집단보다 나은 게 없다"고 힐난했다.

그뿐이 아니다. 1월 17일 이태원참사 진상규명을 위한 국정조사 특별위원회가 대통령실 등의 책임과 이상민 행정안전부 장관 파면 요구를 담은 결과보고서를 채택하고 활동을 종료했다. 55일의 활동 기간 중 두 차례 현장조사와 기관보고, 세차례 청문회를 열었는데도 진상규명은 물론 책임소재와 관련해 새로 밝혀낸 게 거의 없다. 오히려 결과보고서 채택에 반발해 퇴장한 국민의힘 의원들은 유가족들을 다시 오열하게 했다.

언론 보도에 기대 비교적 장황하게 김미나 의원 제명 부결 소식을 전한 것은 참으로 요상한 일이 벌어져서다. 똑같은 하나의 사실이 보수냐 진보냐에 따라 범죄유무가 갈리고 있다. 가령 국정원이나 군(軍)의 정치적 중립이 헌법적 가치로 엄존한다. 그들이 댓글부대를 운영한 것은 보수든 진보든 명백한 범죄여야 하지 않나?

김 의원의 막말도 마찬가지다. 국민의힘 시의원들이 내린 내가 하면 로맨스, 남이 하면 불륜의 내로남불식 '30일 출석정지'는 '그 입 다물라'(전북연합신문, 2023.1.31.)에서 이미 말했듯 오히려 자식 잃은 슬픔을 가누기조차 힘든 유가족들에 대한 명백한 2차 가해다. 나아가 집권여당 시의원들이 유가족들을 슬픔의 늪으로 밀어버린 또 다른 참사다.

생때같은 자식들이 졸지에 죽은 것도 슬프고, 억울한데 슬픔을 가누기에도 힘겨운 유가족들을 괴롭히는 게 2차 가해임은 말할 나위 없다. 희생자들을 기려야 할 추모제에서조차 2차 가해가 자행되고 있다. 1월 14일 오후 159번째 희생자 이재현(참사 당일 극적으로 구조됐지만 49재를 나흘 앞두고 스스로 목숨을 끊었다.)군의 아버지가 아들에게 보내는 편지를 낭독했던 이태원참사 3차 시민추모제에서도 그런 일이 벌어졌다.

몇몇 보수단체 회원들은 이날 추모제 무대 바로 뒤편에서 보란 듯 확성기를 이용해 맞불 집회를 열었다. 이들은 유족을 향해 인신공격성 발언을 서슴지 않았다. 유족들은 "지금이 한가하게 추모나 할 때냐" 등 온갖 막말을 고스란히 들어야 했다. 이런 2차 가해는 구랍 14일 이태원광장에 설치된 분향소에서도 이어졌다.

그곳 주변은 보수단체 신자유연대의 정치적 구호가 담긴 현수막으로 뒤덮인 지 오래다. 용산구 주민이라는 한 여성은 이날 추모제를 마치고 분향소로 돌아온 유족에게 "왜 여기서 ××이냐"며 욕설을 내뱉기도 했다고 한다. 한 유족은 "자식을 잃은 입장을 한 번이라도 생각해본다면 저렇게 행동할 수 있을까 싶다"고 울먹였다.

이태원참사 유가족협의회는 구랍 29일 서울서부지법에 분향소 접근금지 가처분 신청을 냈다. 분향소 반경 100m 내에서 방송이나 구호제창, 현수막 개시 등으로 추모를 방해하는 신자유연대의 행위를 금지해달라는 내용이다. 추모하기에도 하루가 모자랄 유가족들이 왜 이런 헛심을 계속 써야 하는지, 이해가 안 되는 보수단체들의 2차 가해다.

〈2023.1.31.〉

제정신인가, 일제 강제동원 피해자 해법

　대법원은 2018년 10월 일본제철·미쓰비시중공업 등 일본 전범기업 2곳에 각각 강제동원 피해자 15명에게 1인당 1억 원 또는 1억 5천만 원의 배상금을 지급하라고 판결한 바 있다. 해당 기업들이 배상 협의에 응하지 않은 건 물론 일본 정부는 한국에 대한 화이트리스트(전략물자 수출심사 우대국 명단) 제외 등 경제보복을 자행했다.
　그 무렵 나는 '이참에 단교(斷交)는 어떤가'(전북연합신문, 2019. 8.21.)라는 제목의 칼럼을 썼다. 과거 조선을 식민 지배한 가해자 일본제국주의는 온데간데 없고 경제대국 일본이 대한민국을 압박하고 있는 형국에 방귀 뀐 놈이 성낸다는 속담이 저절로 떠오른다며 그렇게 과거사 반성과 사과는 하지 않는 행태를 이어간다면 이참에 그들과의 단교(斷交)는 어떤가, 주장했다.
　그리고 일본과의 역대급 나쁜 관계의 본질은 따로 있다고 주장했다. 일본 땅이라 주장하는 독도라든가 강제동원한 적 없다고 우기는 위안부 문제 등 자신들이 저지른 침략전쟁의 역사마저 부정하고, 이미 인정했던 사실과 사과조차 번복하는, 기본이 안된 나라 일본은 과거 군국주의, 제국주의의 망령에서 벗어나지 못하고 있는 '원시 국가'임을 전제로 한 주장이다.
　단교하리란 확신은 없었지만, 최근 분통 터질 일이 또 생겼다. 정부가 내놓은 일제 강제동원 피해자 배상 문제 해법이 그것이다. 정부는 1월 12일 외교부와 정진석 한일의원연맹 회장이 국회에서 공동 주최한 '강제징용 해법 논의를 위한 공개토론회'에서 행정안전부 산하 일제강제동원피해자지원재단이 재원을 마련해 피해자들에게 대신 변제하는 방안을 공식화했다.

1965년 한-일 청구권 협정으로 수혜를 받은 포스코·외환은행·한국전력 등 한국 기업들로부터 자금을 조달하겠다는 뜻을 내비친 것이다. 외교부는 이 자리에서 일본 전범기업의 사죄와 배상 없이도 이 방침을 이행할 것이라고 했다. 정부는 피해자 쪽의 동의를 구하는 과정을 거쳐 이런 방안을 최종안으로 확정할 계획이다.

정부가 한-일관계 정상화에 속도를 내는 최대 명분은 북핵·미사일 위협에 대한 공동 대응 등 안보협력 필요성 때문으로 알려졌다. 이를 위해선 2018년 10월 대법원의 강제동원 피해자 배상 확정 판결 이후 수출 규제 등 일본 쪽의 보복 대응이 이어지면서 '수교 이후 최악'으로 치달은 한-일 관계를 복원해야 한다는 게 정부측 논리다.

그러나 그것은 일본 정부·기업의 배상과 사과를 요구하고 있는 피해자들과 거리가 먼 해법이다. 피해자 쪽에서는 "일본 책임을 즉시 면책해주는 것"이라는 반발이 터져 나왔다. 피해자 쪽과 한일역사정의평화행동은 1월 13일 서울 중구 파이낸스 빌딩 앞에서 '굴욕적 강제동원 해법 발표 반대'를 위한 촛불집회를 열기도 했다.

일제 강제동원 피해자인 양금덕 할머니(미쓰비시중공업 피해자)는 1월 17일 5·18민주광장에서 열린 기자회견을 통해 "(내가 바라는 건) 돈이 아닌 사죄"라고 밝혔다. "한국에서 주는 돈은 받지 않겠다. 사죄를 받기 전까지는 일본이 주는 돈도 받지 않겠다"고 말하며 정부가 내놓은 이른바 해법을 강하게 성토했다.

그뿐이 아니다. 일본의 학자·변호사·언론인·시민사회 활동가 등 94명이 기자회견을 열어 '피해자 부재로는 해결이 될 수 없다-징용공(강제동원) 문제, 일본 정부·일본 기업에 호소한다'라는 제목의 성명을 발표했다. 수십년 동안 강제동원 피해자들을 지원해 온 일본

시민사회가 기자회견을 통해 문제점을 강하게 지적하고 나선 것이다.

일본 시민사회는 무엇보다도 수십 년을 싸워온 피해자들이 수용할 수 없는 해법은 해결책이 아니라고 주장했다. 그러면서 "피해자들이 납득할 수 있는 해법을 마련하는 것이 가장 중요하다"고 못박았다. "진정한 사과는 사실을 인정하고, 사죄와 배상을 하고, 반복하지 않기 위해 노력하는 것"이라고 강조하기도 했다.

한겨레(2023.1.16.)에 따르면 한-일과거사의 법적 쟁점에 천착해온 경북대 법학전문대학원 김창록 교수는 전화 인터뷰에서 "일본의 잘못된 주장과 행태를 정당화시켜주는 꼴"이라고 비판했다. 정부의 처분이 이뤄지면, 피해자들은 오랜 세월 싸워 얻은 정당한 권리(대법원 확정판결에 따른 배상)를 침해당하게 된다. 우리 헌법이 규정한 재산권과 행복추구권 등 기본권을 침해하는 처분이기에 위헌이고, 헌법소원이 가능해 보인다고 말했다.

또한 만약 정부안대로 시행하면, "일본 정부는 '우리가 완전히 이겼다'고 주장할 것이다. 대법원 판결이 국제법 위반이란 점도, 강제동원이 없었다는 점도, 식민지배는 불법강점이 아니라 합법지배란 점도 '한국 정부가 인정했다'고 할 것이다. 한국이란 국가의 정체성에도, 3·1운동으로 건립된 대한민국 임시정부의 법통을 계승한다는 헌법 정신에도 반한다."고 주장했다.

일제가 자행한 강제노역으로 나라 뺏긴 설움의 평생 한(恨)에 더해 다시 한번 피해자들에게 피눈물을 토하게하는 정부는 과연 제정신인가. 왜 독일과 다르게 '전범국가 미청산'의 그런 나라와 아등바등 관계를 개선하려는 것인지, '우리편' 미국과의 굳건한 동맹으로도 모자라 '아쉰놈'이 되어 해결사를 자처하는지 그야말로 미치고 팔짝 뛸 일이다.

〈전북연합신문, 2023.2.14.〉

대단하다, 훈장 거부

'어처구니없는 교육부장관 임명'(전북연합신문, 2022.8.4.)이란 글에서 이미 밝힌 바 있다. "2016년 2월말 교단을 떠난 이후 전체적 글쓰기는 늘어났는데, 줄어든 분야가 있다. 최근 3년 사이에 펴낸 '진짜로 대통령 잘 뽑아야'·'뭐 저런 검찰총장이 다 있나' 같은 책을 봐도 금방 알 수 있는 일인데, 바로 교육분야다"라고.

사실은 삼식이가 되고 보니 남아도는 게 시간이다. 이런저런 글쓰기가 이전보다 늘어났지만, 아무래도 교직을 떠난 입장이라 그런지 교육계 문제는 덜 현실적으로 느끼는 모양이다. 그런데 오마이뉴스(2023.1.20.)가 단독이라며 보도한 '적반하장 대통령 부끄럽다… 현직 교장, 훈장 거부' 제하 기사를 보니 정신이 번쩍 난다.

잠시 기사 내용을 좀 더 살펴보자. 2023년 2월말 퇴직 예정인 충남의 공립중학교 A중 길준용 교장은 윤석열 대통령 이름이 박힌 녹조근정훈장 증서 수령을 거부했다. 길 교장은 "지난해 말 교육부로부터 녹조근정훈장 공적조서를 올리라는 공문을 받았는데, 공적조서 대신 포기이유서를 보냈다"고 밝혔다.

"사사건건 적반하장의 모습을 보이는 대통령의 이름이 적힌 훈장증을 받는 상황이 부끄럽다"는 이유에서다. 길 교장은 이 포기이유서에 "훈장을 주는 사람 이름이 두고두고 부담이 될 것 같다"고 적기도 했다. 녹조근정훈장증엔 '대통령 윤석열'이란 수여자 이름 밑에 '국무총리 한덕수', '행정안전부 장관 이상민'이란 이름이 병기된다.

길 교장은 "훈장증에 적힐 세 분 모두 하나같이 마음에 내키지 않았다"면서 "특히 윤 대통령의 경우 바이든-날리면 사태, 10·29 용산 참사 대응은 물론 최근 'UAE 적은 이란' 발언 사건까지 솔직하게 잘못을 시인하고 사과하지 않았다"면서 "오히려 자신의 잘못을 뭉개면서 이런 태도를 비판하는 사람들을 공격해서 힘들게 만들고 있지 않느냐"고 말했다.

그러면서 길 교장은 "이런 태도야말로 적반하장인데, 학생들에게도 안 좋은 영향을 줄 것"이라고 우려했다. 그뿐이 아니다. 오마이뉴스(2023.1.26.)에 따르면 1985년부터 사립과 공립고교에서 국어교사로 38년간 일해 오다 2023년 2월말 정년퇴직을 앞둔 A교사도 훈장을 거부했다. A교사가 교육청에 보낸 훈장포기서엔 아래와 같은 이유가 적혀 있다.

"말로는 공정과 상식을 내세우면서도 전혀 다른 방향으로 가고 있는 정부, 약자와 소외된 이들을 보듬지 못하고 무한 경쟁교육을 추구하는 지금 정부에서 주는 훈장을 단호히 거부합니다." A교사는 "참교육 교사들은 오히려 징계를 받고 훈장과 포상 명단에서 제외된 현실 속에서, 거기 속하지 않은 내가 떳떳하게 훈장을 받기에는 부끄럽기도 했다"고 덧붙였다.

또한 경기도 소재 B공립중에서는 2023년 2월말 정년퇴직을 앞둔 교사와 교감 2명이 훈장을 거부하기도 했다. 이 중학교 C교감은 "지금 교육상황과 나라 돌아가는 상황에 화도 나고 부끄러워서 훈장을 포기한 것이다. … 교직 말년에 학생인권과 민주시민교육을 위해 남은 힘을 썼는데, 이런 걸 호시탐탐 후퇴시키려는 정부가 주는 훈장을 받는 것은 나 자신한테 부끄러운 일이라고 생각했다"고 털어놨다.

모 지역 교육지원청의 교육장도 훈장을 거부한 것으로 밝혀졌다. D교육장은 "교육을 산업인재 공급처로 생각하는 윤석열 대통령이 주는 훈장이란 점도 거부 이유가 아니라고 할 수는 없을 것이다.

100년을 내다보는 교육정책이 되어야 하는데 안타깝다"고 말했다.

한 시·도교육청 관계자는 "훈장 포기자는 문재인·박근혜 정부 때도 다 있었지만, 현 정부 들어 더 많아진 것 같다"고 말하기도 했다. 특히 관리자인 교육장·교장·교감의 훈장 거부는 예사로운 일이 아니다. 내가 몸담았던 33년 교직생활에서 들어보지 못한 가히 충격적 사건이라 할만하다. 그만큼 세상이 변했다는 방증이기도 할 것이다.

한편 지난해 8월엔 이철기 동국대학교 교수가 훈장을 거부한 일도 있었다. 이데일리(2022.8.29.)에 따르면 이 교수는 "훈포장은 국가의 이름으로 주는 것이긴 하지만, 윤석열의 이름이 들어간 증서를 받는 것은 제 자존심과 양심상 너무 치욕적으로 느껴졌다. 마치 조선총독에게 무엇을 받는 기분"이라고 말하며 정부 포상 포기 확인서를 공개하기까지 했다.

지금은 어떤지 잘 모르겠지만, 내가 교직을 떠난 2016년 2월말까진 장기근속 퇴직공무원에게 주는 정부 포상은 4가지다. 재직기간 33년 이상이면 훈장을 수여한다. 훈장은 옥조(33~35년)·녹조(36~37년)·홍조(38~39년)·황조(40년이상) 외 1등급인 청조로 세분되어 있다. 30~33년 미만은 포장, 28~30년 미만은 대통령표창, 25~28년 미만은 국무총리표창 등이다.

돈이 되는 것도 아닌, 생각하기에 따라 아무것 아닐 수 있는 훈·포장이지만, 국가로부터 "장기간의 재직중 직무를 성실히 수행하여 국가발전에 기여"했음을 인정받는다는 의미가 있다. 가령 교원 문인들이 자신의 프로필에 '녹조근정훈장 수훈' 같은 내용을 넣는 것도 그런 자긍심의 발로가 아닐까 싶다. 결코 쉬운 일이 아닌 훈장 거부다. 훈장 거부가 대단하다고 한 이유다.

〈전북연합신문, 2023.2.21.〉

감사원의 자기 부정

본의 아니게 정권이 바뀐 나라에서 사는 국민으로 미치고 팔짝 뛸 일이 한둘일까만, 감사원의 자기 부정도 그중 하나다. 내가 생각하기에 감사원이 망가지기 시작한 것은 문재인 정부 시절 최재형 감사원장이 임기중 사퇴하면서다. 최재형 감사원장은 2021년 6월 28일 오전 사의를 표명했다. 대선 출마 얘긴 없었지만, 2022년 1월 1일 임기를 6개월쯤 남겨둔 시점이었다.

당시 박병석 국회의장과 김부겸 국무총리까지 나서 부적절하단 입장을 표명할 만큼 논란을 일으켰다. 집권여당인 더불어민주당은 물론 언론의 비난 여론이 들끓기도 했다. 가령 윤건영 민주당 의원은 "정치적 중립성이 누구보다 중요한 감사원장이 임기중에 임기를 박차고 나와 대선에 출마한다는 것은 국민에 대한 모독이다. 절대 안된다"고 목소리를 높였다.

한겨레(2021.6.29.)는 '사설'에서 "직무상 독립된 헌법기관인 감사원장 자리마저 거침없이 내던지는 이가 국가 미래를 걱정한다는 것 자체가 어불성설이다. 그가 대한민국 미래를 위해 해야 했던 가장 중요한 일은 남은 임기 동안 맡은 바 직분을 충실히 다하는 것이었다. 임기제인 검찰총장이 중도 사퇴하고 정치의 길로 들어선 데 이어, 감사원장마저 임기 도중 사퇴하는 걸 지켜보는 국민들의 심정은 참담할 수밖에 없다."고 성토했다.

참고로 헌법이 명시한 4년 임기를 채우지 않고 중도 사퇴한 감사원장은 최 원장이 처음은 아니다. 그러나 중간에 그만둔 감사원장이

곧바로 정치권에 직행하거나 대선에 도전한 전례는 없다. 세 차례 대선에 출마한 이회창 전 원장은 국무총리를 거쳐 정치권에 들어간 경우다. 서울시장에 도전한 김황식 전 원장도 마찬가지다.

최 감사원장은 2022년 3월 9일 20대 대통령선거와 동시에 치러진 국회의원 재보궐선거에서 국민의힘 공천을 받아 서울 종로구로 출마해 당선되었다. 임기를 채우지 않고 정치권에 직행한 첫번째 감사원장이란 역사를 새로 쓴 것이다. 최재형 개인적 일탈로 끝나길 바랐지만, 이후 감사원은 더욱 망가진 모습을 보이고 있다.

자신의 정치적 야망을 위해 중도 사퇴한, 그리하여 국회의원이 된 최재형 뒤를 이은 최재해 감사원장의 감사원은 또 다른 논란의 중심에 섰다. 2021년 9월 14일 최재형 후임으로 내정된 최재해 감사원장의 임명동의안이 같은 해 11월 11일 국회에서 가결됐다. 문재인 정부가 임명한 최재해 감사원장은, 그러나 정권이 바뀌면서 이상한 행태를 계속 이어갔다.

먼저 집무실에 국정지표가 액자로 걸려 있는 걸 본 방문 인사는 끔찍했다고 전한다. 그래서였을까. 최 감사원장은 2022년 7월 29일 국회 법사위 전체회의에서 "(감사원은 대통령의 국정운영을) 지원하는 기관이라고 생각한다"고 발언했다. 야당은 말할 것도 없고, 여당에서조차 "귀를 의심케 하는 발언"(김도읍 국민의힘 의원)이라는 반응이 나왔다.

최 감사원장은 2022년 10월 11일 열린 국정조사에서 "대통령도 감사원에 특정감사를 요구할 수 있다"고 말했다. "감사원은 대통령의 국정운영을 지원하는 기관"이라고 한 데 이어 다시 감사원의 독립성을 스스로 부정하는 발언을 해 많은 사람들을 어리둥절하게 했다. 문재인 전 대통령이 임명했던 다른 기관장들처럼 사퇴압박을 받지 않는 중대 이유의 하나가 아닐까 싶다.

또한 최 감사원장은 "감사원의 대통령으로부터의 독립은 (대통령으로부터) 특정감사를 요구받거나 훼방받지 않는다는 의미냐"는 조정훈 시대전환 의원의 물음에 "(대통령이 감사를) 요구는 할 수 있다고 본다. 대통령도 국민의 한 사람으로 요구할 수 있다"고 답했다. 최 감사원장의 답변이 나오자 야당 법사위원들 사이에서는 실소가 터졌단다.

감사원법은 "감사원은 대통령에 소속하되, 직무에 관하여는 독립의 지위를 가진다"고 돼 있다. 그러나 최 감사원장의 발언은 대통령의 감사 요구가 문제없다는 것으로 감사원 독립성을 정면으로 부정한 것이다. 정권의 시어머니 격인 감사원의 존재가치를 수장이 나서 스스로 부정한 것이기도 하다.

도가 지나친 '알아서 기는' 행태라 아니 할 수 없다. 조 의원은 "법률에 의하면 감사를 요구할 수 있는 건 국회, 국민 청원, 국무총리다. 대통령은 요구할 수 없다"며 "대통령이 국민의 한 사람과 똑같다고 할 정도로 (감사원장이) 정치적으로 무감각하고 비현실적이다. 뒤에 있는 (감사원) 국장들이 웃는다"고 말하며 최 감사원장을 질타했다.

그런 최 감사원장이 취임사에선 "감사원의 핵심 가치는 직무상 독립성과 정치적 중립성"이라고 했다니 그런 코미디가 또 없다. 또한 2022년 8월 26일 감사원 설립 74돌 기념사에서는 "직무상 독립성과 정치적 중립성, 불편부당한 자세를 엄정히 견지해달라"고 당부했다니 자던 소가 웃을 일이라 할만하다. 직원들의 빈축을 샀음은 물론이다.

한겨레(2022.8.31.) 강희철 논설위원이 최 감사원장의 의도가 궁금해 '늘공'들에게 물어보니 "문 정부 때 임명됐으니 자리가 불안해서 그럴 것이다."는 답변들을 해왔다고 한다. 최 감사원장은 4년 임기중 3분의 2가 남아있는데, '짤리지' 않기 위해 무슨 짓을 어떻게 더 할지 걱정이다. 이 또한 그야말로 미치고 팔짝 뛸 일 아닌가?

〈2023. 2. 24.〉

표적감사 논란 감사원

'감사원의 자기 부정'은 다른 형태로 나타났다. 2022년 10월 11일 열린 국정조사에서 정권의 시어머니 격인 감사원의 존재가치를 스스로 부정한 것보다 앞선 2022년 10월 6일자 신문엔 감사원 유병호 사무총장이 이관섭 대통령실 국정기획수석에게 "오늘 또 제대로 해명자료가 나갈 겁니다. 무식한 소리 말라는 취지입니다"라는 문자메시지를 보낸 사실이 보도됐다.

문재인 전 대통령까지 조사 대상으로 한 서해 공무원 피살 사건에 대한 감사원의 감사가 감사위원회 의결 없이 진행되고 있다는 한겨레 보도에 대해 해명자료를 낼 예정이라고 알린 것이다. 실제로 감사원은 세 시간 뒤인 오전 11시 23분 한겨레 보도에 대한 보도 참고자료를 기자들에게 배포한 것으로 알려졌다.

유 사무총장은 윤 대통령 취임 이후 차관급이자 감사원 '2인자'인 사무총장에 오른 뒤 감사원 실세로 불리는 인물인데, 민주당은 강하게 반발했다. 오영환 원내대변인은 "감사원 정치감사의 배후가 대통령실임이 백일하에 드러났다"며 "두 사람의 문자는 감사원 감사가 대통령실의 지시에 의해 치밀하게 계획된 정치감사임을 명백하게 보여준다"고 비판했다.

'윤석열 정권 정치탄압 대책위원회'의 김의겸 의원은 기자회견을 열고, 유 사무총장이 문자메시지에서 "오늘 또", "무식한 소리 말라는 취지"라고 표현한 점을 들어 대통령실이 감사원을 반복적으로 지휘해왔음을 유추할 수 있다고 주장했다. 김 의원은 "(이미 고위공직자범죄수사처에 고발된) 최 원장과 유 사무총장뿐 아니라, 이관섭 수석 등 관련자들을 직권남용 혐의까지 추가해 고발 대상을 확대할 것"이라고 말했다.

한겨레(2022.10.6.) 보도에 따르면 감사원과 대통령실은 지금껏 '유착설'이나 '배후설'을 부인해왔다. 최재해 감사원장은 2022년 9월 26일 민주당 의원들이 항의 방문했을 때 "윤석열 정부에 대해서도 엄정하게 감사하겠다"며 정치적 중립성을 지키겠다는 입장을 밝혔다. 그게 '뻘소리'임이 드러난 감사원의 대통령실 직보라 할 수 있다.

유 사무총장이 이 국정기획수석에게 서해 사건 감사 절차의 위법성을 지적한 〈한겨레〉 보도에 대한 해명 계획을 직보한 것은 그 자체가 헌법 위반이라는 지적이 많다는 기사도 볼 수 있다. "헌법에 근거를 두고 직무상 독립성이 보장된 감사 업무를 총괄하는 사무총장이 대통령실에 이를 보고하는 것은 있을 수 없는 일"(한겨레, 2022.10.7.)이라는 것이다.

윤석열 대통령은 2022년 10월 6일 "감사원은 대통령 소속이지만 업무는 대통령실에서 관여할 수 없도록 헌법과 법률에 돼 있다"면서도 "하나의 정부 구성이기 때문에 언론 기사에 나온 업무와 관련해 어떤 문의가 있지 않았나 싶다"며 '그럴 수 있지 않느냐'는 취지로 말했다.

이보다 앞선 10월 4일 출근길 약식회견에서 문 전 대통령에 대한 감사원의 서면조사 시도에 대해서도 "감사원은 헌법기관이고 대통령실과 독립적으로 운영되는 그런 기관이라 대통령이 뭐라고 언급하는 건 적절치 않다"며 거리를 둔 바 있지만, 유 사무총장의 대통령실 직보로 곧이곧대로 믿을 수 없는 말이 되어버렸다.

이렇듯 감사원이 언론의 도마 위에 자주 오르는 것은 '감사원의 자기 부정'이란 글에서 이미 말한 내용들을 포함 대부분 표적 감사 논란 때문이다. 최재해 감사원장은 국민권익위원회 전현희 위원장이나 방송통신위원회 한상혁 위원장처럼 문재인 대통령이 임명한 기관장이다. 다른 건 전현희·한상혁 위원장은 여권이 몰아내려 하고 최 위원장에겐 사퇴압박이 없단 점이다.

최 감사원장이 그들처럼 사퇴압박을 받지 않는 것은 속된 말로 알아서 기는 행태와 연관이 있어 보인다. 반면 사퇴 압박을 받아 온 전현희 국민권익위원장의 용기 있는 처신은 투철한 공직자 정신이 무엇인지를 새삼 일깨운다. 전 위원장에 대한 핍박을 잠깐 정리해보면 감사원은 국민권익위원회에 대한 감사기간을 이례적으로 두 차례나 연장하는 등 먼지털이식 감사를 진행했다.

윤 대통령이 전 위원장은 국무회의에 참석할 필요가 없다며 공개적으로 사퇴 압력을 가하기도 했다. 표적감사니 정치감사니 하는 비판이 쏟아지는 이유이기도 한데, 전 위원장은 "국민과의 약속을 지키기 위해 죽음과도 같은 공포를 이겨내며 임기를 지켜내겠다"고 다짐하며 오는 6월말 임기 만료를 앞두고 있다.

현재 문재인 정부가 임명한 권익위 고위급 인사 중 자리를 지키고 있는 인물은 전 위원장이 유일하다. 새 정부 바람대로 정권이 바뀜과 함께 전 정부에서 임명된 기관장들이 스스로 물러나면 좋겠지만, 전현희·한상혁 위원장에 대한 무리한 감사에서 보듯 그렇게 생이빨 뽑듯이 할 일은 아니다. 그렇게 하라고 대통령으로 뽑은 건 아니라 믿고 싶다.

'부패방지 및 국민권익위원회법'은 "권익위는 업무를 독립적으로 수행한다.(제16조1항), … (위원장은) 금고 이상의 형, 심신장애, 정당의 당원 등의 사유가 아닌 한 본인 의사에 반하여 면직·해촉되지 않는다"(제16조3항)고 엄격한 신분보장까지 되어 있어서다. 권익위원장이 감사원장처럼 대통령의 눈치만 본다면 부정부패를 근절할 수 있겠는가?

〈2023. 2. 24.〉

유력 대선후보 배우자들

돌이켜보면 2022년 3월 9일 실시된 제20대 대선은 이상한 선거였다. 대통령 후보 배우자들에 대한 각종 의혹 제기 등 논란이 치열했던 선거여서다. 아마도 여야를 대표하는 유력 대통령 후보 배우자 논란으로 가장 시끄러웠던 사상 최초의 대선이 아니었나 싶다. 오죽 심했으면 배우자 리스크라는 말이 회자될 정도였다.

가령 "우리나라 대선 사상 처음으로 '배우자 리스크'가 유권자들의 선택 기준이 될 가능성이 커졌습니다. (2021년 12월) 16일 〈에스비에스〉(SBS) 여론조사 보도를 보면, 국민 60%가 '대선 후보의 배우자가 후보를 선택하는 데 영향을 준다'고 답했습니다"(한겨레, 2021.12.18.)라는 기사가 그걸 보여준다.

그 중심에 여(이재명)야(윤석열) 유력 후보의 부인 김혜경씨와 김건희씨가 있다. 이재명 후보의 부인 김혜경씨는 경기도 법인카드 유용과 불법 의전 의혹이 불거졌다. 윤석열 후보 배우자 김건희씨의 경우 이력 허위기재 및 논문표절, 유흥업소 종사와 무속논란, 그리고 도이츠모터스 주가조작 의혹 등이 불거져 선거 정국을 뜨겁게 달궜다.

2022년 1월 김혜경씨의 '법카 유용' 및 '불법 의전' 의혹이 제기됐는데, 김건희씨에 비하면 새 발의 피라 할 정도로 아무것도 아니다. 다만, 도지사를 넘어 더 큰 정치를 하려는 정치인의 배우자가 쪽팔리게도 그런 짜잘한 잘못을 저질렀는가 하는 점에서 이해가 안된다. 그런 점에서 이재명 후보는 준비가 덜 된 대선 주자였다는 말을 들어도 싸다.

본인은 물론 이재명 후보가 대국민 사과에 나섰지만, 내가 보기엔 이재명 후보의 낙선도 거기에 기인하지 않나 싶다. 앞에서 봤듯 국민 60%가 "대선 후보의 배우자가 후보를 선택하는 데 영향을 준다"고 응답한 여론조사를 떠올려보면 충분히 그럴만하다. 불과 0.73%포인트의 247,077표 차로 윤석열 후보가 대통령에 당선되었으니 말이다.

아무튼 급기야 대선 후보의 배우자가 사과로 첫 공개 행보를 하는 초유의 일이 벌어졌다. 김씨는 2021년 12월 26일 기자회견을 통해 자신의 '허위 이력' 의혹에 대해 일부 인정하고 사과했다. 김씨는 "잘 보이려고 경력을 부풀리고 잘못 적은 것도 있었다"며 "모든 것이 제 잘못이고 불찰이다. 부디 용서해달라"고 말했다.

또 "앞으로 남은 선거 기간 동안 조용히 반성하고 성찰하는 시간을 갖겠다"며 "남편이 대통령이 돼도 아내의 역할에만 충실하겠다"고 했다. 김씨가 '허위 이력' 의혹에 대해 공식 사과한 건 같은해 12월 14일 와이티엔(YTN)의 첫 관련 보도가 나온 지 12일 만이다. 그사이 김씨는 12월 15일 취재진 질문에 "사실관계 여부를 떠나 사과드린다"고 간접 사과했을 뿐이다.

사실관계 소명이 우선돼야 한다는 요구에는 침묵으로 일관하기도 했다. 그랬던 김씨가 사과 기자회견을 한 것은 "당사자가 직접 나서지 않으면 윤 후보의 지지율 하락세를 막을 수 없다는 전략적 판단이 작용한 것으로 보인다. 악재를 털고 새해를 맞아야 한다는 당내 위기감도 영향을 미쳤다"(한겨레, 2021.12.27.)는 분석이 따랐다.

국민의 요구에 부응하는 제대로 된 사과에는 한참 못 미친다는 평가도 받았다. 가령 한겨레는 사설(앞의 신문)에서 "국민이 기대한 사실관계에 대한 구체적 소명과 자신의 책임에 대한 언급은 쏙 빼놓았다. 김씨에게 제기되는 의혹은 지금까지 드러난 것만 15년에 걸쳐 최소 5개 대학에 허위로 작성한 이력서를 제출해 강사와 겸임교수로 채용됐다는 내용이다"고 적시했다.

나아가 "그 자체로 심각한 도덕적 일탈일 뿐 아니라 몇몇 의혹에는 '사문서 위조'와 '사기' 등의 범죄 혐의까지 제기된다. 이에 대한 소명은 전혀 없이 '잘 보이려고 부풀리고 잘못 적은 것도 있었다'는 두루뭉술한 말로 상황을 모면할 수 있다고 생각했다면 큰 착각이 아닐 수 없다"고 직격했다.

이보다 앞선 12월 17일, 김씨가 수원여대 교수초빙 지원서에 허위 경력을 넣었다는 의혹이 제기된 지 사흘 만에 윤석열 국민의힘 대선후보가 "제 아내와 관련된 논란으로 국민 분들께 심려 끼쳐드려 죄송하다"며 사과하기도 했다. 당일 오전까지만 해도 "팩트 체크를 해서 제대로 사과하겠다"는 입장을 고수한 것으로 알려졌는데, 태도를 바꾼 것이다.

김종인 총괄선거대책위원장은 이날 기자들에게 "(사과는) 빠르면 빨리할수록 좋다"며 후보 본인의 '빠른 수습'을 공개적으로 압박했다. 선대위 관계자는 "어차피 사과를 하게 될텐데, 군더더기 없이 빨리 해야 한다는 의견이 집중적으로 후보에게 보고됐고, 결국 점심 즈음에 후보가 수용한 것"이라고 전했다. 이를테면 선거전략상 마지못해 한 사과인 셈이다.

진정성과 알맹이 없는 사과라는 비판을 받았을망정 나름 약발이 있었던 것일까. '배우자 리스크'가 이재명 후보보다 훨씬 커보이는데도 윤석열 후보가 불과 247,077표 차이로 대통령에 당선되는 일이 벌어졌다. 김혜경씨는 잊혀갔고, 김건희씨는 대통령 부인을 의미하는 영부인으로 새롭게 등장해 지금 10개월째를 맞고 있다.

〈2023. 2. 26.〉

역대급 여사(女史)

    살다살다 대통령 부인에 대한 글을 쓰게될 줄은 상상조차 할 수 없었다. 1987년 직선제 대통령선거가 실시된 이래 언론에서 앞다퉈 다룰 만큼 논란의 중심에 서거나 비판의 도마에 오른 영부인이 없어서 그랬지 싶다. 그동안 영부인들은 그야말로 있는 듯 없는 듯한 존재였다. 영부인에 대한 그런 국민적 인식은 따라서 당연한 것이기도 하다.
    또한 바라지 않던 윤석열 대통령 시절이 와서 사상 처음 영부인에 대한 글을 쓰게된 것인지도 모를 일이다. 윤석열 후보가 선거에서 졌더라면 그 부인에 대한 의혹들조차 언론 등 세간의 관심에서 사라졌을 테니까. 그래서 더 분통 터질 일이다. 기본이 안된 대통령 후보를 뽑은 보수 유권자들 때문에 전에 못보던, 짜증나는 영부인 논란과 맞닥뜨리며 살아가야 해서다.
    이미 짐작했겠지만, 윤석열 대통령 부인 김건희 여사(女史) 이야기다. 영부인으로 불리워지지 않기를 바란다니까 나도 여사라고 부르겠는데, 20대 대선을 치를 때부터 대통령 후보자들 부인에 대한 논란이 벌어졌다. 오죽했으면 대선 후보의 배우자 김건희씨가 사과로 첫 공개 행보를 하는 초유의 일이 벌어지기까지 했을까!
    어쨌든 윤석열 후보가 불과 247,077표 차이로 대통령에 당선되는 일이 벌어졌다. 그리고 신기하게도 대통령 후보 배우자 시절 제기됐던 김씨에 대한 각종 의혹들이 불송치 종결되거나 표절 아님으로 결정났다. 허위경력 기재 의혹과 표절 비판을 받아온 박사학위 논문 이야기다. 좀 자세히 들여다 보자.

2022년 9월 5일 남구준 경찰청 국가수사본부장은 윤석열 대통령 부인 김 여사의 허위경력 기재 의혹 사건을 수사 8개월여 만에 불송치 종결했다. 김 여사 출석조사 대신 서면조사를 택한 경찰은 '대부분 공소시효가 지났다', '대학에서 문제 없다고 한다'는 이유를 대며 "여러 수사 상황을 고려해 혐의를 인정하기 어려워 지난 2일 불송치 결정했다"고 밝혔다.

이보다 앞선 2022년 8월 1일 국민대는 보도자료를 통해 "일부 타인의 연구내용 또는 저작물의 출처표시를 하지 않은 사례가 있다"고 하면서도 "표절에 해당하거나 학문 분야에서 통상적으로 용인되는 범위를 심각하게 벗어날 정도의 연구부정 행위에 해당하지 않는 것으로 판단했다"고 발표했다.

국민대는 2021년 9월 "만 5년이 지나 접수된 제보는 처리하지 않는다는 규정에 따라 본조사를 하지 않기로 했다"고 발표한 바 있다. 검증시효를 이미 폐지한 사실이 밝혀져 거짓말을 한 것으로 드러났다. 이에 대해 반발이 거세자 국민대는 결국 재조사에 나섰다. 거의 1년쯤 지나 발표한 조사결과가 바로 '표절 아님'이다. 국민대의 이런 발표에 '국민대는 망했다'는 비아냥이 터져 나왔다.

경찰이나 대학측이 알아서 정리해준 의혹들과 별개로 대통령 부인 김 여사에 대한 논란은, 그러나 가라앉긴커녕 오히려 가일층 심화됐다. 특히 후보 배우자 시절 제기된 도이치모터스 주가조작 연루 의혹에 대해선 더불어민주당과 정의당을 중심으로 '김건희 특검'이 거론되고 있다. 성사 여부를 떠나 이런 대통령 부인이 없었다는 점에서 가히 역대급이라 할만하다.

하긴 윤석열 대통령 취임 두 달도 되지 않은 시점에 벌써부터 김 여사의 인사 개입 소문이 돌고, 친구와 가족 '비선' 논란이 벌어졌다. 대통령 관저 공사를 사적으로 지인에게 맡긴 문제, 고가의 보석류 장신구를 빌린 경위, 대통령 취임식에 자신이 관련된 사건 담당 경찰관을 초청한 이유 등 헤아리기 힘들 정도다.

윤 대통령은 후보 시절 "대통령 부인은 그냥 가족에 불과하다"고 말했지만, 누가 봐도 그 이상의 행태를 보이고 있는 김 여사다. 윤 대통령은 김 여사의 봉하마을 동행인 논란에 "대통령을 처음 해봐서 (모르겠다)"커니 "좋은 방안 있으면 알려주십시오"라며 넘어갔다. 대한민국에서 이승만·박정희 빼고 대통령을 두 번 한 사람도 있는지 반문하고 싶은 김 여사 감싸기다.

박찬수 대기자는 "인사 쇄신의 칼바람 속에서도 무풍지대는 바로 김 여사다. 그는 윤핵관들처럼 '윤석열 대통령 만들기'의 단순한 일등공신이 아니라 대통령의 '정치적 동반자'처럼 보인다"(한겨레, 2022.9.8.)고 말하지만, 내가 보기엔 그 이상이다. 법적 직위나 권한 같은 건 없지만, 부부 일은 아무도 모른다는 말처럼 대통령을 쥐락펴락 할 수도 있는 내자(內子)이기에 얼마든지 비선 실세로 '전락'할 수 있다는 점에서 그럴 것이다.

그러고 보면 영부인을 위한 제2부속실 폐지를 공약으로 내세운 건 법과 제도에 구속되지 않는 김 여사의 '자유로운 영혼'을 위한 배려인지도 모르겠다. 다른 말로 하면 '통제받지 않는 권력'을 만들어주기 위한 것 아니냐는 의구심이다. 무엇보다도 윤 대통령은 정치 참여 선언 뒤 개설한 SNS 공식 계정에 자신을 '애처가'라고 적었지만, 그렇게 보이지 않는다.

가령 2022년 초 논란을 빚은 김씨의 '7시간 녹취록' 가운데 "난

(밥은) 아예 안 하고 우리 남편이 다 하지."라는 대목이 나온다. 글쎄, 이런 게 애처가인지 나로선 모르겠다. 유산의 슬픔을 겪은 후 더 이상 아이를 갖지 못하는 아내가 짠해보여 밥 정도는 하는지 모르겠으나 엄처시하(嚴妻侍下)라 할까, 뭔가 쩔쩔매는 듯한 느낌이 드는 게 나만의 억측이었으면 좋겠다.

〈2023. 2. 27.〉

어대현

 3월 8일 실시된 국민의힘 전당대회에서 김기현 후보가 신임 당대표로 선출됐다. 과반이 넘는 52.93%의 득표율이라 결선투표 없이 신임 당대표로 확정됐다. 최고위원에는 김재원·조수진·태영호·장예찬(청년최고위원) 후보가 선출됐다. 모두 친윤계 후보들이다. 이로써 국민의힘은 8개월 만에 정식 대표가 이끄는 집권여당의 모양새를 갖추게 됐다.

 선출된 지도부 면면을 보면 이른바 '윤심'의 압승이라 할만하다. 국민의힘이 윤 대통령의 직할체제가 됐다는 뜻이다. 돌이켜보면 2022년 7월 초 이준석 전 대표가 '성 상납 의혹'과 관련해 당 윤리위원회로부터 중징계를 받으면서 당 장악을 위한 윤심이 본색을 드러냈다. 사상 초유의 여당 당 대표에 대한 징계 사태로 집권 여당은 사실상 리더가 없는 상황을 맞았다.

 한 달여 만인 2022년 8월 중순 주호영 비대위가 출범했으나 이 전 대표의 가처분 신청이 법원에서 받아들여져 17일 만에 좌초됐다. 이후 정진석 비대위가 우여곡절 끝에 2022년 9월 가까스로 출범해 반년 동안 집권여당을 이끌어왔다. 이 전 대표는 나가떨어졌고, 차기 지도부 선출을 위한 전당대회 준비가 주 임무였던 정진석 비대위는 그 소임에 매우 충실했다.

 가령 7 대 3(당원 투표 70%·일반 국민 여론조사 30%)이었던 대표 선출 규정을 일반 국민 여론조사가 없는 '당원 투표 100%'로 바꿨다. '책임 당원 80만 명 시대'를 내세웠지만, 여론조사에서 1위를 달리던 유승민 전 의원을 염두에 둔 규정 바꾸기였음을 아는 사람은 다 아는 룰 변경이다.

당연히 그 과정에서 비윤계 반발이 있었지만, 정진석 비대위와 친윤계는 "당 대표는 당원들이 뽑는 게 맞다"며 속전속결로 '전대 룰' 개정을 끝마쳤다. 이때 보수 정당 사상 처음으로 최다 득표자의 득표율이 50%를 넘지 않는 경우 1·2위 득표자를 대상으로 다시 투표하는 '결선투표제' 도입도 밀어붙였다.

'당심 100%'로 전대 룰이 변경된 이후 장제원 의원을 필두로 한 친윤 그룹은 김기현 의원을 당 대표 후보로 점찍었다. 그 사실을 널리 알리는데 주저함이 없었다. 친윤 주자 경쟁을 벌이던 권성동 의원이 석연치 않은 이유를 댄 채 물러났다. 나경원 전 의원이 유력 당권 주자로 부상하자 이들은 온갖 압력으로 그를 주저 앉히고 말았다.

그러나 권성동 의원, 나경원 전 의원의 불출마로 끝난 게 아니다. 레이스 초반 한 자릿수에 불과했던 김 대표 지지율은 친윤계 지원에 힘입어 수직 상승했지만, 컷오프를 통과해 본선에 오른 안철수 의원이 만만찮은 후보로 부상했다. 윤 대통령이 안 후보를 향해 "국정운영의 방해꾼이자 적"이라 하는 등 파상 공세에 나서 '김기현 대표 만들기'에 올인하는 모습을 보였다.

결국 이날 김기현 후보는 1차 과반 득표율을 얻으며 당권을 거머쥐었다. 2년 임기 김 대표는 내년 총선을 지휘하는 막중한 임무를 맡게 됐지만, 온전히 당권을 거머쥐었는지는 미지수다. "지금까지 이런 대통령의 전당대회 개입은 없었다"고 할 만큼 윤 대통령에게 큰 빚을 진 셈이 된 당 대표이기 때문이다.

당장 유승민 전 의원은 3월 8일 밤 페이스북에 "지난 8개월 동안 윤석열 대통령은 자유롭고 공정한 경쟁을 말살하여 마침내 국민의힘을 대통령 1인이 독점하는 '윤석열 사당'으로 만들었다"고 날을 세웠다. 이어 그는 "오늘부터 공천 협박이 사실상 시작되고 민주정당의 건전한 경쟁과 비판의 목소리는 듣기 힘들 것"이라고 적었다.

국민의힘 3·8 전당대회 과정을 지켜보며 스쳐가는 생각은 또 한 편의 역대급 코미디다. 이미 한 말이지만, 문재인 정부의 윤석열 검찰총장이 국민의힘 대통령 후보로 발돋움한 것은 역대급 코미디였다. 박근혜 후보를 대통령으로 뽑았던 세력들이 정권을 되찾겠다고 똘똘 뭉친 기이한 조합인데, 윤석열 당선에서 보듯 어이없게도 그게 통했다.

그렇게 당선된 윤 대통령이 노골적인 당내 경선 개입을 통해 어대현(어차피 대표는 김기현)을 만들어냈으니 시리즈 제2탄의 역대급 코미디가 아니고 무엇이겠는가. 그 과정에서 윤 대통령은 자신의 당선에 큰 역할을 했던 이준석 당 대표를 "내부총질이나 하는" 사람이라며 쳐냈다. 극한의 '정치무상'이다. 아울러 너무 웃기는 '당심'이라 할만하다.

문제는 지금부터다. 2024총선 공천 과정에서 한바탕 피바람이 몰아칠 것이다. 윤 대통령 의도나 김 대표 다짐처럼 정치적 기반을 쌓고, 여소야대 정국을 바꿀지는 알 수 없다. 가령 박근혜 대통령 사례가 있다. 당시 박 대통령은 2016년 4·13 총선에 무리하게 개입, '진박 감별사'가 공천을 좌지우지했다. 여권은 분열했고, 총선 참패로 이어졌다.

지난 얘기지만, 대통령이 구속·수감까지 된 탄핵과 파면은 기본적으로 박근혜의 문제이다. 그럴망정 탄핵과 파면으로 인한 강제 퇴임 등 볼썽사나운 모습은 그를 대통령으로 선출한 당시 5060 세대 등 유권자들의 잘못 때문 안겪어도 될 '난리'였던 셈이다. 대통령의 임명 같은 선출로 만들어진 어대현을 보자니 절로 그런 생각이 든다. 뭐 저런 당이 다 있나 싶다고 할까.

〈2023. 3. 9.〉

뭐 저런 당이 다 있나1

아니나다를까 3·8 전당대회에서 김기현 후보가 국민의힘 신임 대표로 선출됐다. '아니나다를까'라고 한 것은 그동안 '어대현'(어차피 대표는 김기현)이란 말이 회자될 정도로 '짜고 치는 고스톱' 같은 분위기의 국민의힘 전당대회에서 윤 대통령이 팍팍 밀어준 김 후보가 당선된 것이라서다.

김 대표는 3월 9일 열린 첫 최고위원회의에서 "이번 지도부의 임무는 내년 총선 압승과 윤석열 정부의 성공"이라고 강조했지만, 그렇게 될지는 두고 볼 일이다. 먼저 전대 과정의 잡음에 대한 책임을 이른바 윤핵관(윤 대통령 측 핵심 관계자)이나 대통령실이 져야 단합을 이룰 수 있다는 지적이 나왔는데, 그게 쉽겠냐는 우려에서다.

가령 이재오 전 의원은 "장제원 의원 등 전대를 혼란시킨 이들은 총선 불출마 등 중요한 정치적 의사 표현을 해야 될 것"이라며 "대통령실도 당무개입 오해를 받은 것에 대해 사과 정도는 해야 한다"고 말했다. 책임과 사과에 인색하거나 오불관언인 정권의 행태로 볼 때 국민의힘 상임고문들의 희망사항에 불과한 조언일 뿐이란 생각이다.

반면 박지원 전 국정원장은 3월 9일 오전 CBS라디오 '뉴스쇼'에 출연해 국민의힘 3·8 전당대회를 가리켜 "완전한 '윤석열당'으로 재창당했다. 국민의힘은 윤석열의, 윤석열에 의한, 윤석열을 위한 당이 됐다"며 "(용산의 출장소장, 하부조직) 그렇게 됐다. (상향식 공천과 탕평은) 말로만 그런 것일 뿐 어렵다"고 전망했다.

이어서 그는 "국민의힘은 대통령한테 줄을 잘 서는 DNA가 세계에서 제일 발전돼 있다. 세계적 수준"이라며 "저러면 희망이 없는 것"이라고 단언했다. 또 "배지(현역 의원)가 배지를 지키려고 하는 그 욕망은 이루 표현할 수 없다"며 "이준석계는 보따리(신당)를 쌀텐데, (공천에서 탈락한 현역 의원) 그 사람들은 가만히 있겠느냐. 반드시 그렇게 (국민의힘 분당이) 된다"고 전망했다.

이런 주장 역시 더 두고 지켜볼 일이지만, 다소 의아한 게 있다. 컷오프를 통과하며 돌풍이란 평가를 받은 이준석계 '천아용인'(천하람·허은아·김용태·이기인 후보) 그 누구도 지도부에 입성하지 못한 사실이 그것이다. 2021년 6·11 전당대회에서 이준석 전 대표를 뽑았던 국민의힘은 온데간데 없이 사라져버리고 약 1년 9개월 만에 생판 다른 선택을 한 셈이다.

한겨레(2023.3.10.)에 따르면 국민의힘 안에서는 야당에서 여당으로 달라진 위상을 원인으로 꼽는다. 이준석 전 대표는 3월 9일 〈한겨레〉와 한 통화에서 "이제 여당이 됐으니까 이기는 쪽으로 밀어붙여야 한다는 기류가 있던 것"이라며 "결선투표로 가선 안 된다는 위기감이 김 후보의 득표율을 더 끌어올렸다"고 말했다.

야당땐 정권교체를 위해 '개혁보수'인 이 전 대표로 변화를 꾀했던 당심이, 여당이 된 뒤엔 윤석열 대통령을 엄호하는 '강성보수' 김 대표 지지로 바뀌었다는 분석이다. 한 초선 의원은 "집권 후에도 거대야당과 전쟁을 하는 중이다. 대통령에게 힘을 실어줄 당 대표가 필요하다는 목소리가 어마어마하게 강한 것"이라고 말했다.

바뀐 전대 규칙이 '천아용인' 전원 낙선에 영향을 줬다는 분석도 있다. 한 당 관계자는 "이준석 전 대표도 민심(일반 여론조사) 덕을 본 것일 뿐 당원들은 2년 전에도, 지금도 변함없이 보수색이 짙은 후보를 선택해왔다"며 "당원투표 100%로 제도가 바뀌어 당연히 이준석 계가 힘을 쓰지 못한 것"이라고 말했다.

나는 '다시 참 이상한 나라'(장세진 에세이 '뭐 저런 검찰총장이 다 있나' 수록)란 글에서 "또다시 국민의힘 윤석열 후보 대통령 당선으로 박근혜 탄핵·파면때와 같은 대가(代價)를 치를 수도 있겠구나 하는 생각에 이르러선 등골이 오싹해지기까지 한다. … 왜 다시 참 이상한 나라의 국민이고 유권자여야 하는지 너무 슬프다."고 개탄한 바 있다.

국민의힘 3·8 전당대회를 보며 그런 생각이 다시 도진다. 그들이 뽑은 윤 대통령은 "제왕적 대통령, 제왕적 총재 시절이 끝나고 각 정당이 전당대회에서 대표를 선출하기 시작한 뒤 처음 보는 모습이다. 이명박 박근혜 대통령과 정권 실세들도 전당대회에 이렇게까지 무리하게 개입하지는 않았다"(한겨레, 2023.2.9.)는 칼럼이 나왔을 정도다.

진중권 광운대 특임교수는 페이스북에 올린 글을 통해 "대통령이 개입해서 꼴등을 일등으로 바꿔놓는 것, 이게 당신들이 입에 달고 살던 '자유'냐, 이게 자유시장의 '공정'한 '경쟁'이냐"며 "아담 스미스가 그렇게 말하든 아니면 밀턴 프리드먼이 그렇게 가르치든"이라고 직격했다. "그 입으로 또 '자유'니 뭐니 떠들기만 해보라"며 "천하의 ××들"이라고 힐난하기도 했다.

뭐 저런 당이 다 있나 싶지만, 심상정 의원은 정의당 후보였던 지난 대선 정국에서 "문재인 정부의 최대 실책은 국민의힘을 다시 살려내고 윤석열을 제1야당 후보로 만든 것"이라고 말했다. 100% 맞는 말이다. 어느새 그렇게 만들어진 윤석열 대통령 당선 1년이다. 안 보거나 겪지 않아도 될 것들 천지인, 그래서 뭐 저런 당이 다 있나 싶은 국민의힘이다.

〈2023. 3. 11.〉

뭐 저런 당이 다 있나2

전여옥 전 새누리당(국민의힘 전신) 의원은 10월 8일 밤 자신의 블로그에서 "더 기막힌 것은 '청문회를 깨자'고 나선 국민의힘 위원들이었다. 민주당 여성 의원들 싸움에 어처구니없는 명분을 주고 말았다"며 "국민들 눈에 정말 꼴사나운 모습을 보여준 것이다. 청문회를 파행시킨 건 정도가 아닌 꼼수"라고 직격탄을 날렸다.

10월 5일 인사청문회에서 김행 후보자의 퇴장을 부추겨 파행이 빚어지게한 국민의힘을 비판한 것이다. 논란의 중심에 섰던 김 후보자는 결국 10월 12일 자진사퇴했다. '선당후사' 어쩌고 했지만, 김 후보자 자진사퇴는 강서구청장 선거 패배의 영향 때문으로 보인다. 또한 여당인 국민의힘 지도부에서 사실상 '사퇴 요구'를 한 점도 영향을 끼쳤다는 분석이다.

이철규 국민의힘 사무총장은 이날 오전 '대통령실이 김 후보자 지명을 철회하는 쪽으로 가닥을 잡았다'는 일부 언론 보도에 대해 "민의를 잘 받아들이는 게 정치 아니겠나"고 답했다. 11일 보궐선거에서 김태우 국민의힘 후보가 진교훈 당선자에게 참패한 결과를 여론의 뜻으로 수용해 무리한 인사 강행을 하지 말아야 한다는 뜻으로 해석됐다.

실제 국민의힘 지도부는 이날 최고위원회의에서 김 후보자의 사퇴 권고를 하기로 뜻을 모은 뒤 이를 대통령실에 전달한 것으로 알려졌다. 왜 진즉 '깜'이 안 되는 김태우 강서구청장 후보에 대해선 '전하, 아니 되옵니다' 하지 못했는지 개탄스러운 대목이다. 그렇다. 이번

보궐선거 패배는 국민의힘이 '윤석열당'임을 새삼 재인식케 하는 계기가 됐다.

"이번 선거에서 김기현 지도부에 책임을 물을 생각이 전혀 없다. 그 사람들은 권한이 전혀 없었다. … 당에서는 그저 선거운동 등 뒤치다꺼리 한 것뿐"이라는 유승민 전 의원의 지적을 곱씹어보게 되는 것도 그래서다. 국민의힘이 "윤 대통령 눈치를 보느라 보궐선거 원인 제공자를 다시 공천했다"는 비판에 휩싸이게 된 이유이기도 하다.

이번 강서구청장 보궐선거 패배에 대해 국민의힘은 12일 "당 체질 개선을 위해 노력하겠다"고 입장을 내놨다. 강민국 국민의힘 수석대변인은 이날 새벽 긴급하게 개최한 최고위원회의 직후 브리핑을 통해 "이번 강서 재보궐 선거를 통해 나타난 민의를 겸허히 수용하고 철저한 반성과 성찰로써 민생을 위해 더욱 더 노력하겠다"며 이같이 말했다.

국민의힘 김기현 대표는 강서구청장 보선 패배와 관련해 "우리 당은 보선에서 최선의 노력을 기울였지만 구민들의 선택을 받지 못했다. 그 결과를 존중하고 겸허하게 받아들여 성찰하며 더 분골쇄신하겠다"고 밝혔다. 윤재옥 원내대표도 "이번 선거는 전국 기초단체 중 한 곳에 불과하지만, 국민 전체의 민심이라 여기고 그 뜻을 잘 헤아려가겠다"고 말했다.

말들은 번드르하지만, 그렇게 될지는 미지수다. '뭐 저런 당이 다 있나'에서 이미 지적했듯 국민의힘이 그렇게 할 수 있는 자율적 역량을 갖고 있는 여당이 아니라서다. 국민의힘이 겸허히 수용하겠다는 '선거를 통해 나타난 민의'는 삼척동자도 알 수 있을 만큼 이미 답이 나와 있다. 내게는 국민의힘에서 최근 징계받은 이언주 전 의원의 주장이 확 와닿는다.

이 전 의원은 "보선 패배의 책임은 첫째 국정지지 획득에 실패하고 명분 없는 공천을 밀어붙인 대통령과 대통령실·정부에 있고, 둘째 그걸 바로잡지도 못하고 선을 긋지도 못한 채 앞장서 맹종한 당 지도부에 있으며, 셋째 문제의식이 없었거나 있어도 권력과 공천이 두려워 아무 말도 못 하고 끌려다닌 의원들과 핵심 당직자들에게 있다"고 주장했다.

이 전 의원은 "이런 원인들을 바로잡지 않으면 총선 과반은커녕 지금 의석 유지도 힘들다"며 "대통령의 인식이 바뀌거나, 당이 대통령과 다른 노선을 가지 못하면 희망이 없다"고 잘라 말했다. 그런데도 국민의힘은 제대로 짚은 이런 이 전 의원을 징계나 하고 있으니 더 말해 무엇하랴!

강서구 을에서 3선 의원을 지낸 김성태 전 의원은 13일 YTN라디오 '뉴스킹 박지훈입니다'에 출연해 "이게 국민의힘 당인지 정부 용산의 당인지 구분이 안 되면 안 된다"며 "내년 4월 총선은 당이 치르지 용산이나 정부가 치르는 선거가 아니다"라며 당지도부가 정신 바짝차려 정부와 협조할 건 하고 정책방향을 제시하는 등 앞장서는 모습을 보여야 한다고 역설했다.

대통령실과 당의 상명하복식 관계를 개선해야 한다는 말도 나왔다. 국민의힘의 한 수도권 의원은 "대통령실에서 잘못해 민심이 안 좋고, 방향 수정이 필요할 때 당대표가 대통령을 찾아가 이건 안 된다고 하고 대통령이 수용하는 등 역할 분담을 해야 하는데 그런 게 없다"며 어대현(어차피 대표는 김기현)의 국민의힘 민낯을 까발렸다.

사실이 그렇다. 윤 대통령은 3년 반쯤 지나면 물러나지만, 국민의힘은 아니다. 박근혜 탄핵으로 새누리당이 풍비박산났을 때도 역사 속으로 사라지지 않고, 존속을 이어왔다. 그 후유증으로 문재인 정부 검찰총장을 대통령 후보로 맞아들였고, 집권 여당이 되기에 이르렀다. 그런데도 대통령 눈치나 보며 스스로 존재가치를 깎아내리는 행보에 열을 올리고 있으니 뭐 저런 당이 다 있나 싶다.

〈2023. 9. 22.〉

뭐 저런 당이 다 있나3

11월 2일 국민의힘이 이철규 의원(강원 동해시·태백시·삼척시·정선군)을 인재영입위원장에 임명했다. 말인지 막걸리인지 모를 일이 또 벌어진 셈이라 할까. 이 의원이 친윤(친유석열) 핵심으로 꼽히는데다가 강서구청장 선거 결과에 대한 책임을 지고 물러난 국민의힘 전 사무총장이라서다. 이만희 새 사무총장에 이어 친윤이 총선 공천의 쌍두마차가 된 모양새다.

이 위원장은 10월 14일 서울 강서구청장 보궐선거에서 크게 패배하자 다른 임명직 당직자 전원과 함께 "당의 안정과 발전적 도약"을 위해 자리에서 물러났다. 이후 김기현 대표는 "당과 정부, 대통령실의 관계를 보다 건강하게 하겠다"며 '2기 지도부'를 꾸리는 한편 11월 23일에는 인요한 혁신위원회도 출범시켰다.

박정하 수석대변인은 기자들과 만나 이 위원장 인선 배경에 대해 "전직 사무총장으로 인재 영입 활동을 오래 해왔기에 업무 연속성을 감안했다"며 "당이 쉽지 않은 상황인데 총선에서 국민에게 감동을 주고 국회를 더 발전시킬 수 있는 분들을 영입하기 위한 불가피한 조치라고 이해해달라. 최종적으로는 인재 영입에 대한 결과로 여러분에게 평가받겠다"고 강조했다.

그러나 국민의힘으로선 이 의원이 불과 19일 만에 인재영입위원장으로 돌아온 것이라 사무총장 사퇴가 영화 '기생충'의 유명 대사처럼 '다 계획이 있었구나'라는 비아냥을 받아도 할 말이 없게 됐다. 국민의힘이 최고위원회 의결로 '회전문 인사'를 단행하자 당장 당내에서는 이 위원장 임명에 대한 비판이 터져나왔다.

가령 허은아 국민의힘 의원은 친윤(친유석열) 핵심으로 꼽히는 이철규 의원이 당 인재영입위원장에 임명된 데 대해 "기어이 '아내의 유혹'을 찍는다"며 비판했다. 신드롬을 일으키며 장안에 화제를 몰고 왔던 SBS 일일극 '아내의 유혹'(2008~2009)에서 구은재(장서희)가 얼굴에 점 하나 찍고 돌아온 내용을 빗댄 야유라 할 수 있다.

허 의원은 이날 페이스북에서 "점 하나 찍고 돌아온다고 국민이 믿어주겠느냐고 한 제 말을 이렇게 현실화하면 곤란하다"며 "결국 끝내 핵심 기득권은 놓지 못한 살찐 고양이의 몸부림"이라고 지적했다. 이어 "최근 방송에 나갈 때마다 지도부 교체가 능사는 아니라고 말씀드렸"는데 "이번 인사를 보니 김기현 대표가 내려와야 할 것 같다. 대통령에게 할 말 하겠다는 다짐은커녕 최소한의 국민 눈치도 못 보는 현실인식"이라고 질타했다.

허 의원과 함께 비윤(비윤석열)계로 통하는 김웅 국민의힘 의원도 페이스북에 글을 올려 "심기에 거슬리면 같은 당 의원도 내쫓겠다고 겁박하는 이철규 의원이 과연 어떤 인사를 영입하겠느냐. 시키는 대로만 하는 윤심 100% 인사만 영입하겠다는 것"이라고 썼다.

앞서 이 위원장이 사무총장 시절인 지난 8월 의원총회에서 "함께 항해하는데 멀쩡한 배에서 노를 거꾸로 젓고, 구멍이나 내는 승객은 승선할 수 없다"며 비윤계를 겨눈 일을 가리킨 것으로 볼 수 있다. 대놓고 의원들을 줄 세운 무소불위의 위력을 과시한 셈인 그 사무총장이 직접 인재까지 영입하는 책임자가 된 것이다.

김 의원은 "무엇보다 강서구청장 선거 결과에 대한 책임을 지고 임명직 당직자를 물러나게 한 게 불과 2주 전이다. 이 의원은 가장 중요한 당직 사무총장을 맡고 있었다"며 "선거 패배 책임을 지고 물러난 이 의원을 보름 만에 인재영입위원장으로 올린다는 건 유권자 우롱"이라고 직격했다. 나도 '유권자 우롱'이란 지적에 흔쾌히 동의한다.

이준석 전 대표도 자신의 SNS에 "인선 보고 대부분 그저 오만과 편견에 갇혀 있다고 생각할 것"이라고 비판했다. 이 전 대표는 "임명직 당직자 사퇴한다더니 다시 슬그머니 한 달도 안 돼서 들어오는 것을 보니 세 가지다"라고 지적했다. "1. 사람이 없군 2. 먹고 살 만해졌다고 생각하나 보군 3. 역시 노답"이라면서 이철규 의원의 인선에 대해 비판을 가했다.

또한 "총선 앞두고 잘 준비해서 여당 프리미엄으로 꽃가루를 날리고 폭죽을 터뜨려도 모자랄 판에 고춧가루를 날리고 있다"고 직격했다. 신인규 민심동행 창당준비위원장은 CBS 박재홍의 한판승부에서 "앞으로는 더 상상을 뛰어넘는 일들이 국민의힘에서 펼쳐질 것"이라고 주장했다. 또 어떤 '저런 당이 다 있나' 하는 탄식이 터져나올지 벌써부터 걱정이 앞선다.

신 위원장은 "제가 봤을 때 국민의힘의 가장 큰 문제는 뭐냐 하면 윤석열 대통령의 당 장악이다"라고 비판했다. 이어 "그 당 사유화에 대해서 당이 대통령에게 경고장을 날리지 못하고 또 실제로 대통령의 움직임에 대해서 방어를 하지 못한다면 저는 국민의힘이 통합이나 희생이라는 것을 백 번 말해도 아무 의미가 없다"고 지적했다.

김정화 전 대통령직인수위원회 기획·조정분과 상임자문위원은 "민심의 경고를 제대로 파악한 것인가"라고 따졌다. "회전문도 이렇게 빨리 돌진 않는다. 말뿐인 변화와 쇄신. 상식 밖의 인사"라며 "국민들이 신뢰할 수 있겠는가"라고 반문했다. 아울러 "용산에 맞출 주파수, 민심에 주파수를 맞춰라. 용산엔 민감, 민심엔 둔감. 그러니 국민은 반감 아닌가"라고 맹공을 퍼부었다.

〈2023. 11. 5.〉

제3부

어통령
전북문화관광재단에 유감
사상 최초의 장관 탄핵안 가결
뉴스 메이커 최고위원들
충격적인 대통령의 일본관
그렇디고 저서를 기증히리고 히나
국민특검의 구속·기소
왜 도서관을 건드리나
뭐 저런 장관이 다 있나1
뭐 저런 장관이 다 있나2
미치고 팔짝 뛸 쪼잔한 정권
새만금 저격수 고발은 당연
중단하라 새만금 죽이기
선을 넘어도 한참 넘은 일개 장관1
선을 넘어도 한참 넘은 일개 장관2
선을 넘어도 한참 넘은 일개 장관3
국민의힘은 전북을 버렸다

어통령

칼럼 '국민 사표내고 싶어'(전북연합신문, 2016.11.30.)는 검찰 및 특검조사를 받은 헌정사상 최초의 현직 대통령이라는 역사를 새로 쓴 박근혜 정권 시절 쓴 글이다. 2012년 대선에서 박근혜 후보를 대통령으로 뽑은 1,577만 3,128명은 무엇에 단단히 씌었거나 홀렸던 게 아닌가 하는 의구심을 떨쳐낼 길이 없다고 썼다.

또 도저히 일국의 대통령이라 할 수 없는 온갖 악행과 추문들이 화수분처럼 솟구치는 박근혜 후보를 어떻게 뽑을 수 있었는지 개탄하고 있다. 어느 것 하나 억장이 무너지지 않는 게 없지만, 특히 그 '찌질함'은 압권이라 할만하다. 과연 일국의 대통령으로서 할 수 있는 일이 맞을까 하는 의구심이 떠나지 않는, 참으로 찌질하고 쪼잔한 내용들을 적시했음은 물론이다.

문화예술인 블랙리스트가 하이라이트라 할만하지만, 가령 정부에 비판적인 글을 쓰거나 성명서에 이름 한 줄 올린 사례까지 샅샅이 훑어 배제한다는 것이 공공연한 비밀로 알려진 국립대학교 총장 임명 거부라든가 CJ그룹에 대한 과징금 부과 및 이미경 부회장 퇴진 압력 등이 그렇다. 피고인 최순실 딸 정유라의 승마대회 성적을 둘러싼 대통령 대응도 있다.

문체부 조사에서 최씨와 승마협회쪽 모두 문제가 있는 것으로 보고서를 올린 국·과장 등을 "나쁜 사람"이니 "아직도 그 사람이 있어요?"라며 애먼 공무원을 몰아낸 대통령이니 더 말할게 뭐 있으랴. 정유라 친구 부모 기업까지 챙겨주느라 사기업인 현대자동차에 청탁을 한 것으로 전해지기도 했다. 진짜 대한민국 국민을 사표내고 싶은 나날이라고 끝을 맺었다.

본의 아니게 어통령 시대를 살게 되면서 다시 대한민국 국민을 사표내고 싶은 생각이 치밀어 오른다. 어통령은 '어쩌다 대통령'을 줄인 말이다. 한겨레 칼럼 '어쩌다 대통령의 시대'(2022.3.30.) 첫 문장은 이렇게 시작한다. "윤석열 대통령 당선자가 어쩌다 대통령이 된 '어통령'이라는 건 주지의 사실이다"라고.

글쓴이 손원재 논설위원은 이어 조선일보 '김대중 칼럼'(2022.3.22.)이 "그야말로 '어쩌다' 대통령이 된 사람"이라고 했다는 말도 덧붙인다. 윤 당선자 스스로도 누누이 "국민이 불러냈다"는 말로 어쩌다 대선에 나선 상황을 설명했다는 말과 함께다. 그런데 '김대중 칼럼'을 읽어보니 덕담 차원에서 한 말로 보인다.

"하지만 윤 당선인에게도 '무기'는 있다. 엄밀히 말해 윤석열은 정치인이 아니다. 정당인도 아니다. 체질이 다르다. 그야말로 '어쩌다' 대통령이 된 사람이다. 그래서 그는 잃을 것이 없다. 제도와 법이 허용하는 한, 소신대로 대통령 노릇 하고 물러가면 된다. 부담 없이 '윤석열다운 정치'를 한번 해보는 것이"라 끝맺고 있어서다.

논조가 정반대인 두 신문의 대통령 당선자에 대한 시각차가 확연히 드러나지만, 손 논설위원은 "'어통령'이 됐다는 건 윤 당선자가 대통령에게 요구되는 자질과 능력을 인정받아 당선된 건 아니라는 얘기이기도 하다. 그가 국정 운영을 잘할 거라고 믿어서 지지한 국민이 많지 않다는 것이"라 규정하고 있다.

나아가 윤 후보 지지층의 64.8%가 지지 이유로 '정권교체를 위해서'를 꼽았음을 들며 확실히 못박았다. "1차적으로 강경 보수층의 정권 탈환 욕망이 그를 유력 대선 주자로 띄워 올렸고, 여기에 현 정부의 집값 폭등과 세금 인상, '내로남불'에 성난 민심이 가세해 어쩌다 '윤석열 대통령'을 만들어냈다고 볼 수 있다"고.

손 논설위원은 "준비되지 않은 '어쩌다 대통령'이 탄생했다는 사실 자체가 그를 지지하지 않은 국민은 물론 그에게 투표한 지지층마저도 당황스럽게 만들고 있는 것"이란 지적도 했는데, 문제는 그 다음이다. 취임 10개월을 향해가고 있는데도 윤 대통령이 '어통령 본색'에서 화끈하게 벗어나지 못하고 있어서다.

어쩌다 대통령이 되었어도 남부럽지 않게 대통령직을 수행하면 불거진 이런저런 문제가 대부분 묻힐텐데 그게 아니다. 오히려 김대중 칼럼에서 말한 '윤석열다운 정치'만 난무하고 있다 해도 과언이 아니다. 탄핵당한 박근혜 전 대통령처럼 새 역사를 쓰고 있는 윤석열 대통령을 보는 것은 되게 괴로운 일이다.

하긴 나로선 박근혜 정권에서 한직으로 좌천됐다가 문재인 정부서 서울중앙지검장에 이어 검찰총장을 지낸 검사 윤석열이 국민의힘 후보로 대통령이 된 그 자체가 지금까지도 믿어지지 않는다. 자신을 알아봐준 임명권자 문재인 대통령에 대한 결초보은은커녕 오히려 지난 정부 때리기에 급급하니 이런 배은망덕이 어디에 또 있을까 싶다.

문재인 정부에서 검찰총장을 해놓고 어떻게 그럴 수 있는지, 내가 지닌 상식으로는 도저히 용납이 안된다. '배신 때리기'가 회심의 한 방이고 신의 한 수였다니 너무 비정한 정치판이다. 어쨌든 그런 욕망으로 대통령이 되었으면 모든 국민을 위해 잘해야 맞는데, 어통령에서 벗어나지 못하고 있으니 어찌해야 할지 참담할 따름이다.

〈전북연합신문, 2023.3.14.〉

전북문화관광재단에 유감

　3월 10일 전라북도문화관광재단(전북문화관광재단)이 '2023지역문화예술육성지원사업' 선정 명단을 발표했다. 당초 2월중 하기로 공지됐던 것보다 열흘 이상 늦어진 발표다. 재단 측은 심의결과 발표 일정이 연기된 것에 대해 2월 말까지 끝내려 했지만 지원자가 많고 심사에 어려움이 있어 계획이 미뤄졌다는 설명을 내놓았다.
　류상록 재단 문화예술진흥본부장이 "지난해의 경우 4월에 공모 선정 결과를 발표해 올해 3주의 기간이 단축되긴 했지만 약속한 기간을 지키지 못한 점에 대해 죄송스럽다"(전북일보, 2023.3.10.)고 말했지만, 오히려 전에 없던 때늦은 신년인사회니 한창 바쁠 때 이루어진 조직개편도 그 이유의 하나가 아닐까 싶다.
　지원자가 많아 심사 결과가 하루 이틀도 아니고 최소 10일이나 늦어졌다는 건 말이 안된다. 왜 그랬는지 모르겠지만, 지난해의 경우 공모 일정 자체가 여느해와 다르게 늦어졌다. 지원신청은 총 1,156건으로 올해 1,125건보다 많았다. 그런데도 이런 지연 발표는 없었던 것으로 기억한다.
　아무튼 발표에 따르면 2023지원신청 총 1,125건중 341건만 선정됐다. 30.31%에 불과한 선정률이다. 이는 지난해 선정된 452건에 비해 111건이나 줄어든 수치다. 또한 2022년 39.1%, 2021년 44.65% 선정률보다 대폭 줄어들었다. 문학의 경우 290건 신청에 93건만 선정됐다. 문학만 따져봐도 지난해 124건에서 31건이나 줄어든 것임을 알 수 있다.

지난해보다 더 많은 탈락이 이루어진 것은, 애써 이해자자면 창작집·문예지발간지원액이 각 200만 원에서 300만원으로 상향한 영향이 커보인다. 이럴 줄 모른 채 그걸 보고 환영의 박수를 보냈는데, 예산 증액은 없이 지난해와 똑같은 16억 5천만 원 범위에서 한 선정이라 그런 결과로 이어졌지 싶다.

대거 탈락이란 '칼질'의 부작용은, 재단측은 부인하겠지만 지원자 우롱이라 할 수 있다. 최소 지원금액이 너무 적다는 여론이 있어 상향했다지만, 지난해보다 훨씬 많이 탈락할 지원자들의 원성을 전혀 고려하지 않은 낯내기식 지원책이라 아니할 수 없다. 말할 나위 없이 예산은 그대로인 채 시행한 것이어서다.

지난해 4월 소재호 전북예총 회장을 비롯한 임원들은 재단 앞에서 집회 시위를 열고 "보다 많은 예술인들이 혜택을 볼 수 있도록 개인 수혜보다 단체를 우선적으로 선정해 줄 것과 차수가 있는 계속사업은 우선적으로 지원해 달라는 요구를 여러 번 했으나 무시됐다"면서 심사의 공정성 문제를 거론하며 규탄 성명서를 발표한 바 있다.

나아지긴커녕 이번엔 예년보다 더 많은 지원자들로부터 원성을 사게된 2023지역문화예술육성지원사업이 됐다. 갈수록 조금씩이나마 예산을 늘려 선정률을 올려야 맞을 것 같은데 이전보다 훨씬 많은 탈락자를 '양산'한 건 좋은 문화예술 행정이 아니라는 점에서 되게 유감스럽다.

내가 지원신청한 창작집 발간(개인)·문예지발간(단체) 두 건도 모두 탈락했다. 지난해 문예지발간지원 탈락(창작집 발간은 휴식년제에 걸려 아예 지원신청을 못했다.)때는 그러려니 하고 넘어갔는데, 올해는 그게 아니다. 도대체 왜 두 건 모두 탈락했는지 얼른 수긍이 안돼서다. 총 52권의 책을 펴낸 나만큼 창작활동을 열심히 하는 도내 문인이 또 있나 할 정도인 내가 왜 탈락한 것인지 궁금해 미칠 지경이다.

'심사평'이란 걸 읽어봐도 하나마나한 얘기일 뿐 왜 떨어진 것인지 썩 공감가는 내용이 없다. 특히 문예지발간('교원문학' 8호)의 경우 2년 연속 탈락한 이유가 뭔지 모르겠다. 2020년과 2021년에 지원받았으되 코로나19 여파로 추가 실시한 '재난극복지원사업' 선정이었던 걸 감안하면 4년 연속 탈락인 셈이다.

일부 동인회지들은 연속 선정된 걸 볼 수 있는데, 그 기준 등 이유가 뭔지 역시 모르겠다. 또 의아한 점도 있다. 바로 가산점 제도다. 특히 도내 8개 군 단위 지역 가산점 부여(2.5점)가 왜 있는 것인지 납득이 안된다. 가산점 제도 때문 두 개 모두 탈락한 것인지 정확히 알 수 없지만, 전주에 살면서 시나 전주문화재단으로부터 아무런 지원도 받지 못하는 대다수 지원자들에겐 역차별이나 다름없다.

그리고 '휴식년제'는 보다 많은 이들에게 기회가 돌아가도록 하기 위한 규정으로 보이지만, 썩 이해되지 않는 제약이라 할 수 있다. 개인예술가에게 너무 열심히 창작하지 말라는 것이나 다름없는 나쁜 조항이라서다. 어차피 30%대의 턱없이 낮은 선정률인데, 아예 지원신청조차 못하게 자격을 박탈하는 건 썩 이해되지 않는 제약이라 할 수 있다.

나로선 탈락에 의구심이 생기는 게 하나 더 있다. 설마 "특히 전남 신안 출신으로 10월 7일 임명된 이경윤 전라북도문화관광재단 대표이사의 경우 너무 의아하고, 그렇게 사람이 없나 하는 탄식을 자아내게 한다"는 내용의 '전북엔 그렇게 사람이 없나'(전북도민일보, 2022.11.9.)란 글 때문 탈락한 것이 아니었길 바란다.

〈전북연합신문, 2023.3.28.〉

사상 최초의 장관 탄핵안 가결

　지난 2월 8일 이상민 행정안전부 장관 탄핵소추안(탄핵안)이 국회에서 가결됐다. 국회는 이날 오후 본회의에서 더불어민주당과 정의당, 기본소득당 등 야3당이 이태원참사 책임을 물어 발의한 이상민 행정안전부 장관 탄핵소추안을 무기명 표결에 부쳐 재석의원 293명 중 찬성 179명, 반대 109명, 무효 5명으로 통과시켰다.
　국무위원 탄핵소추안은 재적 의원 과반(150명)이 찬성하면 의결된다. 국무위원 탄핵안이 국회 문턱을 넘은 것은 75년 헌정사상 처음이다. 2022년 10월 29일 이태원참사가 발생한 지 102일 만이다. 집권여당인 국민의힘 의원들은 표결엔 참여했으나, 본회의장 안에서 '거대야당 슈퍼갑질 협박정치 중단하라' 등을 적은 손팻말을 들고 강하게 항의했다.
　탄핵소추 의결서가 행정안전부와 헌법재판소 등에 송달되면서 이 장관의 직무상 권한은 정지됐다. 국회법 134조 2항은 "임명권자는 소추된 사람의 사직원을 접수하거나, 소추된 사람을 해임할 수 없다"고 돼 있다. 이 장관이 자진사퇴하거나 윤석열 대통령이 그를 해임하는 것은 불가능하다는 얘기다. 장관이 없는 행정안전부가 된 것이다.
　이 장관은 탄핵안 가결 직후 입장문을 통해 "국민이 국회에 위임한 권한은 그 취지에 맞게 행사돼야 한다"며 "헌법재판소 탄핵심판에 성실히 임해 빠른 시일 내에 행안부가 정상화될 수 있도록 최선을 다하겠다"고 밝혔다. 이 장관은 대정부질문 참석을 위해 국회 내 국무위원 대기실에 머무르면서 탄핵안 가결을 지켜봤고, 그 직후 국회를 떠난 것으로 전해졌다.

대통령실은 이 장관 탄핵안이 국회 본회의를 통과한 지 20여분 만에 "의회주의 포기"라며 "의정사에 부끄러운 역사로 기록될 것"이라는 짧막한 입장을 내놨다. 이 장관 탄핵소추를 거대 야당의 잘못된 '정치적 공세'로 보는 대통령실의 시각을 엿볼 수 있다. '의회주의 포기'란 말에 대한 대통령실 관계자 말을 들어보니 그렇다.

대통령실 관계자는 "헌법과 법률을 어겼을 때 해당하는 국무위원 탄핵 요건에 이 장관이 해당하지 않는데도, (민주당 등 야당이) 다수의 폭력으로 감정적으로 밀고 나간 점을 지적한 것"이라고 말한다. "탄핵소추로 인한 이 장관 직무 정지로 벌어질 국정 공백을 최소화하기 위해 헌법재판소가 빠른 판단, 양심적 평결을 해주길 기다릴 뿐"이라고 말했다.

2022년 11월 7일 열린 국가안전시스템 점검회의에서 안전 주무 부처 책임자인 이 장관 경질론을 겨냥해 "엄연히 책임이라고 하는 것은 있는 사람에게 딱딱 물어야 하는 것이지, 그냥 막연하게 다 책임지라 하는 것은 현대사회에서 있을 수 없는 이야기"라며 이 장관을 감싼 윤 대통령은 머쓱하게 되었다. 윤 대통령은 탄핵안 통과에 대한 직접적인 발언을 내놓진 않았다.

당시 정진석 국민의힘 비상대책위원장은 "헌정사에 씻을 수 없는 오점을 남기는 반헌법적 폭거이자 의회주의 파괴"라고 말했다. 주호영 국민의힘 원내대표는 탄핵소추안이 가결된 뒤 "(헌재에서) 탄핵이 기각되면 민주당은 전적으로 책임져야 한다"며 "내년 선거에서 국민들이 민주당의 이러한 행태에 다수 의석을 가지고 어떤 일을 하는지 분명히 심판할 것"이라고 말했다.

반면 박홍근 민주당 원내대표는 "윤석열 정권은 책임 회피로 일관하며 국민 앞에 답을 내놓지 않았다"며 "야3당은 헌법과 국회법에 따라 탄핵소추안을 가결한 것"이라고 말했다. 도대체 무엇이 '헌정사에 씻을 수 없는 오점'인지 모를 일이다. 오히려 159명의 애먼 생목숨이 끊어진 참사에도 주무 장관이 책임지고 물러나지 않는 게 '헌정사에 씻을 수 없는 오점' 아닌가?

주 원내대표 말처럼 만약 헌법재판소에서 탄핵안이 기각돼도 민주당이 전적으로 책임질 일은 아니다. 유가족들의 한(恨)을 풀어주는 야당으로서의 소임을 다한 것이라서다. 또한 탄핵안 기각이 내년에 있을 총선의 문제는 아니다. 이야말로 여당인 국민의힘이 국가적 참사를 정쟁의 도구로 삼거나 정쟁으로 이용하는 정치적 공세가 아닐 수 없다.

헌법재판소는 과거 노무현 대통령 탄핵심판에서 '중대한 헌법·법률 위반'이 있어야 한다는 기준을 제시하면서 대통령이 아닌 공무원에 대해서는 "상대적으로 경미한 법 위반으로도 파면될 수 있다"고 밝힌 바 있다. 이제 공은 헌법재판소로 넘어갔다. 헌법재판소는 최장 180일 안에 결론을 내야 한다. 탄핵안이 인용되려면 재판관 9명 중 6명 이상의 동의가 필요하다.

국회 내 민주당 원내대표실에서 탄핵안 통과를 지켜본 이태원참사 유가족들은 "국회가 역할을 해준 것에 감사하다"고 밝혔다. 이종철 유가족협의회 대표는 "대통령이 이 장관을 파면했다면 이렇게 복잡한 절차를 거치지 않아도 됐을 것"이라며 "헌법재판소에서 어떠한 판단을 내리는지도 유가족들이 두 눈을 부릅뜨고 지켜볼 것"이라고 말했다.

　할 일이 태산인 국회가 왜 국무위원 탄핵안을 발의하고, 사상 최초로 통과까지 시켰는지 이 장관 본인은 물론 대통령과 집권여당은 모르는 모양이다. 159명의 애먼 생목숨이 끊어진 참사가 벌어졌는데도 국민의 생명과 재산을 지켜야 할 책무가 주어진 대통령·장관 등 누구 하나 책임지지 않아서 급기야 탄핵안이 발의되고 통과된 것임을 되새겨본다.

〈전북연합신문, 2023.4.4.〉

뉴스 메이커 최고위원들

넥스트리서치가 4월 8~9일 SBS 의뢰로 전국 만 18세 이상 남녀 1,002명을 대상으로 진행한 여론조사를 보면 22대 총선 선호도 문항에서 '정권견제를 위해 야당 후보를 뽑겠다'는 답변이 49.9%로 나타났다. '국정안정을 위해 여당 후보를 뽑겠다'는 응답은 36.9%다. 오차범위(95% 신뢰수준에 표본 오차 ±3.1%포인트) 이상인 13%포인트 격차를 보였다.

'모름·무응답'은 13.2%다. 그냥 하나의 여론조사일 뿐이지만, 유승민 전 의원은 이에 대해 4월 11일 CBS 라디오 '박재홍의 한판승부'에 출연, "김기현 대표 취임하고 국민의힘 지지도가 계속 내려가고 대통령 지지도도 내려가는 상황"이라고 지적했다.

유 전 의원은 "지난해부터 당을 100% 장악하려고 전당대회 룰을 바꾸고 이 사람, 저 사람 주저앉히고 그러지 않았나"라며 "(이것이) 대통령의 의중에 따라 벌어진 일"이라고 주장했다. 그러면서 "(당 지도부인) 최고위원들이 실언을 했다. 5·18 관련, 전광훈 목사 관련, 밥 한 공기 관련, 4·3 관련 실언을 했다는데 그럴 사람들인 줄 모르고 뽑았냐"라며 반문하기도 했다.

유 전 의원은 "이렇게 만든 건 윤석열 대통령 책임"이라고 강조했다. 또 "이렇게 가면 총선 참패이고 윤석열 정부 5년 내내 식물 정부"라며 "누구든 적극적으로 대통령을 설득해야 한다. 대통령이 고집을 꺾고 더 다양한 사람들을 끌어들이고 총선 후보들도 대통령과 가까운 검사들만 내면 안 되고 정말 좋은 사람을 내자고 해야 한다"고 말했다.

내년 4월 총선에 대해 "윤 대통령 지지도가 지금처럼 30%에서 왔다 갔다 하고 여론조사에서 보듯 야당 뽑겠다는 국민이 훨씬 많고 이 상태가 지속 되면 당이 대안이 있어야 한다"는 주장도 했다. 자신이 소속된 당을 위한 고언(苦言)으로 보이는데, 유 전 의원의 지적대로 국민의힘이 변화된 모습을 보일 지는 미지수다.

나는 지난 3·8 전당대회에서 '어대현'(어차피 대표는 김기현)으로 회자되던 김기현 후보가 국민의힘 신임 대표로 선출되는 걸 보고 '뭐 저런 당이 다 있나'라며 이미 개탄한 바 있다. 그런 나로서는 '정권견제를 위해 야당 후보를 뽑겠다'는 49.9%의 여론조사 답변이 유의미하게 다가온다. 여기서 특히 주목하는 것은 뉴스 메이커로 떠오른 최고위원들이다.

먼저 김재원 최고위원은 4월 4일 제주 4·3을 두고 "격이 낮은 기념일"이라고 말해 또다시 논란을 자초했다. KBS 라디오 인터뷰에서 윤석열 대통령이 제주 4·3희생자 추념식에 불참한 것을 옹호하며 "대통령이 보통 3·1절과 광복절(기념식) 정도 참석하는데, 4·3 기념일은 이보다 조금 격이 낮은 기념일 내지는 추모일"이라고 주장했다. 이어 야당을 겨냥해 "무조건 대통령이 참석하지 않은 것을 공격해 대는 자세는 맞지 않다"고 덧붙였지만, '격이 낮은 기념일' 발언을 두고 당내에서는 비판이 이어졌다. 김기현 국민의힘 대표는 김 위원의 발언에 유감을 표하며 "응분의 책임을 묻고 당 기강을 바로 세워나가겠다"고 했다. 홍준표 대구시장과 친이준석계도 가세했다.

홍 시장은 자신의 페이스북에 김 최고위원과 당 지도부를 향해 "입만 열면 실언하는 사람을 징계는 못 하더라도 최고위 출석정지, 언론·방송 출연 정지라도 시켜라"라며 "(김 위원이) 실언한 지 며칠 지났다고 또 방송에 나와 떠들게 하고 있나. 그것도 안 하면 당 지도부 무용론이 나올 수도 있다"고 밝혔다.

친이준석계 허은아 의원도 페이스북에 글을 올려 "국민 일반의 마음에서 벗어나 내년 총선 필패의 길로 달려가는 이유가 무엇인가"라며 "(김재원 최고위원은) 여당의 최고위원으로 부끄러운 줄 아셔라. 제발 국민 눈치 좀 살피라"고 꼬집었다. 이에 김 최고위원은 페이스북을 통해 "더 이상 이를(논란을) 피하기 위해 당분간 공개 활동을 모두 중단하겠다"고 했다.

앞에서 '또다시 논란을 자초했다'라고 말한 것은 김 최고위원이 지난달 극우 성향인 전광훈 목사의 사랑제일교회 예배에 참석해 '5·18 정신 헌법 수록' 반대 의사를 밝힌데 이어 미국 강연에서 '전 목사가 우파진영을 천하통일했다' 등의 발언을 해 뉴스 메이커가 된 바 있어서다. 정치인들로선 좋은 쪽 뉴스에 자주 나오길 희망하겠지만, 정반대 노출이 이루어진 것이다.

태영호 최고위원의 경우 지난 2월 전당대회 과정에서 "제주 4·3은 북한 김일성 지시로 촉발했다"고 주장했다. 최근 그 망언을 재차 거론하며 사실상 사과할 뜻이 없다고 밝혀 논란의 중심에 섰다. 문제는 그 망언이 촉매제가 돼 4·3 폄훼 현수막에 이어 지난 75주년 행사장에서 '서북청년단' 집회 소동까지 벌어지자 4·3유가족들이 "가슴이 찢어진다"고 토로한 데 있다.

더 큰 문제는 집권 여당의 지도부 일원인 최고위원이 유족들 가슴에 대못을 박고 있다는 점이다. 국민의힘 당원들은 그러라고 태영호 후보를 최고위원에 당선시킨 것인가? "그럴 사람들인 줄 모르고 뽑았냐"라는 유 전 의원의 반문이 쏙 와닿는다. 그 한심함이야 하늘을 찌르지만, 조수진 최고위원의 '밥 한 공기 다 비우기' 논란이 애교에 가까워 보일 만큼 나쁜 뉴스다.

〈전북연합신문, 2023.4.18.〉

충격적인 대통령의 일본관

 좀 지나간 얘기지만 104주년 3·1절, 태극기 내걸고 걷는 하루를 보내며 이런저런 생각에 잠긴 바 있다. 먼저 윤석열 대통령은 '104주년 3·1절 기념식'에서 "3·1운동 이후 한 세기가 지난 지금 일본은 과거의 군국주의 침략자에서 우리와 보편적 가치를 공유하고 안보와 경제, 글로벌 어젠다에서 협력하는 협력 파트너로 변했다"고 말했다.
 우선 생각해볼 것은 지금까지도 대통령조차 버젓이 '3·1운동'이라 말하고 있는 점이다. 사실은 오래 전부터 '3·1운동'이란 표현이 마치 목에 가시가 걸린 듯했다. 일본제국주의의 총칼에 귀한 생목숨 잃어가며 독립만세를 외치고 피눈물을 토해냈는데, 그것이 어떻게 운동이란 말인가?
 운동은 "사람이 몸을 단련하거나 건강을 위해 몸을 움직이는 일"이다. 물론 운동은 "어떤 목적을 이루기 위해 분주히 돌아다니며 조직적으로 활동하는 일"이란 뜻도 갖고 있다. 그럴망정 아무래도 운동은 건강을 위해 하는 것이란 생각이 더 많지 싶다. 많은 이들에게 그렇게 각인되어 있다는 것이 나의 판단이다.
 사실 3·1운동이란 용어에 대한 부당성 제기는 꾸준히 있어왔다. '3·1독립만세시위라 부르자'(조선일보, 2017.3.2.)는 칼럼에서 비교적 소상하게 살펴봤듯 대개 '3·1혁명', '3·1항쟁'이어야 한다는 주장이다. 3·1운동으로 격하 내지 폄하된 것은 1948년 대한민국 정부 수립 과정에서다. 유진오가 마련한 초안에 들어 있는 "3·1혁명의 위대한 독립정신을 계승하여"의 '3·1혁명'을 '기미 3·1운동'

으로 깎아내려 오늘에 이르게 된 것이다.

그런 내력을 알아 그랬는지 알 수 없으나 한일역사정의평화행동과 6·15남측위원회 주최로 열린 '104주년 3·1절 범국민대회'에 참석한 이재명 민주당 대표는 "오늘은 104년째 맞는 3·1혁명 기념의 날"이라며 "우리 선배들이 목숨과 피를 바쳐 만들고자 한 나라, 자유롭고 평등하고 진정으로 독립된 나라를 우리의 손으로 만들어가자"고 말했다.

또한 그런 내용을 알아서 그런 것인지 알 수 없으나 소설가 이문열은 그의 장편소설 '우리가 행복해지기까지'(1984년)에서 3·1운동을 '제1차 수복전쟁', '기미평화전쟁'이라 명명한 바 있다. 김원일 소설가 역시 대하소설 '늘 푸른 소나무'(전 9권, 1993년)에서 3·1운동을 '3·1민족해방만세시위'라 표현했다.

운동과 혁명이란 정의가 지금도 친일파의 세력이 만만치 않은 이 땅에서 정쟁 대상이 된다면 아무런 윤색 없이 있었던 그대로인 '3·1독립만세시위'라 하면 어떨까, 하는 게 나의 생각이다. 아무래도 '3·1독만시'로 줄여 표기하는 건 낯설고 어색하다. 혹 너무 길면 '3·1만세시위'도 차선책이 될 수 있다는 생각이다.

또 하나 생각은 많은 국민들과 동떨어져 보이는 대통령의 일본관이다. 위에서 보듯 윤 대통령은 일본이 "군국주의 침략자에서 우리와 … 협력 파트너로 변했다"고 했지만, 내가 보기엔 아니다. 대통령의 일본과의 관계개선을 바라는 희망사항일 뿐이다. 협력해가며 사이좋게 지내야 할 이웃 나라이긴 하지만, 일본과의 역대급 나쁜 관계의 본질은 따로 있다.

일본은 자기네 땅이라 주장하는 독도라든가 강제동원한 적 없다고 우기는 위안부 문제 등 자신들이 저지른 침략전쟁의 역사마저 부정한다. 이미 인정했던 사실과 했던 사과조차 번복하는, 기본이 안된 나라다. 과거 군국주의·제국주의의 망령에서 벗어나지 못하고 있는 '원시 국가'다. 일본은 독일과 다르게 전쟁범죄를 인정하지 않는 '전범국가 미청산' 나라이다.

우리 대법원이 일본제철·미쓰비시중공업 등 일본 전범기업 2곳에 각각 강제동원 피해자 15명에게 1인당 1억 원 또는 1억 5천만 원의 배상금을 지급하라고 판결한 것은 2018년 10월이다. 이에 대해 일본은 경제보복을 자행했다. 그것에 맞서 각종 일제(日製) 상품 불매운동과 시위가 벌어졌다. 심지어 국민 70%가 2020도쿄올림픽 보이콧에 찬성한다는 여론조사 발표도 있었다.

104주년 3·1절에 민주노총과 한국노총은 서울 용산역 강제징용 노동자상 앞에서 기자회견을 열고 "일제 징용 피해자에 대한 일본 기업의 배상 책임을 담은 2018년 대법원 판결로 역사 정의 실현의 큰 걸음을 내디뎠지만, 일본 정부는 국제법 위반을 주장하며 적반하장으로 무역보복을 하고 피해자에게 2중, 3중의 고통을 가하고 있다"고 지적했다.

그런데도 윤 대통령은 앞에서 이미 말한 것처럼 협력하는 파트너 운운했다. 일본의 진정한 사과를 원하는 당사자 의견이 묵살된 '일제 강제동원 피해자 해법'을 내놓더니 다시 억장 무너지는 소리를, 그것도 104주년 3·1절 기념식에서 대통령이 하고 있다.

일본의 과거사 반성이나 사과에 대한 언급이 전혀 없는 것도 그렇지만, "세계사의 변화에 제대로 준비하지 못해 국권을 상실했다"는 등 식민사관적 역사인식을 드러낸 것 역시 너무 충격적이다. 하필 104주년 3·1절에 갈수록 대통령 잘못 뽑은 대가(代價)를 치러야 하나 생각하니 너무 끔찍하다. 이 또한 그야말로 미치고 팔짝 뛸 일이다.

〈전북연합신문, 2023.7.6.〉

그렇다고 저서를 기증하라고 하나

　백원근 책과사회연구소 대표의 '새 책이 부족한 공공도서관, 이대로 방치할 것인가'(한겨레, 2023.4.8.)란 제목의 글은 나같이 1년에 1~2권의 책을 펴내는 저자는 물론 도서관 이용이 잦은 이들에게 많은 걸 생각하게 한다. 독자들의 이해를 돕게 하고 이 글의 진행을 위해 '새 책이 부족한 공공도서관, 이대로 방치할 것인가' 내용을 좀 더 자세히 살펴 정리해보자.

　문화체육관광부에서 발표한 '2021년 국민 독서실태 조사' 결과를 보면, 도서관 이용자 10명 중 7명은 독서와 자료 대출, 자료 조사를 위해 도서관을 찾았다. 그렇지만 도서관을 자주 이용하는 사람일수록 새 책 이용에 대한 체감 만족도가 낮은 것이 현실이라는 게 백 대표 주장이다.

　그도 그럴 것이 공공도서관 전체 예산은 대체로 매년 증가했지만, 대부분의 예산이 인건비와 운영비로 지출되면서 자료구입비 비중은 오히려 줄었기 때문이다. 공공도서관의 한 해 예산 가운데 자료구입비가 차지하는 비중은 2017년 9.9%에서 2021년 8.9%로 감소 추세다.

　한국도서관협회가 10년 전에 제정한 '한국도서관 기준'에서 권장하는 연간 자료구입비 비율은 20% 이상이다. 현실은 그 절반 이하다. 사문화된 기준인 셈이다. 자료구입비는 공공도서관 예산 배분의 우선순위에서 밀려 찬밥 신세다. 올해처럼 예산이 긴축되면 도서관들은 제일 먼저 자료구입비부터 줄인다.

도서관에서 책 구입에 우선순위를 두지 않는다면 그 본령은 흔들릴 수밖에 없다. 문화체육관광부가 조사한 '2022년(2021년 기준) 공공도서관 통계조사 결과보고서'에 따르면, 공공도서관 한 관당 자료구입비는 약 9천만 원으로 나타났다. 전년 대비 2.1% 감소한 금액이다. 이 예산으로 도서관마다 평균 7천 권을 구입했다.

이는 같은 해에 발행된 신간 6만 4천여 종(대한출판문화협회 납본 통계)의 11%에 불과하다. 좋은 책이 있어도 구입 예산이 없기 때문이다. 또한 공공도서관 전체 장서 중에서 2021년에 사들인 도서의 비중은 7%에 불과했다. 도서관 이용자들은 주로 최근에 발행된 책을 보려고 도서관을 찾지만, 허탕치기 일쑤인 이유다.

대한출판문화협회에서 최근 펴낸 '도서관 자료구입비 적정성 산출 및 증액 방안 연구'에 소개된 해외 사례를 보면, 호주의 경우 공공도서관 장서의 5년 이내 발간 도서 비율을 60% 정도로 유지하도록 권장한다. 이에 비해 국내 공공도서관의 5년 이내 장서 비율은 약 30% 수준에 불과하다. 새 책의 비율이 그만큼 적다는 뜻이다.

도서관이 새 책 구입에 인색하다는 지표가 더 있다. 문화체육관광부에서 매년 실시하는 '전국 도서관 운영 평가'는 1,000점 만점인데, 이 가운데 자료구입 관련 배점이 100점이다. 자료구입비가 50점이고 연간 장서 증가 수가 50점이다. 그런데 2021년 평가 결과를 보면, 평균 점수가 각각 19.6점과 18.2점으로 매우 낮다. 새 책이 부족한 도서관의 자화상이다.

그렇다고 도서관이 저자에게 책을 기증해달라고 하는 건 좀 아니지 싶다. 나는 도서관으로부터 책 기증 요청의 공문을 받은 일이 있다. 전주시장 직인이 찍혀 있지만, 아무개 시립도서관장이 최종 결재

권자로 되어있는 공문이었다. "우리 시에 연고가 있는 작가의 작품 및 전주 관련 자료를 수집하여 일반자료실내 별도 공간에 비치하는 '전주책방'을 운영하고자" 한다는 내용이었다.

요컨대 "시민들에게 지역작가 및 전주에 대해서 알리는 기회를 제공"하기 위해 '전주책방'을 운영하려 하는데, 책 좀 보내달라는 것이다. "귀하의 저서를 기증하여 주시고, 추후 발행되는 저서도 기증하여 전주책방이 활성화될 수 있도록 협조하여 주시기" 바란다는 내용에서 보듯 공짜로, 거기에 우편료까지 내 돈을 들여 보내달라는 것이다.

그 공문을 받기 전 42권, 그 이후 11권 등 모두 53권(편저 5권 포함)의 이런저런 책들을 펴냈지만, 나는 단 1권도 그 도서관에 보내지 않았다. 속된 말로 손 안대고 코 풀려는 식의 '전주책방' 운영이 하도 기가 막혔기 때문이다. 그렇지 않은가? "시민들에게 지역작가 및 전주에 대해서 알리는 기회를 제공"하려면 작가들의 책을 사들이는 게 맞지, 기증이라니!

그런데 얼마쯤 지나 내가 몸담고 있는 문협으로부터 '2018년도 회원 발간도서 현황파악'이란 제목의 공문이 날아들었다. "전주시도서관과 협의하여 매년 전주문협 회원의 발간도서를 구매하여 전주시내 도서관에 비치하기로" 했다는 내용이다. 공문이 요구한 "2018년도에 발간한 도서목록"이 하필 없어 나는 '마침내 제대로 좋은 일을 하려나보다' 하고 다음해를 기약했다.

그때가 2019년 6월이다. 2018년 빼고 2019년부터 최근까지 8권의 책을 펴낸 바 있지만, 그러나 앞의 공문 내용대로 '전주문협 회원의 발간도서 구매'는 단 한 번도 이루어지지 않았다. 문협에 더러 책을 보냈지만, 책값을 받은 적은 없다. 개인 증정으로 물량이 여의치 않자 협회를 통해 공짜로 책을 확보하려한 게 아닌가 하는 생각을 지금까지 지우지 못하고 있다.

내친김에 하는 말이지만, '문인창작집 지원사업'이 아예 없는 등 전주시의 문인 홀대는 유별나다. 거기에 더해 저자들이 알탕갈탕 자비를 들여 펴낸 책을 공짜로 보내달라고까지 하니 참으로 벼룩의 간을 빼먹을 일이다.

〈2023. 7. 21.〉

국민특검의 구속·기소

2년 전 '박영수 특검의 중도하차'(전북연합신문, 2021.7.27.)란 제목의 글을 쓴 바 있다. 박 특검이 수감중인 가짜 수산업자 김모씨에게 현직 검사를 소개시켜 주고, '포르쉐 파나메라4' 렌터카 차량을 제공받은 데 따른 책임성 사표 제출과 관련한 이야기다. 당시 문재인 대통령은 다음날 사표를 바로 수리했다.

박 특검의 중도하차를 몰고온 '가짜 수산업자 김씨사건'은 우리 사회가 금품수수로부터 얼마나 취약한 구조인지를 단적으로 보여준다. 혐의에 올라 수사를 받는 모든 사람이 그렇지만, 특히 박영수 특검에 대한 실망감은 이만저만이 아니다. 무엇보다도 국정농단사건 특검 신분으로 '그깟 것'들을 덥썩 받았다는 게 이해가 안된다며 개탄한 내용의 글이다.

"세상에 믿을 놈 하나도 없다"는 탄식을 자아내는 충격적 소식이었는데, 최근 뉴스를 보니 다시 그 속된 말이 떠오른다. 8월 21일 박영수 전 특검이 특정경제범죄가중처벌 등에 관한 법률 위반(수재)과 청탁금지법(김영란법) 위반 혐의로 구속·기소됐기 때문이다. 이번엔 아예 개인비리 혐의로 수사개시 1년 10개월 만에 구속·기소된 것이다.

먼저 강력부 요직(서울지검 강력부장)과 특별수사 핵심 보직(대검 중수부장)을 두루 거친 박영수 변호사는 2016년 11월 30일 박근혜 정부 국정농단 사건의 특별검사로 임명됐다. 박근혜 전 대통령의 측근들과 이재용 삼성전자 회장 등 구속 인원만 13명에 달해 '역대 가장 성공한 특검'이라는 평가를 받았다. 당시 그는 '국민특검'이라는 별명을 얻기도 했다.

2017년 4월 관련 사건 첫 공판에 직접 나선 박 특검은 "우리 사회에서 가장 고질적이고 전형적인 정경유착 범죄"라고 규정하며 "정경유착 고리를 끊지 않으면 국민소득 3만불 시대 경제 성장도 선진국 진입도 어렵다"고 강조했다. 그야말로 대통령, 비선실세, 대기업 총수의 부패를 도려내는 '검찰 최고의 칼'로 꼽혔던 박영수 전 특별검사였다.

그랬던 박 특검이지만, 그는 특검 중도하차와 더불어 2020년 '포르쉐 파나메라4' 차량을 무상 제공받은 혐의(청탁금지법 위반)로 이미 기소된 상태다. 그것에 이어 개인비리 혐의로 아예 구속까지 되었으니 정신이 제대로 박힌 보통사람이라면 그야말로 "세상에 믿을 놈 하나도 없다"는 탄식이 절로 나오지 않을 수 없다.

그동안 '검찰 원로' 봐주기 수사 논란이 일었던 박 전 특검 혐의는, 언론 보도를 종합해 보면 우리은행 이사회 의장이던 2014년 11월부터 2015년 4월 사이 대장동 개발사업 관련 화천대유 대주주 김만배, 남욱 변호사 등 민간업자에게 청탁과 함께 거액을 받기로 약속하고 일부 수수한 혐의(특정경제범죄가중처벌법상 수재)를 받는다.

검찰은 박 전 특검이 성남의뜰 컨소시엄 대출 관련 여신의향서(돈 빌려줄 의사를 표시한 증서) 발급 대가로 김씨 등에게서 5억 원을 받고 50억 원을 약속받았다고 본다. 대장동 토지보상 자문수수료와 상가 시행 이익 등 200억 원과 단독주택 등을 받기로 약속한 혐의도 받고 있다. 대한변호사협회장 선거자금 명목으로 남 변호사에게 현금 3억 원을 받은 혐의도 있다.

아울러 박 전 특검이 특검으로 수사·공소유지를 맡던 2019년 9월~2021년 2월 딸 박모씨가 화천대유에서 대여금 명목으로 받은

11억 원(청탁금지법 위반)도 영장에 적시됐다. 검찰은 이 돈을 사실상 박 전 특검이 수수한 것으로 의심한다. 특히 이 대목은 "똥구멍으로 호박씨 깐다"는 말을 떠오르게 해 '국민 배신감'마저 안겨준다.

검찰은 지난 6월 박 전 특검에 대한 구속영장이 기각되자, 보강수사를 거쳐 재청구했다. 이번 영장이 발부되는 데는 증거인멸 우려가 크게 작용한 것으로 전해졌다. 검찰은 올해 2월 박 전 특검이 자신의 휴대폰을 망치로 부순 정황을 포착, 구속 필요성을 강조한 것으로 파악됐다. '법꾸라지' 단면까지 드러냈다니 벌어진 입이 다물어지지 않을 정도다.

한편 앞서 아들의 화천대유 성과급 명목으로 50억 원을 받은 혐의로 먼저 재판에 넘겨진 곽상도 국민의힘 전 의원이 1심에서 무죄 선고를 받으면서 이른바 '50억 클럽' 관련 검찰 수사는 주춤했다. 박 전 특검에 대한 구속영장이 한 차례 기각되면서 늑장수사·부실수사 비판을 받기도 했다.

박 전 특검은 '50억 클럽' 인사 중 곽 전 의원에 이어 두 번째로 구속된 인물이다. 이 의혹은 화천대유 대주주 김만배가 정치권·법조계·언론계 인사 6명에게 50억 원씩을 챙겨주려 한 정황이 담긴 '정영학 녹취록'이 공개되면서 불거졌다. 권순일 전 대법관, 김수남 전 검찰총장, 최재경 전 청와대 민정수석 등이 거명됐다.

검찰은 1심에서 무죄 선고를 받은 곽 전 의원과 뇌물 공범으로 입건한 아들에 대해 범죄수익은닉규제법을 추가해 보강수사 중인 것으로 알려졌다. 검찰 관계자는 "(50억 클럽에서) 제기된 의혹은 순차적으로 수사를 진행할 계획"이라고 밝혔다. 앞으로 얼마나 더 공분(公憤)을 일으킬 수사결과가 나올지 참담할 따름이다.

〈2023. 8. 28.〉

왜 도서관을 건드리나

정권이 바뀌고, 지방선거에서 국민의힘 후보들이 대거 당선된 후 눈살을 찌푸리게 하는 지자체장들이 늘어나고 있는 모양새다. 가령 국민의힘 소속 원강수 강원도 원주시장이 아카데미극장 철거 건으로 전국적인 비판과 함께 반발을 사고 있는 게 그렇다. 윤석열 대선 후보 캠프 특보 출신의 박강수 서울 마포구청장도 마찬가지다.

공교롭게도 원주시장과 이름이 같은 박강수 구청장은, 한겨레(2023.5.4.)에 따르면 도서관 예산 삭감안에 반대한 송경진 마포중앙도서관장(임기제 사서사무관, 임기는 2025년 4월까지)을 파면했다. 파면은 최고 수준의 중징계 처분이다. "인사 소청 및 행정소송이 제기되더라도 사실상 구청장 임기 내 다시 발을 들일 수 없도록 조치한 셈"인 파면이기도 하다.

송 관장 파면은 4월 7일 직위해제에 이은 조치다. 송 관장 파면사태를 불러온 발단은 박 마포구청장이 2022년 7월 취임한 이후 첫 예산(2023년치) 편성 기간인 2022년 11월 불거졌다. 2023년 도서관 전체 예산을 애초 사업부서의 요청안에서 30% 삭감하라는 박 구청장의 지시에 송 관장이 고분고분하게 따르지 않아 벌어진 일로 보인다.

그도 그럴 것이 송 관장은 "도서관이 혈세를 낭비하는 곳이란 구청장 발언을 여러 차례 들었다. 올해 특히 심하게 예산을 삭감하라고 해서 많이 반대했으나 받아들여지지 않았고, 이 경우 결국 책값, 인건비, 상호대차 서비스 같은 본질적인 요소가 줄게 된다. … 작은도서관에 대해서도 공문 하나 받아본 게 없고 독서실화한다는 설명만 들었다"(한겨레, 2022.11.8.)고 말했다.

반면 마포구가 내세운 파면 이유는 "구청장의 작은도서관 정책 구상을 공론화하여 막는 것을 주된 목적으로 사실과 다르거나 오해를 불러일으킬 수 있는 내용의 게시물을 개인적인 감정에 휩쓸려 단정적이고 과장되게 작성하여… 페이스북 계정에 전체 공개로 게시하고… 언론 인터뷰에 적극적으로 응"한 점 등이다.

즉 송경진 관장이 "다수 주민 및 국민들로부터 마포구청장의 작은도서관 운영 검토 방향에 대한 불신과 오해가 생기도록 했고, 마포구 행정에 대한 신뢰를 실추시켰"으며 "마포구민은 물론 대한민국 국민과의 갈등을 심화시켜 막대한 행정력 낭비를 일으킨 점에 대한 책임이 대단히 크다"며 파면을 결정했다는 것이다.

마포구는 "인사위에 출석하여 혐의자의 잘못을 인정하지 않고 계속된 변명과 남탓을 하는 등 뉘우치는 기색을 전혀 보이지 않았다"고도 판단 사유에 적시했다. 아울러 마포구는 5월 4일 늦은 오후 해명자료를 내 "마포구 내 도서관 예산을 30% 삭감을 지시했다는 내용은 근거 없는 허위 사실"이라고 말했다.

또 "구 예산 총괄 부서에서 전체부서가 신청한 예산에 대해 조정하는 과정을 거"쳤다고 말했다. "이러한 과정을 예산삭감 지시이며 도서관 운영을 축소하려 한다고 표현되는 부분에 유감을 표"한다는 입장도 내놨다. 이어 "(지난해 당시) 아직 결정되지 않은 작은도서관 기능 재설계에 대한 내부 검토과정이 마치 작은도서관 폐관으로 의사결정한 것처럼 외부로 알려져 주민들의 혼란이 발생한 건"이라고 말했다.

그러나 인사위를 앞두고 시민들 1,400명 이상이 송경진 관장 징계 반대 연서명에 동참해 제출한 걸 보면 꼭 그런 것만도 아닌 듯하다. 작은도서관 지키기에 나서왔던 마포구 주민들이 4월 24일 직접 마포구청을 항의 방문한 것도 송 관장 파면에 문제가 있음을 웅변한다.

주민들은 "마포중앙도서관 관장의 징계 사유는 부당함을 넘어 마포구청장의 책과 도서관에 대한 정책 부재와 구민의 요구를 묵살하고 일방적 행정을 계속하려는 모습의 연장으로밖에 해석되지 않는다"고 질타했다. 이어 "구청장의 정책 기조와 다른 생각을 언급했다는 이유로 부당하게 징계받는다면, 향후 자유로운 언로는 사라지게 될 것"이라며 "부당징계 및 구민 의사에 반하는 도서관과 출판문화 정책 철회" 등을 요구하는 성명서를 제출했다.

'도서관 예산 삭감 반대' 송 관장에 대한 파면이 이해가 안 되는 대목이다. 언론 보도 내용을 종합해보면 송 관장 파면은 '괘씸죄' 성격이 강한 것으로 보인다. 무엇보다도 "도서관이 혈세를 낭비하는 곳"이란 그런 '무지한' 마인드의 지자체장이라니 할 말을 잃는다. 더 놀라운 것은 박 구청장이 시인이란 사실이다.

서울 마포구가 최근 월드컵공원에 조성한 난지 테마관광 숲길에 박 구청장 시가 전시되었을 뿐아니라 시집도 펴냈다는 것이다. 어떻게 '시인 구청장'이 그런 일로 언론에 오르내리는지 알 수 없다. 송 관장 파면이 전혀 모르는 남의 일이긴 하지만, 그런가 보다 하며 그냥 지나쳐버릴 수 없는 이유다. 송 관장 파면에 대한 인사소청심사위의 합리적 판단이 있길 기대한다.

한편 서울시(시장 오세훈)는 올초 25개 구의 작은도서관에 지원해오던 예산을 전액 삭감했다는 사실이 보도된 뒤 시민들의 비판이 잇따르자 올 하반기 다른 방안의 지원을 재개하기로 했다는 소식이 전해지기도 했다. 증액은 못할망정 왜 도서관 예산을 건드리는지 알 수 없다. 예산 증액과 함께 더 장려하고 활성화되도록 하는 게 지자체장들의 도서관 정책이어야 한다.

〈전북연합신문, 2023.8.29.〉

뭐 저런 장관이 다 있나1

출범 1년 6개월에 접어든 윤석열 정부의 특징중 하나는 일개 장관에 불과한 임명직들이 너무 나댄다는 점이다. 웬만한 건 모른 체하며 책임질 일에서 자유롭게 해준 임명권자 '빽'을 믿고 그런지 몰라도 국민 입장에선 볼썽 사나운 일들이 일상화된 느낌을 떨굴 수 없다. 가령 한동훈·이상민·원희룡·박민식 장관들이 그렇다.

먼저 원희룡 국토교통부 장관이다. 원 장관은 지난 7월 6일 서울-양평 고속도로 노선이 윤석열 대통령 배우자 김건희 여사 땅을 지나도록 변경됐다는 의혹에 대해 '사업 원점 재검토' 등 수세적으로 대응하다가 '전면 백지화'를 선언했다. 더불어민주당은 사업 백지화는 "의혹을 덮으려는 꼼수"라며 "특권 카르텔의 실체를 밝히는 것은 이제부터 시작"이라고 밝혔다.

보도를 종합해보면 서울-양평 고속도로는 현재 6번 국도의 극심한 정체를 해소하기 위해 경기도 하남시 감일동과 양평군 양서면을 잇는 도로다. 국토교통부에서 2017년부터 추진됐고, 2021년 4월 기획재정부의 예비타당성 조사를 통과했다. 지난해 6월 전략환경영향평가 용역 공고에도 종점은 양서면이었다.

하지만 지난 5월 8일 국토부가 공개한 전략환경영향평가 항목 등의 결정 내용에 종점이 '양평군 강상면'으로 변경되면서 김 여사 일가에 혜택을 주기 위해서라는 의혹이 제기됐다. 김 여사 일가가 변경된 종점에서 500m 떨어진 지점에 축구장 3개 넓이(2만 2,663㎡)의 부동산을 보유하고 있어 그런 의혹이 제기된 것이다.

민주당 서울-양평 고속도로 특혜 의혹 진상규명 태스크포스(TF) 강득구 의원은 "대통령 부인을 포함해 부인의 모친 최은순씨 일가의 땅들이 (변경된 종점) 이쪽에 상당 부분 있다는 게 확인됐다. (노선이 변경되면) 쓸모없는 땅이 황금의 땅이 될 수 있다. 최소 2배 이상의 시세차익을 볼 수 있다는 게 대체적 이야기"라고 말했다.

야당이 의혹을 제기했으면 주무 장관으로서 성실히 소명부터 해야 한다. 그게 행정부 수장으로서의 책무다. 원 장관은, 그러나 김 여사와 관련해선 "(김 여사 땅이 있는 것을 알았다면) 장관직뿐 아니라 정치 생명을 걸겠다"며 마치 여당의원처럼 대응했다. "무고한 것이 밝혀지면 민주당 간판을 내리라" 같은 강성 발언도 했다.

원 장관이 '전면 백지화'로 강하게 나간 것은 민주당에 끌려다니지 않겠다는 정치적 승부수로 해석된다는 지적이 있지만, 왜 일개 장관의 그런 짓을 봐야 하는지 불편하다. 국민의힘은 윤석열 대통령이 김 여사 일가에 특혜를 주기 위해 노선을 변경했다고 주장한 이해찬 전 민주당 대표를 허위사실 유포에 따른 명예훼손 혐의로 경찰에 고발하는 등 법적 대응도 했다.

8월 28일 원 장관은 국토부 출입기자단과의 정례 간담회에서 "지난번 제가 취했던 입장(서울-양평 고속도로 백지화)의 목적은 정쟁을 제거하는 것이었다"며 이렇게 말했다. 백지화를 선언한 서울-양평고속도로 건설과 관련해 "정쟁에서 분리가 된다면 오늘부터라도 정상 추진한다는 게 국토부의 일관된 입장"이라고.

애들 장난도 아니고, 일개 장관이 정쟁 제거 운운하며 예비타당성 조사까지 통과한 국책 사업을 마음대로 취소할 수 있는지, 주민 반발 등 온갖 분란을 일으켜 국력을 소모·낭비해도 되는지, 제대로 된 행정부의 모습인지 도대체 알 수가 없다. 한 마디로 뭐 저런 장관이 다 있나 하는 개탄을 금할 수 없는, 미치고 팔짝 뛸 일이 또 벌어진 것이다.

민주당 원로인 유인태 전 국회의원은 8월 3일 기독교방송(CBS) 라디오 〈김현정의 뉴스쇼〉 인터뷰에서 양평고속도로 백지화 문제와 관련 "원래 원희룡 장관이 옛날 초선 때 '남·원·정(남경필·원희룡·정병국)'이라고 소장파, 개혁파로 상당히 촉망 받던 정치인이었다"며 "어떻게 이렇게까지 원희룡이 타락을 하느냐"고 비판했다.

유 전 의원은 "이번에 하는 해명과 거짓말도, 자기가 알았으면 정계를 은퇴하느니 헛소리한 것부터 '용역업체에서 그쪽으로 노선 변경', 그거 믿을 국민이 어디 있겠느냐"며 "인간이 저렇게 타락할 수가 있느냐. 무슨 미련과 무슨 욕심이 그렇게 많아서 그런지 몰라도 저도 꽤 기대를 했던 정치인이었고 촉망받던 정치인이 어떻게 저렇게까지 타락을 해 가나"라고 탄식했다.

라디오 진행자가 "그런데 원 장관이 이번 일로 열혈 지지층을 많이 확보했다. 출근길에 화환이 쫙 있더라"고 되묻자 유 전 의원은 "그게 망해 가는 길"이라며 "원래 열혈 지지층한테서 그렇게 열광적인 지지를 받는 건 망해가는 길이다"라고 지적했다. 유 전 의원은 "3년 전 총선에서 어느 당이 망한 것 못 보셨느냐"며 이같이 말했다.

뉴스1(2023.9.1.)에 따르면 원 장관의 내년 4월 22대 총선 때 경기도 양평 출마설이 제기됐다. 이준석 전 국민의힘 대표는 "원 장관 같은 중량감 있는 인사가 고향(제주 서귀포)이나 수도권 험지가 아닌 보수 강세지역을 택할 리 없다"고 했지만, 박지원 전 국정원장은 윗선에서 원 장관이 총대를 멘 것에 대한 보은의 성격이라며 여주·양평 출마 가능성이 높다고 전망했다.

〈2023. 9. 8.〉

뭐 저런 장관이 다 있나2

서울-양평 고속도로 백지화 선언으로 분란을 일으켰던 원희룡 국토교통부 장관은 또 다른 논란의 중심에 서기도 했다. 원 장관은 8월 24일 보수성향 포럼인 '새로운 미래를 준비하는 모임' 조찬 세미나에서 "여당의 간판을 들고 국민의 심판을 받아야 할 때를 밑받침하기 위해 정무적 역할에 최선을 다할 것을 약속드린다"고 밝혔다.

또 "말만 정권교체지, 아직 정권교체가 30%도 안 된 정치상황을 보면서 얼마나 마음이 무겁냐"라며 "윤석열 정부의 성공을 위해 몇 달 앞으로 다가온 국가적 재편 때 우리가 다른 건 모두 제쳐놓고 모두가 힘을 합해 정권교체의 한 단계 전진, 한 단계 강화를 이뤄내야 한다"고 주장했다.

즉각 공무원의 정치적 중립 의무를 위반했다는 지적이 나왔다. 더불어민주당 강선우 대변인은 8월 25일 국회에서 열린 최고위원회의 후 기자들과 만나 "전날 원 장관의 시민단체 세미나 발언 관련해서 공직선거법 위반 혐의로 당 차원에서 공수처에 고발하기로 했다"고 밝혔다.

강 대변인은 전날 논평에서 "공무원은 공직선거법에 따라 정치적 중립을 지켜야 하며 선거에 대한 부당한 영향력을 행사하거나 기타 선거결과에 영향을 미치는 행위를 해서는 안 된다는 것은 상식 중의 상식"이라며 "본분을 망각한 원 장관의 뻔뻔한 언행에 분노한다"고 비판했다.

그런데 원 장관은 8월 30일 열린 국회 국토교통위원회 전체회의에서 지난 24일 국민의힘 외곽조직 강연 때 자신이 한 발언을 두고 더불어민주당 의원들이 '공무원의 정치적 중립 의무와 선거법을 위반했다'고 지적하자 이렇게 밝혔다. "저보다 훨씬 세고 직접적으로 선거 압승을 호소했던 노무현 전 대통령에 대한 탄핵이 헌법재판소에서 기각된 바 있다"고.

국토위 야당 간사인 최인호 민주당 의원은 이날 의사진행발언에서 "(원 장관의) 발언은 명백한 공직선거법 제9조 공무원의 중립 의무 위반"이라며 "정상적인 장관이 아니라 유세장에 나온 정치인의 모습 그 자체였다"고 비판하며 상임위 회의 진행 전 원 장관의 사과를 요구했다. 원 장관은, 그러나 이런 지적에 "동의하지 않는다"며 사과를 거부했다.

이소영 민주당 의원도 "원 장관은 국무위원이냐, 아니면 국민의힘 총선 선대본부장이냐"며 "오늘 국회에 나와서 하는 모든 발언도 다 그게 마음 속 밑바탕이 돼서 국민의힘 후보들 도움을 주기 위해서 하는 말이라고 봐야 될 텐데 국토부 장관이 아니라 여당 선대본부장을 앞혀두고 질의를 할 수는 없는 거 아니냐"며 원 장관에게 재차 사과를 요구했다.

그러면서 "자신의 장관직과 장관의 권한을 여당의 선거를 위해서 이용하지 않겠다, 정치적 중립을 철저히 지키겠다는 약속을 분명히 하셔야 된다"고 덧붙였다. 원 장관은, 그러나 노무현 전 대통령에 대한 탄핵 운운하며 "이것으로 대답을 갈음하겠다"고 선을 그었다.

야당 의원들의 계속된 지적에 민주당 소속인 김민기 국토위원장까지 나서 정치적 중립 의무 준수 약속을 해줄 것을 요청했지만, 원 장관은 "(선거법) 위반을 전제로 한 약속 요구이기 때문에 그에 응할 수 없다"며 자신의 발언에 대해선 "선거에 직접 개입하거나 관여하겠다는 내용이 전혀 없다"고 반박했다.

원 장관은 또 '앞으로 선거법을 정면으로 위반하겠다는 것인가'라는 이소영 의원의 질문에 "길 가는 사람을 붙잡아 놓고 살인 안 하겠다는 약속을 하라는 게 성립하지 않는다"고 주장했다. 국회의 감시와 견제를 받아야 할 일반적이고 보편적인 국무위원의 모습이 아니다. 일개 장관으로서의 언행은 더더욱 아니다.

사실 원 장관은 제주도지사를 중도사퇴하고 국민의힘 대선후보 경선에 나선 3선 의원 출신의 정치인이다. 윤석열 후보와의 경쟁에 패했으면서도 그게 끝이 아니었다. 무엇이 통했는지 윤석열 대통령 밑으로 들어가 돌격대 같은 전사(戰士) 노릇을 하고 있다. 아마 경선에서 맞붙은 자신을 거둬준 윤 대통령의 '은혜'에 감읍해 더 그런 지도 모를 일이다.

이렇듯 날로 강경 보수의 길을 걸으며 윤심과 당심을 얻은 원 장관은 친(親)윤석열계의 대표주자로 떠오르고 있는 인물이라 해도 과언이 아니다. 야당에 맞서 윤석열 정부를 엄호하는 '최전방 공격수'로 나서면서 한동훈 법무부 장관과 함께 내년 총선을 앞장서 지휘할 '구원투수'로도 유력하게 거론되고 있는 것으로 전해지기도 했다.

시사저널(2023.8.31.)에 따르면 "오랜 기간 비주류에 머물렀던 원 장관은 전통 보수층의 탄탄한 지지를 얻으며 현 정부 실세 장관으로 부상했다. 지난 7월 김건희 여사 일가 특혜 의혹이 불거진 서울-양평 고속도로 사업 백지화를 선언한 이후 지지자들로부터 화환 세례를 받는 등 20여 년 정치 여정에서 가장 열띤 응원을 경험하기도 했다."

원 장관은 박지원 전 국정원장 전망대로 내년 총선에서 수도권 지역구에 출마할 가능성이 높다. 당장 높은 인지도를 바탕으로 총선에서 배지를 달 지도 모르지만, 만약 대권을 꿈꾸고 있다면 원 장관의 이런 행보는 야당뿐 아니라 당내 경선에서도 공격의 빌미가 될 수 있다. 그런 걸 알고 일개 장관으로서 그리 나대는 건지, 이 역시 미치고 팔짝 뛸 일이다.

〈2023. 9. 8.〉

미치고 팔짝 뛸 쪼잔한 정권

깻잎 한 장 차이 같은 표로 정권이 바뀐 뒤 미치고 팔짝 뛸 일 벌어진 게 한둘일까만, 이번엔 역대급이다. 잼버리 파행의 책임에서 벗어나려고 그러는지 애먼 새만금 예산을 그야말로 '난도질'했기 때문이다. 8월 29일 국무회의를 통과한 내년도 정부예산안 중 새만금 관련 예산 부처반영액은 6,626억 원이었으나 기획재정부 심사를 거치면서 1,479억 원으로 대폭 삭감됐다.

삭감률이 무려 78%에 이르는데, 보도를 종합해 자세히 살펴보면 새만금-전주 고속도로 부처반영액은 1,191억 원이었지만, 정부안에는 334억 원만 담겼다. 최근 일부 공사 입찰을 진행한 새만금 국제공항은 580억 원에서 66억 원으로 쪼그라들었다. 반면 부산 가덕도 신공항은 2024년도에 1,647억 원이 투입될 예정이었지만 실제 5,363억 원이 반영됐다.

새만금 신항만 예산도 1,677억 원에서 438억으로 줄었다. 새만금항 인입철도 건설 예산은 부처 단계에서 100억 원이 반영됐지만 기재부 심의에서 전액 삭감됐다. 새만금지구 내부개발 예산 또한 2천228억 원에서 565억 원으로 삭감됐다. 새만금 개발을 더 이상 하지 말라는 것인지 도대체 무슨 짓인지 알 수가 없다.

8월 30일 민주당 소속 전북 의원 8명은 국회 소통관에서 기자회견을 열어 "정부의 새만금 지우기가 얼마나 노골적이고 전격적으로 추진된 것인지는 최근 3년 간 예산 현황만 봐도 알 수 있다"고 했다. 최근 3년간 국토교통부 등 각 부처가 기재부에 제출한 요구액과 최종 정부 예산안의 새만금 사업 예산을 비교해보면 2021년 103%, 2022년 139%, 2023년 101% 더 많이 증액되어 반영됐는데, 내년도 예산안에는 고작 22%만 반영된 것이다.

그뿐이 아니다. 한덕수 국무총리가 나서 '빅픽쳐' 운운하더니 화답이라도 하듯 국토교통부가 전라북도 새만금 지역에 추진되는 사회간접자본(SOC) 사업에 대한 점검에 착수했다. 얼마전 김경안 국민의힘 전북 익산갑 당협위원장이 청장으로 부임한 새만금개발청은 최근 변화된 새만금의 개발 여건을 반영해 2025년까지 새만금 기본계획(MP)을 재수립하겠다고 발표했다.

그렇다면 지난 대선에서 "새만금을 국제투자진흥지구로 지정하고, 새만금 국제공항을 조기 착공해 공항·항만·철도 등 '새만금 트라이포트'를 구축하겠다"던 윤석열 후보는 공약(空約)을 한 것인가? 윤 대통령은 당선인 신분이던 지난해 4월 20일 전북을 찾아 "새만금과 전라북도를 기업이 바글거리는, 누구나 와서 마음껏 돈 벌 수 있는 지역으로 만들겠다"고 했는데, 이것 역시 허언(虛言)이었나?

또한 윤 대통령은 지난 8월 2일 새만금 2차전지 투자협약식에서 "새만금 개발속도가 중요하다. 외국기업의 투자가 활성화되도록 맞춤형 지원을 하겠다"고 했는데, 이 말도 '뻘소리'였나? 윤 대통령은 6월 27일 국무회의에선 현 정부 규제 혁신 성과로 새만금을 꼽기도 했다.

윤 대통령은 이날 "2013년 새만금개발청이 설립된 이후 9년 동안 새만금 국가산단 투자 유치 규모가 1조 5,000억 원이었는데 우리 정부가 출범한 후 1년 동안 30개 기업에서 그 4배가 넘는 6조 6,000억 원 투자를 결정했다"고 밝히며 생색을 내기까지 했다. 구멍가게도 아니고 이런 국책사업 예산을 보복이나 화풀이하듯 그렇게 싹둑 잘라도 되는지 묻고 싶다.

중앙일보(2023.7.21.)에 따르면 "새만금은 현 정부 출범 이후 '순풍에 돛을 달았다'고 할 정도로 순항하고 있"었다. 그래서 더 어이가 없고 미치고 팔짝 뛸 일이다. 전북 정치권은 물론 도민들이 잼버리 파행을 지자체에 뒤집어씌우기 위해 새만금 예산을 난도질한 것에 대해 분개하는 것은 당연하다. 전북도의원 14명에 이어 국회의원 6명이 삭발로 저항한 게 단적인 예다.

여권에선 새만금 예산 삭감과 잼버리는 아무 관련없음을 말하고 있지만, 9월 5일 더불어민주당 김윤덕 의원(전주갑)이 국토교통부와 해양수산부 등 관련 부처의 '2024년도 성과계획서'를 입수해 분석한 결과는 그게 거짓임을 보여준다. 정부가 잼버리 사태 발생 전까지만 해도 새만금 SOC 사업 추진에 매우 적극적인 입장을 취해온 것으로 나타나서다.

이는 윤석열 대통령이 8월 2일 새만금 이차전지 투자협약식에서 '사업의 속도감'을 강조한 것과도 일맥상통한다. 아울러 정부의 새만금 SOC 계획의 골자에는 잼버리로 예산을 빼 먹었다는 일부 여당 의원들의 주장과는 달리 '국정과제 수행 및 지역활성화, 국가균형발전'이 그 명분으로 작용했다는 점도 함께 드러났다.

이태원참사나 오송 지하도 참사처럼 잼버리 파행을 나몰라라 하며 그 책임에서 벗어나려는 주무 장관이나 집권 여당인 국민의힘도 꽤 씁쓸하고 가관이지만, 아무 관련 없는 새만금을 희생양 삼는 것은 쪼잔한 정권임을 자인하는 꼴 그 이상도 이하도 아니다. 전북도민의 한 사람으로서 이보다 더 미치고 팔짝 뛸 일이 어디 있을까 싶다.

사실 '참 쪼잔한 정권'(전북연합신문, 2016.11.16.)이란 글을 쓴 것은 박근혜 대통령때 일이다. 문화예술계 블랙리스트며 '미운 털'이 박히면 대통령답지 않게 여지없이 사적(私的) 보복을 해온 것에 대해 개탄하고 비판한 글이다. 이제 보니 윤석열 정부는 그 쪼잔함이 오히려 그보다 한 수 위다. 보란 듯 대놓고 새만금 예산 칼질을 해대고 있어서다.

〈전북연합신문, 2023.9.12.〉

새만금 저격수 고발은 당연

9월 12일 더불어민주당 정책위원회 부의장인 이덕춘 변호사는 '새만금 예산 빼먹기' 발언으로 논란을 일으킨 국민의힘 송언석 국회의원을 검찰에 고발하고, 삭발까지 단행했다. 이 변호사는 이날 오전 전주지방검찰청 앞에서 기자회견을 열고 "서슴없이 지역 차별 조장하는 송언석 국민의힘 국회의원을 규탄한다"고 밝혔다.

"송 의원을 전라북도 및 전북도민의 명예를 훼손한 혐의로 고발장을 접수한다"고 밝히기도 했는데, 좀 자세히 살펴보자. 송 의원은 8월 11일 열린 국민의힘 원내대책회의에서 "전라북도가 '2023 새만금 세계스카우트잼버리'를 핑계로 새만금 관련 SOC(사회간접자본) 예산 빼먹기에 집중했다"며 "이런 예산을 합치면 11조 원에 육박하는 것으로 보인다"고 도발했다.

이어서 송 의원은 "전북도가 새만금 신항만 3조 2천억 원, 새만금 인입 철도 1조 3천억 원, 새만금 지역 간 연결도로 1조 1천 200억 원, 새만금 명소화 부지 관광개발 800억 원 등 잼버리와 전혀 상관관계가 먼 건설사업들을 잼버리를 핑계로 예산을 받아 갔다"고 주장했다.

또한 "11조에 가까운 혈세를 가져가서 잼버리 조직위 직원들이 외유성 출장을 반복하고 상관관계도 없는 SOC 건설을 늘리며 대회 준비는 완전한 부실로 총체적 난국으로 만들었다"고 비판했다. 아직 여가부와 조직위, 전북도 등 어디 누구 잘못인지가 불분명한데도 단정적으로 그 책임을 전북도에 돌려 싸잡아 비난하고 나선 것이라 할 수 있다.

급기야 송 의원은 여러 차례 언론들과의 인터뷰를 통해 "전라북도가 잼버리 행사보다 잼버리를 핑계로 해서 새만금 관련 SOC 예산 빼먹기에 집중했다"고 공세 수위를 높이며 전북도민들을 자극하는 발언도 서슴지 않았다. '명예전북도민'으로 전북을 위해 진정성 있게 다가서겠다고 다짐한 송 의원의 새만금 공격이어서 더 공분을 샀다.

국민의힘 송언석 의원(경북 김천)은 이른바 '호남동행의원'이다. 호남동행의원은 국민의힘 소속 국회의원들이 전북 14개 시·군(16명)을 비롯해 광주광역시(8명), 전남 22개 시·군(24명) 등과 맺은 자매결연 결과물이다. 호남지역의 예산과 현안에 영남쪽 국회의원들이 최대한 힘을 보태겠다는 취지로 시작된 이른바 '서진정책' 일환이다. 국민 통합을 이루자는 취지도 있다.

관련 보도를 종합해보면 그동안 호남동행의원들은 해당 지역의 현안 예산이나 사업을 해결하는 등 나름의 성과를 내면서 시·군으로부터 감사패를 받기도 했다. 일부는 명예 주민으로 위촉되기도 했다. 송 의원의 경우 박진·추경호·김승수 의원과 함께 전주시의 동행의원으로 이름을 올렸다. 전주시가 추진했던 '엄마의 밥상' 사업에 성금 500만 원을 후원하기도 했다.

이에 전북도는 지난해 10월 19명의 국민의힘 전북동행의원들을 초청해 명예도민증을 전달하며 김관영 전북도지사가 전북을 위해 뛰어준 노고에 감사를 표했다. 정운천 국민의힘 국민통합위원장도 명예도민증 수여식에 참석해 "전북에 대한 진정성 있는 모습들이 전북의 발전이라는 성과로 하나씩 나타나고 있다"면서 의미를 부여했다.

"앞으로도 전북동행의원들과 함께 더욱 진정성 있는 모습으로 전북의 더 큰 발전을 이뤄내겠다"는 다짐 내지 약속까지 했지만, 그러나 잼버리 파행이 빚어지자 언제 그런 게 있었냐는 듯 표변했다. 송

의원은 명예도민증을 받은 지 채 1년도 되지 않아 전북 공세의 전면에 나섰다. '명예전북도민' 송 의원이 새만금의 전북 저격수를 자처한 것이다.

이에 대해 이 변호사는 "전북도민의 한 사람으로 너무나 치욕적이고 분노를 금할 수 없다"고 강조했다. 이어 "10조 원 규모의 새만금 SOC 사업은 잼버리와 관계없이 새만금 투자 환경개선과 내부개발 촉진을 위해 잼버리가 유치되기 전인 2014년 9월에 '새만금기본계획'에 이미 반영된 사업"이라고 반박했다.

이 변호사는 따라서 "송 의원의 발언은 명백한 허위에 해당하고 이러한 허위 사실을 공개석상에서 발언, 전라북도와 전라북도민의 명예를 훼손했다"며 검찰 고발과 함께 전북도민에 대한 사과도 요구했다. 송 의원의 사과 유무나 재판 결과와 상관없이 도민들 다수는 국민의힘에 있던 정마저 그나마 떨어져나갈 게 분명해 보인다.

한편 국민의힘 정경희 국회의원은 8월 13일 기자회견에서 "전북도가 매립한 지 10년이 넘어 나무가 자랄 정도로 안정화된 멀쩡한 기존 새만금 부지를 여럿 두고도 난데없이 메우지도 않은 생갯벌을 잼버리 개최지로 밀어붙였다"며 "그야말로 망할 수밖에 없는 부지 선정"이라고 주장해 전북 도민의 공분을 샀다.

그러나 프레시안(2023.9.13.)에 따르면 정 의원의 생갯벌 부지 주장은 사실이 아니다. 잼버리 부지는 생갯벌이 아니라 오랫동안 육지화된 야영지이고, 부지 역시 졸속 매립 아닌 설계상의 로드맵에 따라 착실히 진행됐다는 게 확인됐다. 김현숙 여가부 장관도 국회 대정부 질문에서 부지 탓으로 돌리며 잼버리 파행 책임을 피해갔다. 사실상 경질됐지만, 명백한 꼬리자르기다. 도민들만 허망하게 됐다.

〈2023. 9. 19.〉

중단하라 새만금 죽이기

정부 여당의 78%에 달하는 전무후무한 예산 삭감 등 새만금 죽이기에 대한 도민들의 분노가 들불처럼 번지고 있다. 지난 주 '미치고 팔짝 뛸 쪼잔한 정권'(전북연합신문, 2023.9.12.)을 통해 나름 그 점을 성토·개탄했지만, 분노가 하늘을 찔러서인지 냉큼 사라지지 않는다. 다시 컴퓨터 앞에 앉은 이유다.

먼저 9월 7일 국회 본청 앞 계단에서 '윤석열정부 새만금 SOC 예산삭감 규탄대회'가 열렸다. 이 규탄대회에는 도민 2,000여 명과 민주당 지도부, 민주당 소속 전북 국회의원 8명, 전북 연고 의원 다수가 참여했다. 규탄대회 현장에서 김성주·김윤덕·안호영·신영대·윤준병·이원택 국회의원 6명과 이병철·박희승 지역위원장 2명이 삭발을 감행하기도 했다.

이어 9월 12일 '새만금 국가사업 정상화를 위한 전북인비상대책회의'(이하 새만금비상대책회의)가 전주 전라감영 앞에서 출범 기자회견을 열고 본격 투쟁을 선포했다. 새만금비상대책회의는 도민과 전북 원로들로 구성된 전북애향본부, 도내 40개 시민사회단체, 전북광역·기초의회 등으로 구성됐다.

새만금비상대책회의 상임대표는 윤석정 전북애향본부 총재, 서종표 전북기독교총연합회장, 윤방섭 전북상공회의소협의회장, 회일 참좋은 우리절 스님, 박숙영 전북여성경제인협회장 등 5명이 맡았다. 특히 출범식에 참여한 40개 시민사회단체중에 한국자유총연맹과 전북민주화운동기념사업회가 있다.

이는 진영이나 정파·이념을 떠나 전북인 모두가 한마음 한뜻으로 새만금 죽이기 중단에 나섰다는 의미로 풀이된다. 또한 한국예총전북연합회(전북예총)·전북문인협회·전북시인협회 등 문화예술 및 문학단체도 참여하고 있어 눈길을 끈다. 문인의 한 사람으로서 뿌듯하다. 박수를 보낸다.

전북애향본부 총재인 새만금 비상대책회의 윤석정 상임대표는 "전북이 위기국면을 맞고 있다. 잼버리 파행 책임, 내년도 새만금 예산 무더기 삭감, 새만금 기본계획 재검토 등 보복성 조치들이 몰이성적으로 쏟아졌다"면서 "사상 초유의 일로 이건 폭거요 예산 독재다. 전북도민들이 분노하고 저항하는 건 너무나 당연하다"고 외쳤다.

이어 "윤석열 정부의 책임을 회피하기 위해 온갖 허위사실로 전북에 책임을 덧씌우더니 마침내 아무 관련이 없는 새만금을 연동시켜 SOC 예산을 무자비하게 난도질했다"고 목소리를 높였다. 새만금비상대책회의는 △잼버리 파행 책임 전북에 떠넘기지 말 것 △새만금 예산 보복성 칼질 규탄 △새만금 국제공항 정상 추진 △감사원은 '맞춤형 표적감사' 하지 말 것 △국민의힘 송언석·정경희 의원의 악의적 허위발언 사죄 등을 촉구했다.

도내 정치인들의 삭발 투쟁도 이어졌다. 9월 12일 전라북도의회 '새만금 SOC 예산 정상화 및 잼버리 진실규명 대응단'이 기획재정부 세종청사 앞에서 새만금 SOC 예산삭감을 규탄하며 삭발식을 단행했다. 이날 삭발식엔 군산시의회 의장 출신의 박정희 의원이 전북 여성 정치인 가운데 처음으로 참여했다.

"머리카락이라도 잘라서 새만금 사태가 해결된다면 100번이라도 자르겠습니다."라는 결기를 보인 박 의원과 더불어 이병도·김성

수·최형열·권요안·김대중·김정기·전용태 의원 등 도의원 8명과 더불어민주당 도당위원장인 한병도 국회의원이 삭발식에 참여했다. 이들은 "새만금 잼버리 책임이 여가부에 있고 새만금은 역대 대통령 공약사업인데도 정부는 잼버리 파행 책임을 전북에 전가해 예산 폭력을 자행하고 있다"고 성토했다.

이어 "새만금 국제공항도 사업자 선정을 무기한 연기하고 새만금 SOC 적정성 재검토로 새만금 이차전지 특화단지와 대규모 투자유치에 차질이 불가피하다"고 울분을 토해냈다. 또 "세계잼버리 파행 책임에 대한 국정조사와 여가부 장관 해임, 새만금 SOC 예산 전북도 요구액 7,941억 원 즉각 복원과 기존에 추진하던 SOC 건설공사를 정상적으로 추진하라"고 목소리를 높였다.

앞서 지난 5일 전북도의회 이정린 부의장, 김만기 부의장, 김정수 운영위원장, 나인권 농산업경제위원장, 박정규 윤리특별위원장, 염영선 대변인, 임승식·황영석·박용근·김동구·윤수봉·한정수·장연국·진형석 의원 등 14명도 삭발을 단행한 바 있다. 이들 도의원들은 삭발에 이어 상임위별로 단식 투쟁도 이어가고 있다.

이로써 전북도의회 39명 의원 가운데 23명이 새만금 사업 예산 복원 투쟁에 나서며 삭발에 동참했다. 기초자치단체 의원들의 삭발식도 이어졌다. 13일엔 김제시의회 남성 의원 11명 전원이 삭발식을 가졌다. 15일엔 부안군의회 의회 7명이 삭발에 가세했다. 같은 날 정읍시의회는 황혜숙 부의장 등 여성 의원 포함 8명도 삭발했다.

한편 전북도의회 새만금 대응단과 전북인비상대책회의의 간담회도 열렸다. 간담회에선 전북도 국정감사 및 더불어민주당의 '새만금 SOC 삭감 예산 복원 없는 예산심사 보이콧' 당론 확정에 힘을 싣기 위한 도민결의대회를 논의했다. 국회 예산심의 전 100만 도민이 상경해 벌이는 범도민결의대회 개최를 위한 구체적인 일정 등 의견도 나눈 것으로 전해졌다. 힘내자 전북인!

〈전북연합신문, 2023.9.19.〉

선을 넘어도 한참 넘은 일개 장관1

'뭐 저런 장관이 다 있나1'란 글에서 출범 1년 4개월에 접어든 윤석열 정부의 특징중 하나는 일개 장관에 불과한 임명직들이 너무 나댄다는 점이라고 비판한 바 있다. 웬만한 건 모른 체하며 책임질 일에서 자유롭게 해준 대통령 '빽'을 믿고 그런지 몰라도 국민 입장에선 볼썽사나운 일들이 일상화된 느낌을 떨굴 수 없다고 토로한 글이다.

먼저 원희룡 국토교통부 장관에 대해 썼는데, 그런 순서에 서운해 할 국무위원이 있다. 바로 한동훈 법무부 장관이다. '현직장관이 차기 대권주자 1위'(전북연합신문 2022.8.24.)라는 글을 이미 쓴 바 있어 후순위로 밀린 것이라 할까. 여하튼 한 장관은 여전히 여론조사에서 '장래 대통령감' 1등을 차지하고 있다.

가령 한국갤럽이 9월 5~7일 사흘간 전국 유권자 1,000명에게 '앞으로 우리나라를 이끌어갈 정치 지도자, 즉 장래 대통령감으로 누가 좋다고 생각하는지'(자유응답) 물은 결과 이재명 대표가 19%로 1위를 차지했다. 한 장관은 12%를 기록하면서 2위에 올랐다. 전체로는 2위지만 여권 인사중에선 1위다.

이는, 헤럴드경제(2023.9.8.)에 따르면 3개월 전 조사와 다른 모습이다. 이 대표가 22%, 한 장관은 11%를 기록하면서 10%포인트 이상 차이가 났던 것에 비해 그 격차가 7%포인트까지 줄어들었다. "임명직이 자신의 정치적 야망을 이루기 위해 그 직을 이용한 걸 보는 건 윤석열 대통령 한 사람으로 되었다. 한동훈·원희룡 장관 등 임명직은 뺀 여론조사가 되어야 한다"고 지적했는데, 나의 희망사항이 되고 말았다.

그래서 그럴까. 한 장관의 오만방자함이 하늘을 찌르고 있다. 여기서 먼저 밝혀둘 건 '일개 장관'이 부산고검 근무 시절 한동훈 검사가 문재인 정부 추미애 전 법무부 장관을 일컬어 한 말이라는 점이다. 부산고검 근무 시절 한 장관이 채널A 기자와 만나 주고받은 대화 녹취록이 당시 '검언유착 의혹 사건' 진행 과정에서 외부에 공개됐다.

이때 한 장관은 "일개 장관이 헌법상 국민의 알 권리를 포샵질을 하고 앉아있다. 국민의 알 권리가 나중에 알아도 될 권리야? 로또도 나중에 알고 먼저 아는 게 차이가 얼마나 큰 건데. 당연히 알 권리에 핵심은 언제 아느냐야"라고 말한 게 드러났다. 당시 추미애 장관은 "자괴감을 느낀다"고 유감을 표명하기도 했다.

2022년 8월 23일 국회 법제사법위원회(이하 법사위) 전체회의에 출석한 한 장관은 최강욱 더불어민주당 의원과 날카로운 설전을 벌였다. 이날 회의에서 최 의원은 "검찰이 인혁당 사건 재심으로 이어져 무죄가 확정될 때까지 저지른 잘못이 과거에 있었냐"고 한 장관에게 질의했다. 이에 한 장관은 "지금 검찰이 한 건 아니다"라는 취지의 답을 내놨다.

뻔히 아는 내용은 인정하라며 최 의원이 답변을 독촉하자, 한 장관은 "그냥 말씀을 하시라"고 맞받아쳤다. 이후에도 최 의원이 계속 질의했지만, 한 장관은 입장 표명을 거부하는 듯한 모습을 보였다. 이에 최 의원이 "대한민국 입법기관에게 그런 태도를 보이느냐"며 따져 물었다.

또 최 의원은 법무부의 시행령 개정을 통한 검찰 수사권 범위 확대 시도에 대해 "일개 장관이 국민의 알권리를, 헌법과 법률의 원칙을 포샵질을 해서 원칙을 속이려고 하고 있다"고 한 장관을 질타했다. 최 의원이 과거 '일개 장관' 발언을 알고 되돌려준 것인지 알 수 없으나 한 장관은 "저도 지금 국무위원으로서 일국의 장관인데 그렇게 막말을 하느냐"고 쏘아부쳤다.

'내로남불'(내가 하면 로맨스 남이 하면 불륜) 논란이 일었음은 물론이다. 또 최 의원 신상발언 도중 한 장관은 "기소되셨지 않느냐"면서 "그러니까 이해충돌이 있다는 얘기"라고 했다. 최 의원은 "어디 끼어들어서"라며 "그런 태도를 바꾸란 말"이라고 목소리를 높였다. 한 장관은 "이런 상황이 문제가 되기 때문에 이해충돌의 문제를 제기하는 것"이라며 물러서지 않았다.

이는 한 장관이 국회에서 의원들을 대하는 국무위원의 태도가 아닌 단적인 사례일 뿐이다. 오죽했으면 한 장관을 향해 국회의원들을 상대로 싸움을 하려는 듯한 태도를 고쳐야 한다는 지적이 야당은 물론 여당에서도 나왔을까. 지금은 민주화운동기념사업회 이사장인 이재오 국민의힘 상임고문은 2023년 4월 7일 CBS라디오에 출연해 한 장관에 대해 쓴소리를 했다.

"한동훈 장관 스스로 '저는 답변하는 걸 정치적으로 고려하지 않는다'고 하는데 (국회 답변은) 정치적 고려가 아니라 국무위원으로서 정부를 대신하는 것"이라고. 따라서 "자기 똑똑하고 자기 말 자랑하는 게 아니라 국회의원들 마음 상하지 않게, 민주당하고 싸우지 말아야 한다"는 점을 강조하기도 했다.

이어 "답변할 때 '나는 사실대로 말한다'며 마치 잘하는 것처럼 이야기하는 그런 생각 갖고는 정치를 하지 못한다. 지금은 아주 오만방자하지만 국회의원 (뽑는 총선에) 나가면 좀 달라질 것, 국회의원 하려면 달라져야 한다"고 주문했다. 이 고문은 "정말 윤석열 정부를 위해서 (총선에) 나가겠다면 (서울 강남 3구가 아닌) 험지인 서울 강북 지역에 나가야 한다"고 말했다.

〈2023. 9. 20.〉

선을 넘어도 한참 넘은 일개 장관2

용혜인 기본소득당 의원은 2023년 4월 7일 YTN라디오와의 인터뷰에서 "한동훈 법무부 장관은 언제나 야당 의원들과 싸워서 정치적 존재감을 드러내고 있다"며 "장관으로 일을 하고자 하는 게 아니라 야당 의원들과 싸워서 정치적 존재감을 드러내는 데에만 급급하다"고 비난했다. 선을 넘어도 한참 넘은 일개 장관임을 직격한 것이다.

그러니 "총선에 나온다, 서울시장 선거에 직행한다는 여러 설들이 여의도 정가에 도는 것 같다"고 한 용 의원은 "정치를 하고 싶다면 장관직에 연연하지 말고 국민들 앞에 정치인으로서 제대로 평가받으라"며 빨리 장관 옷을 벗고 정치입문을 선언하라고 촉구했다. 백번 맞는 말로 자기 정치를 하는데 여념없는 일개 장관이라는 얘기다.

그런데 민주당 국회의원들만 한 장관의 쌈질 대상이 아니다. 그로부터 한 달쯤 지난 5월 11일 한 장관은 입장문을 통해 시민단체에 대해 "'참여연대 정부'라고까지 불렸던 지난 민주당 정권 5년 내내 참여연대가 순번을 정해 번호표 뽑듯 권력 요직을 차지하며 권력에 '참여'하고 '연대'해 온 것을 국민이 생생히 기억하고 있다"며 직격탄을 날렸다.

한 장관은 "박원순 전 시장 다큐 같은 건에는 한마디도 안 하는 걸 보면, 앞으로 공정한 심판을 할 생각도 없어 보인다"고 주장하기도 했다. 앞서 참여연대가 시민 5천여 명을 대상으로 실시한 온라인 설문 조사를 통해 한 장관이 '교체 대상 고위 공직자 1순위'로 집계됐다고 발표한 것에 따른 반박 차원의 입장문 발표였다.

그랬을망정 한 장관의 그런 발표는 대한민국의 대표적 시민단체중 하나인 참여연대에 대한 선전포고라 해도 무방할 만큼 도발적이다. 그만큼 강도(强度)가 세다. 5월 17일 열린 '윤석열 정부 검찰⁺보고서 2023 - 검사의 나라, 이제 1년' 발간 기자 브리핑에서 한상희 참여연대 공동대표의 반격이 이어졌다.

'참여연대 정부'라는 한 장관 발언에 대한 입장을 묻는 질문에 한 대표는 "어떻게 일개 법무부 장관이 시민을 향해서, 국민을 향해서 그렇게 막말할 수 있느냐"며 박원순 다큐 관련 언급에 대해 "사전 검열에 해당하는 발언으로 탄핵감"이라고 주장했다.

또한 한 공동대표는 "박원순 다큐는 현재 제작중이고 아직 상영도 안 됐다"면서 "국가 사법권력의 꼭대기에 있는 법무부장관이 현재 제작중인 문화 창작물에 대해 부정적 평가를 한다는 것은 검찰을 비롯한 다른 국가기관에 일종의 지침을 주는 것과 다름없다. 이는 표현의 자유에 대한 본질적 침해이자 사실상의 검열행위"라고 주장했다.

한 공동대표는 "법무부 장관이 가장 중시해야 하는 것은 헌법이다. 법무부장관이 어떻게 표현의 자유를 침해하는 발언을 할 수 있는지 헌법을 전공한 교수로서 개탄하지 않을 수 없다"면서 "과연 이런 이야기가 법무부장관의 입에서 더구나 언론 기자들을 상대로 나올 수 있는 말인가. 그런 사회가, 그런 정부가 제대로 된 정부인지 묻고 싶다"고 강조했다.

또 그로부터 한 달쯤 뒤인 2023년 6월12일 한 장관은 국회 본회의에서 민주당 전당대회 '돈봉투' 살포 의혹으로 검찰 수사를 받는 윤관석·이성만 의원에 대한 체포동의 요청 이유를 설명한 뒤 이렇게 덧붙였다. "돈봉투 돌린 혐의를 받는 사람들의 체포 여부를 돈봉투 받은 혐의를 받는 사람들이 결정하는 것은 공정하지도 공정해 보이지도 않는다"고.

선을 넘어도 한참 넘은 일개 장관의 모습이 또다시 연출된 것이다. 한 장관은 법무부 수장으로서 왜 두 사람을 체포해야 하는지만 설명하면 됐다. 한 장관의 '공정 어쩌고'는 민주당 의원들에게만 모욕감을 주고, 자극한 게 아니다. 민주당 지지자는 물론 이른바 중도층 국민에게도 '밉상 한동훈'을 각인시켰을 것으로 보인다.

일개 장관을 넘어 아예 전사(戰士)로 나선 모습이다. "게다가 그가 이끄는 법무부와 검찰을 포함해 이 정권이 전혀 공정하지 않다고 여기는 이가 국민 절반을 넘는다"('김소희의 정치의 품격', 한겨레21, 2023.6.16.)는 걸 보면 "한 장관의 민주당을 향한 '비아냥'은 도가 지나쳤다"는 주장이 더 설득력있게 다가온다.

'김소희의 정치의 품격'에는 너무 공감되는 내용이 많다. 가령 "그의 이런 '도발'이 계산된 행동이라 보는 시각도 있다. 수사가 허술해 영장이 기각될 게 뻔하니 민주당을 먼저 '자극'해 부결되도록 했다는 것이다"가 그렇다. 무엇보다도 한 장관에 대한 평가는 기억해둘만하다. 한 마디로 '정치꾼'스러운 한 장관인데, 아래와 같다.

그는 자신의 말 한 마디 한 마디가 뉴스가 됨을 누구보다 잘 알고 즐긴다. '도어스테핑'을 하루걸러 하다시피 하고, 부르거나 붙잡지 않아도 알아서 기자들에게 온다. 모욕감을 줬다는 민주당 반응에 "진짜 이유를 말하라"는 영화 대사까지 날릴 정도로 편집자 자질 또한 내보였다. 과거 검찰 시절부터 이런 '에디팅 능력'은 언론에도 먹히고 특히 상사인 윤석열 검사에게 잘 먹혔다는 이야기가 파다했다.

〈2023. 9. 21.〉

선을 넘어도 한참 넘은 일개 장관3

최근에 선을 넘어도 한참 넘은 일개 장관의 모습을 또다시 볼 수 있었다. 가령 9월 8일 더불어민주당 안민석 의원과 한동훈 법무부 장관이 국회 대정부질문에서 서로 날선 발언을 주고받으며 충돌한 걸 들 수 있다. 보도를 종합해 당시 상황을 자세히 들여다보자.

두 사람은 내년 총선 출마를 두고 신경전을 벌이기 시작했다. 안 의원이 "내년 총선에 출마하느냐"고 묻자 한 장관이 "여러 번 말했다. 제 임무를 다하겠다"고 답했다. 그러자 안 의원은 "정치는 할 것이냐"고 재차 물었다. 한 장관이 "그런 문제를 대정부질문에서 물을 건 아니다. 의원님은 출마하느냐"고 되물었다.

안 의원이 "저는 한다"고 답하자 한 장관은 "잘되기를 바란다"고 받아쳤다. 이에 안 의원은 "그런 답변 태도가 문제다. 역대 한 장관처럼 국회의원들과 싸우는 장관의 모습을 본 적이 없다. 태도에 심각한 문제가 있다"고 지적했다. 한 장관은 "의원님 평가이고, 제가 판단해서 잘 답변하겠다"고 응수했다.

안 의원은 "오늘 이 자리에서 한 장관이 그동안 했던 무례한 발언, 동료 국회의원들에 대한 모욕적인 발언, 일련의 불순한 태도에 대한 사과를 정중히 할 기회를 주려 한 것"이라며 "장관은 국회에 싸우러 온 거냐. 국민들이 우습냐"고 따졌다. 또 "국민이 두렵지 않으냐. 본인이 그동안 한 발언이나 태도에 대해 사과할 생각이 전혀 없느냐"고 다그쳤다.

그러자 한 장관은 "의원님은 민원인에게 욕설을 한 분이 아니냐. 지역구에 욕설 문자를 보낸 분이지 않으냐"며 "그런 분이 여기 와서 누구를 가르치려고 한다는 것은 적절하지 않다. 제가 안 의원에게 그런 식의 훈계를 들을 생각은 없다"고 맞받았다.

한 장관은 또 "윤지오라는 사람을 공익제보자로 치켜세우면서 공익제보 제도의 존재 가치를 무너뜨린 분"이라고 안 의원을 직격한 뒤 "의원 질의 내용에 대해 수긍하지 못하는 점이 많다는 것을 이 자리를 빌려 말씀드린다"고 덧붙였다. 두 사람의 설전이 이어지자 국민의힘 의원들은 "의원이 먼저 사과하라"라고 외쳤다.

민주당 의원들은 "예의를 지키라"고 소리치는 등 각각 고성으로 말싸움을 벌였다. 안 의원은 "한 장관이 사과하기 전에는 질의를 하지 않겠다"며 김영주 국회부의장에게 장관 사과를 받아달라고 요청했다. 김 부의장은 "안 의원이 정치 출마부터 물은 것은 대정부질문에 적절한 질문은 아니었다"며 "한 장관도 답변을 좀 공손하게 하는 게 좋을 것 같다"고 중재했다.

한 장관은 9월 18일 단식 도중 병원에 이송된 이재명 민주당 대표에 대해 "수사받던 피의자가 자해한다고 사법 시스템이 정지되는 선례가 만들어지면 안 된다고 생각한다"고 직격했다. 한 장관이 이날 오전 국회에서 기자들과 만나 "그런 선례가 만들어지면 앞으로 잡범들도 다 이렇게(단식) 하지 않겠냐"면서 한 말이다.

민주당은 그런 한 장관을 향해 "인면수심 정권의 법무부 장관답다"고 맹비난했다. 박성준 민주당 대변인은 이날 논평을 통해 "일국의 장관을 자처하는 사람이 참으로 교만하고 악랄하다"고 비난했다. 박 대변인은 "이재명 대표가 병원에 실려 간 와중에 검찰이 구속영장을 청구했다"며 "군사정권도 국민 앞에서 이렇게 인면수심의 행태를 보이지는 않았다"고 질타했다.

이어 "한 장관은 뻔뻔하게도 단식 끝에 병원으로 이송된 야당 대표를 조롱하고 단식의 의미를 폄훼했다"며 "심지어는 '잡범들이 따라 할 수 있다'는 궤변까지 늘어놨다"고 목소리를 높였다. 그러면서 "한 장관은 말끝마다 증거 차고 넘친다고 하면서 왜 구속에 매달리냐. 제대로 된 증거 하나 없으니 구속영장 청구로 괴롭히고 망신 주려는 것이냐"고 반문했다.

박 대변인은 "영장 청구로 국민 시선을 돌려 정권의 무능 가리고 야당 분열시킬 수 있다고 생각하면 오산"이라며 "민주당은 병원에 실려 간 제1야당 대표를 욕보이는 무도한 윤석열 정권과 비열한 법무부 장관을 국민과 함께 심판할 것이다"고 덧붙였다.

박지원 전 국정원장도 한 장관의 발언을 두고 "잡범들이 할 만한 소리를 법무부 장관이 했다. 어쨌든 국무위원이면 (정치적으로) 나서지 않고 좀 진중했으면 좋겠다"며 "장관이 마치 정당 대변인처럼 삼라만상에 치고 들어오니 정치가 되겠나"라고 직격했다.

이어 "정치적으로 봤을 때 대통령 측근의 심중을 이해는 한다. 대통령 할 말을 총대 메고 대신해 주는 것 아닌가"라며 "다만 그런 건 정치인이 해야지 국무위원인 장관이 하는 건 적절치 않다. 모난 돌이 정 맞는다고 저렇게 행동하면 나중에 불행해진다"고 덧붙였다. 과연 한 장관이 내년 총선, 윤 대통령 임기 후 어떻게 되어 있을지 사뭇 궁금해진다.

여당의 이준석 전 대표도 "이건 한 장관 개인의 사견이라고 보기 어려운 부분"이라며 "정치인 거취에 관한 민감한 말은 장관이 마음대로 말할 수 있는 범주가 아니다"라고 주장했다. 이어 "한 장관이 윤 대통령의 신임을 받는다는 특수한 위치를 고려하면 이런 민감한 발언은 피했어야 했다"며 "대통령과 교감 하에서 한 발언일 것이라는 의심을 받기 딱 좋다"고 지적했다.

〈2023. 9. 21.〉

국민의힘은 전북을 버렸다

　11년 전 '새누리당의 뼛속 깊은 전북 홀대'란 글을 쓴 적이 있다. 19년 전에는 '한나라당은 전북을 버릴 참인가'란 글을 쓰기도 했다. 새누리당과 한나라당은 지금 집권여당인 국민의힘이 예전에 사용했던 당명이다. 국민의힘의 전신인데, 제목에서 짐작했는지 몰라도 두 편의 칼럼은 총선 비례대표 공천에서 당선권에 든 전북 인사가 없음을 지적한 글이다.

　그러는 사이 2012년 4월 총선에서 정운천 새누리당 후보가 전주 완산을에 출마해 35.8%의 득표율로 2위를 차지하는 이변이 일어났다. 2016년 4월 총선에선 37.5% 득표율로 아예 당선되는 일까지 벌어졌다. 새누리당의 뼛속 깊은 전북 홀대라는 흐름 속에서도 그야말로 기적 같은 일이 벌어진 것이다. 그만큼 전북도민들이 새누리당에 대해 닫혔던 문을 열었다는 의미다.

　이후 서진정책 일환인 '전북동행의원' 등 호남에서의 이미지가 한결 나아지는가 싶었던 국민의힘은, 그러나 파행 잼버리 이후 전북을 버렸다. 국민의힘은 공식 논평에서 "전라북도는 잼버리 행사보다 '잿밥'에 눈먼 지자체"라며 새만금 사업 전체를 잿밥과 탐욕의 결정체인 것처럼 평가해왔다. 전북을 버리기로 한 게 아니라면 할 수 없는 공격이 더 있다.

　국민의힘은 잼버리 파행과 관련 "전라북도가 대가를 치르고 반성하는 것이 국가에 대한 최소한의 도리"라는 성명까지 냈다. 강사빈 부대변인은 "잼버리 대회를 이용해 새만금을 개발하려고 했던 전북도의 검은 속내가 만천하에 드러났다"며 "2018년 잼버리 특별법 제정 당시 법안 원문의 잼버리 여건 조성시설에 철도·공항·항만 등 SOC 사업이 포함됐다"고 했다.

아니나다를까 국민의힘 성명 속에 있는 '대가를 치러야'라는 말은 새만금 사업예산 78% 삭감으로 나타났다. 그러자 전북에선 팩트체크 바람이 불었고, 새만금 SOC 예산은 새만금 전체의 2% 수준인 잼버리 부지와 연관 없음이 속속 밝혀졌다. 30년 추진의 역사를 가진 새만금이 6년 전에 유치한 잼버리용이라는 말 자체가 '가짜뉴스'인 셈이다.

국민의힘은 새만금 SOC 예산 삭감 원인에 대해 "잦은 총사업비 및 사업계획 변경 그리고 관할권 분쟁으로 사업 추진이 지연되는 등 문제가 있었기 때문"이라는 공식 논평을 낸 바 있다. 심지어 국민의힘은 최근 "'새만금 예산 삭감이 보복성 조치'라는 더불어민주당의 주장은 가짜뉴스"라며 "새만금 기본계획 재검토는 잼버리나 전북도와는 무관하다"고 입장을 밝혔다.

계획에 따라 정상적으로 추진되는 사업에 제동을 걸어 놓고 '가짜뉴스'로 본질을 호도하려 하는 작태에 분통이 터질 수밖에 없다. 정부의 발뺌도 분통을 터지게 한다. 한덕수 국무총리는 지난달 자신의 페이스북에 "새만금 SOC 예산 삭감과 기본계획 재수립 결정은 잼버리와 아무런 관계가 없다"며 명확한 목표 설정을 위해 새만금 빅 피처를 다시 그려야 한다고 밝혔다.

그러면서 "새만금 MP(기본계획)가 새롭게 수립되기 전까지 예산 투입이 줄어들 수 있다"는 말도 했다. 이렇듯 새만금 MP 변경과 새만금 SOC를 엮는 정권은 윤 정부가 유일하다. 보도를 종합해보면 새만금 MP 변경 1년 전을 기준으로 새만금 SOC 정부예산안 반영률을 보면 2013년 새만금~전주 고속도로는 전액 편성됐다. 새만금 신항만과 새만금 내부개발은 각각 129%, 124% 증액 반영됐다.

또 2020년에도 새만금~전주 고속도로, 새만금 국제공항, 새만금 동서도로는 전액 편성됐고 새만금 남북도로는 182% 초과 반영됐다. 새만금 MP 변경이 이뤄진 2014년, 2021년에도 새만금 SOC 예산은 모두 전액 또는 증액 편성됐다. MP 변경과 관계없이 기업 지원과 관련된 SOC 예산은 변동 없이 반영된 것이다.

한편 9월 13일 오전 전북도청 종합상황실에서 열린 더불어민주당과 전북도의 예산정책협의회에서 전북도와 민주당 소속 국회의원들은 정부의 새만금 SOC 예산 삭감에 강력한 비판의 목소리를 쏟아냈다. 박광온 민주당 원내대표는 당 차원에서 각별한 관심을 가지고 전북 현안 요구사항에 대한 지원을 약속했다.

박 원내대표는 "비정상적인 예산편성이면서 도저히 있을 수 없는 일로 예산을 갖고 특정한 지역을 압박하겠다는 것은 말 그대로 독재적 발상이 아니고서는 불가능한 일"이라며 "미리 막지 못한 저희들의 책임을 강하게 느끼면서 이 문제를 풀지 않으면 내년 예산 심의를 정상적으로 할 수 없다는 각오로 응하겠다"고 밝혔다.

또한 박 원내대표는 9월 18일 국회 교섭단체 대표 연설에서 "새만금 잼버리 파행에 대한 책임을 분명히 밝히겠다"며 그 점을 확실히 했다. 민주당이 잼버리 파행 책임 규명에 총력을 다하려는 것은 새만금 국가예산 원상회복 문제가 달라질 수 있다는 판단 때문으로 보인다. 9월 26일 새로 선출되는 민주당 원내대표도 같은 생각일 것으로 기대한다.

이제 믿을 것은 민주당밖에 없는 형국이 됐지만, 그러나 "대통령의 국정운영을 지원하는 기관이라고 생각한다"는 원장이 있는 감사원의 본격적 감사가 잼버리 파행 책임 소재를 공정하게 밝혀낼지는 의문이다. 이런 전북의 현실이 너무 딱하다. 왜 우리 전북이 안겪어도 될 이런 홍역을 치르며 고통스러워해야 하는지 분통 터져 미칠 지경이다.

〈전북연합신문, 2023.9.26.〉

제4부

그렇게 사람이 없나1
그렇게 사람이 없나2
뭐 저런 장관 후보자가 다 있나
된통 까인 특별사면과 공천
대법원장 임명동의안 부결
뭐 저런 사무총장이 다 있나1
뭐 저런 사무총장이 다 있나2
또 한 명의 돌격대장1
또 한 명의 돌격대장2
뭐 저런 사장이 다 있나1
뭐 저런 사장이 다 있나2
뭐 저런 사장이 다 있나3
무주군에 바란다
문학상 선정 기준이 뭔가
문학상 수상자 발표를 보며
아니나다를까 땡윤 뉴스
어느 돌격대장의 자진사퇴
트러블 메이커

그렇게 사람이 없나1

얼마전 '전북엔 그렇게 사람이 없나'(전북도민일보, 2022.11.9.)란 글을 쓴 바 있다. 김관영 도지사가 전라북도문화관광재단 대표이사에 전남 신안 출신의 인사를 임명한 걸 너무 의아해하며 탄식한 글이다. 이제 보니 전북뿐 아니라 나라에도 그렇게 사람이 없나 하는 탄식을 자아내게 한다. 9월 13일 지명된 세 명의 장관 후보자를 보니 그렇다.

윤석열 대통령은 국방부·문화체육관광부(문체부)·여성가족부 장관 후보자로 신원식 국민의힘 의원, 유인촌 대통령 문화체육특별보좌관, 김행 전 국민의힘 비상대책위원을 각각 지명했다. 먼저 3개 부처 장관 후보자 인선을 발표한 김대기 비서실장이 밝힌 유인촌 문체부장관 후보자 인선 배경은 다음과 같다.

유 후보자는 "문화예술 현장에 대한 이해와 식견뿐 아니라 과거 장관직을 수행했던 만큼 정책역량도 갖춘 분"이라고 소개했다. "케이(K)컬처 도약과 글로벌 적임자로 판단했다"고도 말했다. 즉각 박성준 더불어민주당 대변인은 3명 후보자 지명에 대해 "'구'태 인사, '한'심한 인사, 막'말'을 이어온 인사들"이라며 "구한말 인사"라고 혹평했다.

야당의 혹평이야 개각때마다 늘 있는 일이지만, 이들 3명 후보자는 하나같이 '장관감'인가 하는 의구심을 꾸준히 재생산해내는 게 예사롭지 않다. 지난 7월 대통령 문화특보로 위촉된 지 불과 두 달 만에 문체부 장관에 발탁된 유 후보자의 경우 여당에서조차 지나친 '이명박(MB) 정부 시즌2'라는 비판이 나왔다.

한겨레(2023.9.14.)에 따르면 한 중진 의원은 한겨레에 "그렇게 사람이 없느냐. 정말 엠비 시즌2를 만들 생각이냐"고 말했다. 다른 수도권 의원은 "유 후보자와 이동관 방송통신위원장은 이명박 정부 때 논란이 있었던 사람들인데, 굳이 지금 재소환해 논란을 다시 만드는지 모르겠다. 이러다가 정말 윤석열 정부가 '엠비 정부 시즌2'가 되는 거 같아서 걱정"이라고 말했다.

국민의힘 한 초선 의원도 "언제 적 유인촌이냐. 유 후보자가 적임자라고 볼 수 있는 근거가 대체 뭔지 모르겠다"고 말했다. 대통령실은 유 후보자 지명이 엠비 인맥과는 관계없다고 했다. 대통령실 고위 관계자는 "가장 중요한 것은 전문성과 책임성"이라며 "그런 것과는 관계가 없다"고 선을 그었다.

야당은 유 후보자의 과거 행적을 들어 비판했다. 권칠승 더불어민주당 수석대변인은 "유 후보자는 과거 막말과 문화예술계 인사 탄압을 자행한 장본인으로서 후안무치한 재탕 후보자의 전형이다. 정부가 정상인가"라고 비판했다. 유 후보자는 장관 시절 노무현 정부 때 임명된 문체부 산하 공공기관장 사퇴를 압박한 것으로 알려졌다.

문체부장관을 지낼 때 문화계 블랙리스트 관리 의혹도 있다. 2017년 국가정보원 적폐 청산 태스크포스는 이명박 정부가 '문화·예술계 블랙리스트'를 작성하고 조정래 작가와 배우 문성근, 영화감독 박찬욱·봉준호, 방송인 김미화·김제동씨 등 82명을 퇴출 대상으로 지목해 압박했다고 발표했다. 반면 유 후보자는 "그런 리스트는 없었다"고 부인했다.

아울러 2008년 10월 국정감사 당시 언론을 향해 "사진 찍지 마! ××찍지 마!"라고 삿대질을 해 논란이 일기도 했는데, 유 후보자 지명 발표가 있기 전인 9월 12일 국민의힘 의원들은 "하아… 미치겠다.

어떻게 해야 하나.", "실화인가. (공식)발표할 때까지 안 믿을 거다.", "국민하고 싸우자는 건가 싶다." 같은 반응을 보인 것으로 전해졌다.

경향신문(2023.9.12.)에 따르면 국민의힘에서는 윤석열 정부에서 MB 정부 인사들이 득세하는 데다 이미 장관을 지낸 인사를 또다시 기용하는 데 대한 불만이 크다. 개각을 통해 국민들에게 쇄신 이미지를 심어주기보다 과거의 부정적 이미지를 떠오르게 한다는 것이다.

국민의힘 한 재선 의원은 통화에서 "도대체 왜 이렇게 인사를 리바이벌(revival·재상영)하는지 모르겠다. (여당이니) 실드쳐야(옹호해야) 하는데 말도 못 하겠다"고 말했다. 국민의힘 한 초선 의원도 "자꾸 쓰던 사람을 다시 쓰는 게 무슨 큰 뜻이 있는 건지 잘 모르겠다. 이건 진짜 아니다"라며 "(장관 시킬) 사람이 너무 없으면 차라리 (박보균 현 문체부 장관을) 계속 시키면 더 잘 할 것"이라고 말했다.

하긴 문체부 장관 교체는 다소 의아스럽기도 하다. 아니나다를까 "박보균 문체부 장관은 정권에 비우호적인 '가짜뉴스' 대응과 KBS·MBC 등 공영방송 '좌편향' 시정 노력이 미흡하다"는 대통령실과 여권의 평가를 받아 경질된 것으로 전해졌다. 채 상병 순직사건 수사 의혹과 잼버리 파행 책임에 대한 꼬리 자르기라는 인상의 국방부나 가족여성부 장관 교체와 다른 경우다.

한편 여당 출신인 조원진 우리공화당 대표는 전날 YTN 라디오에서 "BTS의 대한민국인데, 그런 역동적인 문체부에 올드(old)한 장관이 맞는가 하는 생각이 든다"며 "인사를 올리는 자리에 MB 사람들이 다 버티고 있다. 다른 사람이 올라오는 걸 다 막고 있는 상태라 인사의 폭이 너무 좁다"고 지적했다. 논란의 유 후보자를 불러낼 만큼 그렇게 사람이 없는 나라인지, 한심하고 답답하다.

〈2023. 9. 28.〉

그렇게 사람이 없나2

윤석열 대통령의 부분 개각을 두고 내년 총선에 미칠 악영향을 우려하는 목소리가 터져 나왔다. 경향신문(2023.9.12.)에 따르면 국민의힘 한 초선 의원은 "대통령이 내년 총선에 대해서는 아무 생각이 없는 것 같다. 누가 그 사람들이 장관감이라고 생각하겠느냐"고 밝혔다. 또 다른 국민의힘 초선 의원은 "안타까운 것은, 국민들이 갖고 있는 (유 특보에 대한) 공통된 이미지에 대해 별로 고려치 않는다는 것"이라고 말했다.

이어 초선 의원은 "대통령이 이번 총선에서 중도·부동층을 의식하기보다 자기 우군을 확실히 챙기겠다는 것이다. 개각을 통해 뭔가를 쇄신하거나 분위기를 전환할 거라고는 생각하지도 않았다"고 말했다. 한 여권 관계자는 "이번 정부는 너무 여론을 안 살핀다. MB 정부 출신으로 정말 다 채울 생각인지 모르겠다"고 자조했다.

신원식·김행 후보자도 그렇게 사람이 없나 하는 탄식을 우러나게 한다. 김대기 비서실장은 9월 13일 국방부장관 후보자로 지명된 신원식 국민의힘 의원에 대해 "우리 안보 역량을 견고하게 구축할 수 있는 최적임자"라고 설명했다. 잼버리 파행 사태 논란의 중심에 선 김현숙 여가부 장관 후임으로 지명된 "김 후보자는 전환기 여가부 업무를 원활히 추진할 수 있는 적임자라고 판단했다"고 말했다.

더불어민주당이 해병대 채아무개 상병 순직 사건 수사 축소 외압 의혹을 제기하며 이종섭 국방부 장관 탄핵소추를 추진하자 장관을 서둘러 바꾼 것 아니냐는 분석도 있지만, 대통령실은 딱 잡아떼고 있다. 대통령실 고위 관계자가 이런 지적에 "채 상병 사건은 이번 인사에 전혀 고려하지 않았다"고 말해서다.

그러나 신 후보자는 '일국의 장관'이 되기엔 부적격 사유가 차고 넘친다. 보도를 종합해 자세히 살펴보자. 육군 중장 출신인 신 후보자는 1985년 10월 자신이 중대장으로 있던 경기도 포천 육군 8사단 21연대 2대대 공지합동훈련 중 박격포 오발탄을 맞고 숨진 ㄱ일병의 사인을 '불발탄 사고'로 조작하는 데 관여했다는 의혹을 받고 있다.

당시 군 수사기관은 ㄱ일병이 불발탄을 밟아 사망했다고 결론을 내렸다. 2022년 10월 이 사건 재심사에 나선 대통령 직속 군사망사고진상규명위원회는 ㄱ일병의 사인을 '오발탄에 의한 사망'이라고 정반대의 판단을 내놨다. 진상규명위 결정문에는 "누구 주도로 사망의 원인이 왜곡·조작됐는지 확인할 수는 없었다"면서도 "망인의 소속 부대 지휘관과 간부들은 망인의 사인을 불발탄을 밟아 사망한 것으로 왜곡·조작함으로써 사고의 지휘 책임을 회피한 것으로 볼 수 있다"고 적시했다.

지난달 27일 오마이뉴스는 당시 중대장이었던 신 후보자가 부대원들을 모아놓고 'ㄱ일병은 불발탄으로 사망했다'며 입단속을 시켰다는 취지의 증언을 보도했다. 이에 신 후보자는 "진상규명위가 극히 일부의 진술로 군 수사기관의 수사 결과를 뒤집었다"며 진상규명위 판단에 불복하는 한편, 오마이뉴스 기자 등을 상대로 민형사상 소송을 제기한 상태다.

신 후보자는 예비역 장군 신분이던 2019년 7월 전광훈 목사의 기도회 현장에서 "오늘날 문재인이라는 악마를 탄생시킨 초대악인 노무현이라는 자가 대통령이 돼서 문제가 시작됐다"고 했다. 같은 해 8월 '문재인 정권 규탄 집회'에서는 "한줌도 안 되는 좌파 쓰레기 문재인"이라고 했다.

9월 21일엔 부산에서 열린 태극기 집회에서 유엔군의 인천상륙작전 성공 기념일(9월15일)을 언급하면서 "6일 전에 유엔군이 인천상륙작전에 성공했기 때문에 문재인 모가지를 따는 것은 시간 문제"라고 했다. 또 "2016년 촛불 반역, 2019년 태극기 헌법" 구호도 외쳤다.

12·12 및 5·16 군사 쿠데타 옹호에 이어 "이완용이 비록 매국노였지만 어쩔 수 없는 측면도 있었다"는 발언으로 '친일 식민사관'이라는 비판을 받고 있는 신원식 국방부 장관 후보자가 과거 "대한제국이 존속했다고 해서 일제보다 행복했다고 우리가 확신할 수 있느냐"고 말했던 사실이 추가로 드러나기도 했다.

이에 대해 정태헌 고려대 교수(한국사학과)는 "신 후보자의 발언은 전형적인 뉴라이트 사관, 제국주의적 식민사관"이라며 "해방되지 말고 사실은 그냥 일본 식민지로 있는 게 나았다는 생각"이라고 지적했다. 일본 제국주의가 식민지 지배를 정당화하기 만들어낸 식민사관은 조선은 스스로 무너졌고 일본의 침략은 필연적이라고 주장한다.

뉴라이트는 일제의 식민지 지배가 한국의 근대화에 크게 기여했다는 식민지 근대화론을 주장해왔다. 정 교수는 "이런 역사의식의 소유자가 국방 책임자가 된다면 외침 위협이 있을 때 바로 꼬리를 내릴 것"이라고 비판했다.

한편, 신 후보자는 26일 열린 청문회에서 5·16과 12·12 쿠데타 옹호 발언, "문재인 모가지 따는 건 시간문제" 등 문재인 전 대통령과 관련한 막말을 "표현하는 언어가 과했다"고 사과했다. 다만, 신 후보자는 "국회의원이 아니라 자연인 신분으로 한 말"이라고 거듭 강조하면서 "문재인 정부의 안보정책에 굉장히 비판적인 생각은 변함없다"고 덧붙였다.

〈2023. 9. 28.〉

뭐 저런 장관 후보자가 다 있나

10월 7일 윤석열 대통령이 신원식·유인촌 후보자를 국방부장관과 문화체육관광부 장관에 임명했다. 신 후보자는 국회가 인사청문경과보고서 채택을 하지 않았고, 유 장관은 적격(국민의힘)과 부적격(더불어민주당)이 병기된 상태였다. 그러니까 18번째로 인사청문 경과보고서 채택 없이 장관급 인사를 단행한 것이다.

이미 '그렇게 사람이 없나'란 글을 통해 지적한 바 있듯 '일국의 장관'이 되기엔 부적격 사유가 차고 넘친다는 비판적 여론 따위는 아랑곳하지 않는 대통령의 고유권한이 또다시 발동된 셈이다. 반면 김행 후보자는 10월 12일 자진사퇴했다. 신원식·유인촌 후보자보다 한 수 위 볼썽사나운 '기량'을 보였던 김 후보자 임명 강행 기류가 강서구청장 보궐선거 패배와 함께 바뀐 탓으로 보인다.

김 후보자는 10월 5일 인사청문회 도중 자리를 이탈한 뒤 돌아오지 않았다. 김 후보자와 국민의힘 의원들은 "이런 식의 태도를 유지하고, 도저히 감당하지 못하겠으면 사퇴를 하시든가요. 본인이 범법이라는 지적에 증명을 못 하시면서 고발하라든가 이런 식으로 얘기하시면, 자료 제공 못한다 이러시면 안 됩니다. 자세를 그렇게 가지시면 안 된다고 하는 겁니다"라는 권인숙 여가위원장 발언에 반발하면서 집단 퇴장했다.

민주당 소속 권인숙 여성가족위원장은 이에 청문회를 6일 하루 더 실시하겠다고 했지만, 이날에도 김 후보자는 참석하지 않았다. 민주당 여가위원들은 "국민들이 지켜보는 인사청문회인 만큼 제발 성실하게 임해달라는 위원들의 당부를 무시하고 청문회를 '엑시트' 한 김 후보자, 자진사퇴하길 촉구한다"고 전했다.

민주당 박성준 대변인은 10월 8일 "줄행랑에 코인 보유 논란까지 '의혹 백화점' 김행 후보자의 임명을 철회해야 한다"고 주장했다. 이 날 한 언론은 국민의힘 코인게이트 진상조사단이 김 후보자가 10억 원 상당의 코인을 보유한 사실을 이미 파악하고 있었다고 보도했다. 해당 조사단이 꾸려진 시점은 지난 5월로, 무소속 김남국 의원의 가상자산 보유가 논란이 된 직후다.

이어 김 후보자의 주식 파킹 논란과 '위키트리'의 선정적 보도 논란, 김건희 여사와 김 후보자의 관계 등 김 후보자를 둘러싼 여러 의혹을 일일이 열거하며 "정부·여당이 김행 후보자의 임명을 강행한다면 이 정부의 인사가 망사이고 국민을 철저히 무시하는 정권이라는 것을 다시 한 번 증명하는 일"이라고 꼬집었다.

보수 진영에서도 김 후보자 임명을 철회해야 한다는 주장이 나왔다. 가령 전여옥 전 새누리당(국민의힘 전신) 의원은 10월 8일 밤 자신의 블로그에서 "윤 대통령이 정면 돌파를 위해 김 후보자 임명을 강행한다고 하는데, 임명을 거둬들이는 게 진정한 정면 돌파라고 본다"고 주장했다.

전 전 의원은 "이번 김 후보자에 대한 청문회는 한마디로 '여성판 아수라'였다. 국민들은 '여자들이 머리끄댕이 잡고 시장 한복판에서 싸우는구나'라고 생각했을 것"이라며 "추한 모습으로 원색적으로 싸우는 여자들이 바로 이 나라 국회의원이었고, 이 나라 여성가족부 장관 후보였다"고 했다.

이어 "여성가족위원장 권인숙은 여성을 스스로 모독하며 편파적으로 진행했다. 늘 진영의 앞잡이였던 민주당 여성 의원들은 이번에도 기대를 저버리지 않았다"면서도 "진짜 문제는 김 후보자였다. 의혹에 대해 전혀 방어도 하지 못했다. '주식 파킹', '인터넷 매체 보도', '코인 의혹'에 딴소리만 되풀이했다"고 덧붙였다.

결정적으로 그는 "김 후보자는 청문회장을 끝까지 지키지 못했는데, 장관직은 어떻게 지키냐"며 "35일 만에 사임한 조국보다 더 빨리 물러날 수도 있다. 김 후보자가 자진사퇴하길 요청한다"고 했다. 국민의힘 유일의 호남지역구 이용호 의원도 "지금으로 봐선 대통령의 부담을 덜어주는 것도 하나의 길일 수 있다"며 사실상 자진사퇴를 주문했다.

김 후보자는 "당시 정회 선언을 들은 뒤 회의장 근처의 대기실에서 머무르고 있었을 뿐"이라고 말하지만, 사상 초유 청문회장 무단이탈이란 새 역사의 주인공이 됐다. 최창렬 용인대 교수는 "여야 합의 결과와 관계없이 청문회가 요식행위로 전락해 완전히 무력화된 상태"(한겨레, 2023.10.9.)라고 말했다.

오죽했으면 국회 여성가족위원회 야당 간사 신현영 민주당 의원이 인사청문회법 일부 개정안, 일명 '김행방지법'을 대표발의했을까! 개정안의 핵심은 인사청문 제도의 실효성 제고다. 공직후보자가 정당한 이유없이 불출석하거나 중도이탈한 경우 사퇴로 간주하고, 인사청문회 자료 제출을 거부하면 처벌하도록 했다. 국민의힘이 '권인숙방지법'으로 맞불을 논 상태지만, 소 잃고 외양간 고치는 것일망정 잘한 일로 보인다.

국회의 인사청문 경과보고서 채택 없이도 대통령이 번번히 장관을 임명하는 그런 인사청문회를 뭐하러 하는지 근본적인 검토가 필요한 시점이다. 김 후보자의 자진사퇴는 사필귀정의 결과지만, 그야말로 개판인 나라에 살고 있다는 것이 슬플 따름이다. 탄핵 당한 박근혜 대통령 시절 국민이었을 때보다 더 참담한 심정이다.

〈2023. 10. 12.〉

된통 까인 특별사면과 공천

　10월 11일 치러진 서울 강서구청장 보궐선거에서 더불어민주당 진교훈 후보가 56.52% 득표율로 이긴 결과를 보고 안도의 한숨을 내쉬게 됐다. 민주당 지지자여서가 아니다. 진교훈 후보가 전북 출신으로 전북지방경찰청장을 지낸 연고 때문도 아니다. 그의 승리에 내가 안도의 한숨을 내쉬게 된 이유는 따로 있다.

　나는 지난 9월 쓴 '대통령과 국민의힘 합작 공천'이란 글에서 "이런 상황인데도 강서구민들은 어떤 선택을 할지 귀추가 주목된다"고 우려를 내비친 바 있다. '대통령과 국민의힘 합작 공천'이란 글에서 말한 '이런 상황'은 제목에서도 짐작할 수 있듯 김태우 구청장 낙마로 치르게 된 보궐선거에 그 원인을 제공한 후보가 공천되는 어처구니없는 일을 말한 것이다.

　국민의힘 김태우 후보는 39.37% 득표에 그쳤다. 진 후보와 득표율 차는 무려 17.15%p에 이른다. 그야말로 압승이다. 일개 구청장 후보를 뽑는 보궐선거였지만, 윤 대통령이 유죄가 확정된 김 전 구청장을 불과 3개월 만에 특별사면했고, 이런 '윤심'을 어찌 할 수 없어 국민의힘이 공천한 터라 여야 두 당이 총력전을 펴는 등 국민적 관심을 끌었다.

　진 강서구청장 당선인은 당선 소감으로 "이번 선거가 상식의 승리, 원칙의 승리, 그리고 강서구민의 위대한 승리"라고 밝혔다. 그러면서 "오직 강서구민만을 바라보며 그동안 구정의 공백을 메우기 위해 1분, 1초라도 아껴가면서 강서구정을 정상화시키겠다"고 밝혔다. 아무튼 민주당은 지난 2021년 4월 서울·부산시장 보궐선거, 2022년 대선과 지방선거에서 지속된 패배의 고리를 비로소 끊었다.

민주당 권칠승 수석대변인은 논평에서 "윤석열 정부에 대한 국민의 준엄한 질책"이라며 "민주당의 승리가 아닌 국민의 승리이며, 민생파탄에 대한 국민의 심판"이라고 밝혔다. 권 수석대변인은 "추락하는 민생과 경제에도 조금의 반성도 없이 폭주하는 윤석열 정부에 브레이크를 걸어주신 국민께 거듭 감사드린다"고 덧붙였다.

다소 신기한 것은 이준석 국민의힘 전 대표의 진단이다. 이 전 대표는 10월 2일 KBS 라디오 '주진우 라이브'에 출연해 "데이터를 보고 얘기를 드리는데, 지난 2020년 21대 총선에서 강서 갑·을·병의 양당 득표율을 비교해 보면 17.87% 정도 차이가 난다"며 "저는 그게 그대로 간다고 본다"고 말했다.

이어 이 전 대표는 "(2020년 선거와 달리) 대선 때는 저희가 젊은 사람들이 많이 들어와서 표 차이가 적게 나거나 뒤집기도 했는데, (들어왔던 젊은 사람들이) 다 빠져 나갔다"고 말했다. 그런 예측이 거의 맞는 선거 결과가 나왔다. 이런 예측을 국민의힘 지도부에선 '사이비 평론'(김병민 최고위원)이라 폄하하는데 급급했으니 패배 안하고 배길 재간이 있겠나 싶다.

당장 비윤계(非윤석열계)를 중심으로 내년 총선에 대한 우려와 함께 윤 대통령 및 당 지도부의 책임론을 운운하는 독한 소리가 쏟아지고 있다. 대표적으로 윤 대통령을 향해 쓴 소리를 꾸준히 이어온 유승민 전 의원은 이날 KBS 라디오 '최경영의 최강시사'에 출연해 "참패, 완패"라고 보궐선거 결과를 규정했다.

그러면서 "대통령이 어떻게 생각하실지 몰라도 이는 윤석열 정권에 대한 서울 시민들의 민심이 확인이 된 것"이라며 "대통령께서 이번 선거에 상당히 책임이 있다. 한마디로 윤석열 대통령의 패배"라고 직격했다. 그는 "여당의 책임이 아니고 특별히 윤 대통령의 책임인 이유는 무엇이냐"는 질문에 "책임과 권한이 같이 가는 게 공정하지 않느냐"고 반문했다.

유 전 의원은 "이번 선거에서 김기현 지도부에 책임을 물을 생각이 전혀 없다. 그 사람들은 권한이 전혀 없었다"면서 "대법원 확정 판결(징역 1년에 집행유예 2년, 구청장직 상실)을 받은 후보를 3개월 만에 사면복권시켜 선거에 내보낸 것은 대통령의 의지였다"고 설명했다. 그러면서 "당에서는 그저 선거운동 등 뒤치다꺼리 한 것뿐"이라고 주장했다.

홍준표 대구시장 역시 보선 패배 결과를 두고 '역대급 참패'라고 평가했다. 홍 시장은 이날 자신의 페이스북을 통해 "어젯밤은 잠 못 드는 밤이었다"며 "민심 이반이 이렇게까지 심각한 줄 미처 몰랐다"고 말했다. 그러면서 "도대체 이렇게 민심이 멀어져 갈 때까지 우리는 그동안 뭘 했는지"라고 덧붙였다.

족집게 예언을 한 이 전 국민의힘 대표도 보선 결과가 나온 직후 페이스북을 통해 "2020년 4월, 총선에서 보수대결집으로 패배한 이후 서울시장 보궐선거, 대선과 지선을 거쳐 쌓아올린 자산이 오늘로써 완벽하게 리셋됐다"고 개탄했다. 그는 "오늘 결과는 17.87%라는 21대 총선 강서구 합산 득표율 격차에서 거의 변하지 않았다"고 지적했다. 이어 "그 중간에 이기는 길을 경험해 봤음에도 그저 사리사욕에 눈이 먼 자들이 그걸 부정해왔다"고 일침을 가했다. 또 "더 안타까운 건 이제부터 실패한 체제를 계속 끌고나가려는 더 비루한 사리사욕이 등장할 것이라는 것"이라며 국민의힘의 참패 수습 과정도 비관적으로 전망했다. 이런 뼈아픈 지적들이 이번에도 단순한 '비주류 탄식'으로 그치고말지 지켜볼 일이다.

〈2023. 10. 12.〉

대법원장 임명동의안 부결

 10월 6일 이균용 대법원장 후보자의 임명동의안이 국회 본회의에서 부결됐다. 국회는 이날 오후 본회의를 열어 총투표수 295표 가운데 찬성 118표, 반대 175표, 기권 2표로 이 후보자의 임명동의안을 부결시켰다. 재적 의원 과반 출석에 출석 의원 과반 찬성이라는 가결 요건에 미치지 못한 이 대법원장 후보자는 장관들과 달리 낙마하게 됐다.
 더불어민주당(총 168명 중 167명 표결 참석)과 정의당(6명 전원 참석)은 본회의 직전 의원총회를 열고 '부결'을 당론으로 채택했다. 윤영덕 민주당 원내대변인은 "사법부 독립을 지키고 고위공직자로서 직무 수행하는 데 능력·자질 면에서 여러 문제가 있다는 의견 수렴을 거쳐 당론 부결을 제안·결정했다"고 기자들에게 말했다.
 '자율투표'가 아닌 '당론'으로 부결 표결에 나선 데 대해 당 지도부 관계자는 "이 후보자의 자격없음을 선명하게 보여줄 필요가 있다는 의견이 많았다. '사법부 수장 공백'보다 '부적격자 임명 저지'가 우선이라는 분명한 표현"이라고 설명했다. 민주당과 정의당 전원이 부결표를 냈다하더라도 무소속 등 2명이 동조한 결과다.
 보도를 종합해보면 대법원장 후보자가 국회 문턱을 넘지 못한 건 1988년 정기승 후보자 이후 35년 만이다. 대법원장 공백으로 치면 1993년 부동산 투기 의혹으로 사퇴했던 김덕주 전 대법원장 이후 30년 만이다. 9월 24일 김명수 전 대법원장 퇴임 뒤 이어져온 대법원장 공백 상태는 당분간 불가피하게 됐다.
 새 후보자 지명과 국회 인준 절차 등 최소 1~2개월은 걸려야 새

대법원장 취임을 볼 수 있어서다. 그렇다. 대법원장은 장관처럼 야당이 반대해도 대통령 마음대로 임명할 수 있는 자리가 아니다. 헌법(제104조)이 대법원장과 대법관 임명에 국회 동의를 거치도록 규정해놓고 있어서다. 대통령이 아무런 견제 없이 사법부를 자기 사람으로 채울 수 있다면 삼권분립이라는 민주공화국의 뼈대가 무너질 수 있기에 그런 것이다.

민주당은 부결에 대해 "윤석열 대통령의 불통 인사가 자초한 결과"라고 밝혔다. 윤 원내대변인은 "애초에 국회 동의를 얻을 수 있는 후보를 보냈어야 마땅하다. 윤 대통령은 헌정사상 두 번째 대법원장 임명동의안 부결을 무겁게 받아들이길 바란다"고 논평했다.

대법원장 인사청문특별위원회 야당 간사인 박용진 의원은 페이스북에 "사법부 공백의 모든 책임은 엉터리 인사검증과 무책임한 추천을 한 윤 대통령에게 있다"고 적었다. 반면 국민의힘은 '가결' 당론을 정해 표결에 임했으나 여소야대 상황에서 역부족이었는데도 "이재명 방탄용 폭거"라며 강하게 반발했다.

국민의힘은 부결 직후 국회 본회의장을 집단 퇴장해 중앙홀에서 규탄대회를 열었다. 김기현 대표는 "이재명 대표의 개인적 사법리스크 방탄을 위한 의회 테러 수준의 폭거"라고 말했다. 이어 "사법부 공백을 장기화시키겠다는 이 대표와 민주당은 정치재판에 기생해 정치생명을 연장하려는 의도를 갖고 있다고 볼 수밖에 없다"며 엉뚱한 트집잡기에 힘을 쏟는 모습이었다.

대통령실도 야당을 비판했다. 이도운 대변인은 브리핑에서 "반듯하고 실력 있는 법관을 부결시켜 초유의 사법부 장기 공백 상태를 초래한 것은 대단히 유감스러운 일"이라며 "그 피해자는 국민이고,

따라서 이는 국민의 권리를 인질로 잡고 정치투쟁을 하는 것이라고 말할 수밖에 없다"고 했다. 부결 배경에 이재명 대표의 재판 상황이 고려됐다고 보는 것이다.

윤 대통령과 집권여당 국민의힘만 아직도 여소야대 국회임을 모르는 모양이다. 대법원장 후보자가 재적 의원 과반 출석에 출석 의원 과반 찬성을 얻어야 가결되는 걸 알았다면 그런 사람을 지명하지 않았을 것이다. 부결에 대해 잘못 추천을 인정하고 사과하긴커녕 '방구 뀐 놈이 성낸다'는 속담을 떠올리게 하니 기가 찰 노릇이다.

지난 8월 22일 윤석열 대통령이 '친한 친구의 친한 친구'인 이균용 후보자를 지명했을 때부터 논란이 일었다. 아니나다를까 인사청문 과정에서 재산신고 누락, 땅 투기, 농지법 위반, 배우자의 증여세 회피 등 숱한 의혹이 불거졌다. 이 후보자는 "법을 몰랐다"는 황당한 변명을 내놓는 등 결격 사유가 차고 넘쳤다는 게 야당인 민주당과 정의당의 판단이었다.

한겨레 신문 '논쎌'(2023.10.7.)을 보면 "그래서 역대 대통령들은 대법원장 후보자를 지명할 때 법원 안팎의 신망을 고려하고 시대가 요구하는 자질을 명분으로 제시했"다. "야당이 반대하면 설득하는 노력도 했"다며 "지난 35년 동안 대법원장 임명동의안이 한번도 부결되지 않았던 배경"을 밝히고 있다.

그러나 윤 대통령은 야당을 설득하고 협조를 구하는 노력을 전혀 하지 않았다. 홍익표 민주당 원내대표는 "일부에서 이런 얘기도 있어요. 이번은 그냥 희생타고 다음에 보내려고 일부러 이런 사람, 이 후보자를 보냈다. 이런 얘기도 지금 나오는데 … 이런 인물들을 계속 보내면 제2, 제3이라도 저는 부결시킬 생각"(앞의 한겨레)이라고 말했다.

〈전북연합신문, 2023.10.18.〉

뭐 저런 사무총장이 다 있나1

지난 2월 이미 기이한 감사원에 대해 말한 바 있다. 9개월이 다 돼 가는데, 여전히 감사원은 언론에 꾸준히 노출되고 있다. 최재해 감사원장이 "(감사원은 대통령의 국정운영을) 지원하는 기관이라고 생각한다"고 말해 "귀를 의심케 하는 발언"(김도읍 국민의힘 의원)이라며 여당의원까지도 놀라게 했던 최 감사원장보다 유병호 사무총장 뉴스가 더 많아 보인다.

먼저 전현희 전 국민권익위원장에 대한 표적감사 혐의로 수사받고 있는 유 사무총장은 고위공직자범죄수사처(공수처)의 4차례 출석 요구에 한 달째 응하지 않았다. 공수처는 10월에만 세 차례 유 사무총장을 피의자 신분으로 불러 조사하려했지만, 국정감사를 이유로 출석하지 않았다. 11월 3~5일 사이 조사 받으러 오라고 다시 요구했지만 유 사무총장은 국회예산결산특별위원회 회의를 이유로 12월에 출석하겠다는 의사를 밝혔다.

그런 가운데 감사원이 유 사무총장 쪽 변호인단의 항변이 담긴 보도 참고자료를 배포해 '조직 사유화'라는 비판까지 나온 상태다. 11월 7일 유 사무총장 쪽 변호인단의 입장을 담아 감사원이 배포한 자료에는 "공수처 출석요구는 피의자들 및 변호인과 어떤 협의도 거치지 않은 일방적 통보"라며 공수처 규칙 위반이라고 주장했다.

그러면서 "감사원이 감사원법과 개원 이래 75년간의 운영 기조를 기반으로 정당하게 권익위 감사를 실시했다고 본다. 그러나 공수처는 기본적 사실관계를 일방에게만 확인하거나, 감사원의 확립된 업무 관행에 대한 이해가 부족해 보이는 상황에서 조사하고 있다"고 비판했다.

변호인단은 이어 "이는 감사원의 권위와 신뢰를 심히 훼손하며, 정상적인 업무 추진에도 큰 지장을 초래하고 있어 매우 유감"이라고 밝혔다. '감사원의 권위와 신뢰를 심히 훼손' 운운하고 있는데, 자던 소가 웃을 말이다. 윤석열 정부 감사원이 훼손될 권위와 신뢰가 남아 있나 해서다. 한겨레 사설(2023.10.20.)이 쏙 와닿는다.

참으로 뻔뻔하다. 유 총장은 최재해 감사원장과 함께 공수처 수사의 '핵심 피의자'다. 감사원 같은 권력기관이 아니었다면 수사기관의 소환 조사를 거부할 수 있겠는가. 또 감사 대상자가 소환에 응하지 않으면 득달같이 검찰에 고발하면서, 정작 자신들은 공수처의 소환을 거부하고 수사를 비난하다니 이 무슨 후안무치한 태도인가.

감사원의 권위와 신뢰를 훼손한 장본인은 최 원장과 유 총장이다. 감사원장은 대통령에 의해 임명되지만 일단 임명된 뒤에는 직무상 대통령과 독립된 위치에서 감사원을 이끌어가야 한다. 직무에 관한 대통령의 지시, 감독을 받는 부하가 아니다. 이를 철저하게 지켜야 헌법기관의 권위와 신뢰가 생긴다.

하지만 최 원장은 국회에서 "감사원은 대통령의 국정운영을 지원하는 기관"이라고 버젓이 말하더니, 실제로 전 정권 공격에 열심인 대통령실의 입맛에 맞게 문재인 정권을 겨냥한 감사만 줄곧 진행해왔다. 이런 감사원이 '권위와 신뢰'를 언급할 자격이 있는가. 좀 길지만 그대로 옮겨 적은 이유다.

어쨌든 이에 공수처 관계자는 "일방적 주장"이라며 "상식적으로 (출석요구를 하면서) 협의를 단 한번도 하지 않은 것이 말이 되겠는가"라고 말했다. 유 사무총장이 '사무처 직원 먼저 조사하라'며 소환에 불응중인 데 대해서도 "원칙적으로 수사팀에서 결정할 문제다. 수사받는 분이 이래라 저래라 할 수 있는 것은 아니다"라고 말했다.

응당 감사원이 '피의자 유병호'의 입장을 대신 전파한 점도 비판받고 있다. 장유식 민주사회를 위한 변호사모임 사법센터 소장은 "(유 사무총장) 개인에 대한 수사인데 조직의 공식 라인을 통해 대응 및 방어하게 하는 것은 권력 남용이자 감사원을 사유화하는 것"이라며 "수사를 받는 대상은 감사원이 아니다. 기관과 유 사무총장을 일체화시키는 인식이 드러난다"고 지적했다.

유 사무총장에게 다섯 번째 출석 요구를 한 공수처는 임의수사가 원칙이라면서도 강제수사 가능성을 배제하지 않는 모양새다. 11월 7일 국회 예산결산특별위원회에 출석한 김진욱 공수처장은 조응천 더불어민주당 의원의 "공수처가 다섯 번째 부른 유 사무총장이 이번에도 안 나오면 체포영장을 청구하겠는가"라는 질문에 "법이 허용한 수단을 사용하겠다"고 말했다.

"임기 만료 전 (해당 사건을) 진상규명하고 떠날 것인가"라는 김회재 의원 질문에는 "그럴 계획"이라고 답했다. 김 처장 임기는 내년 1월 20일까지다. 일각에선 유 사무총장이 그때까지 버티려 하는 것 아닌가 하는 의구심을 제기하기도 한다.

가령 "유 총장의 공수처 소환 거부는 내년 1월 김진욱 공수처장의 임기가 끝날 때까지 수사를 끌기 위한 것으로 보인다. 전임 정부에서 임명된 김 처장 후임으로 '친윤' 쪽 인사가 임명되면 감사원에 대한 수사는 흐지부지될 수 있다"(앞의 한겨레)는 것이다.

대체 뭘 믿고 저리 방약무인, 오만방자한지 짜증나게 하는 유 사무총장이다. 유 사무총장은 "꼴뚜기가 뛰니 망둥이도 뛴다"는 속담을 떠오르게 한다. 본의아니게 '어통령' 시대를 살아서 그런가, 아님 대통령의 국정운영을 지원하는 기관인 감사원 시절이라 그런가? 뭐 저런 사무총장이 다 있나 싶다.

〈2023. 11. 13.〉

뭐 저런 사무총장이 다 있나2

　더불어민주당은 11월 1일 유병호 감사원 사무총장과 조성은 방송통신위원회 사무처장, 김효재 전 방통위 상임위원 등이 정부의 언론 장악을 위해 불법 공모했다고 주장하며 이들을 수사기관에 고발하겠다고 밝혔다. 윤영찬 의원은 이날 국회 소통관 기자회견에서 "지난주 국정감사에서 방통위 조 사무처장의 발언을 통해 윤석열 정부 방통위와 감사원이 언론 장악을 위한 불법 합동작전을 벌여온 것이 증명됐다"며 이같이 밝혔다.

　국회 과학기술정보방송통신위원인 윤 의원은 방송문화진흥회에 대한 감사를 진행 중인 감사원이 지난 7월 31일 방문진 조사 내용을 상세히 적어 방통위에 '질문서' 형식으로 발송했다고 주장했다. 윤 의원은 "방문진에 대한 감사가 아직 끝나지도 않았는데 감사원이 확정되지 않은 감사 내용을 타 기관 의견을 묻는 형식으로 유출한 것"이라며 '명백한 위법'이라고 비판했다.

　이어 "방통위가 권태선 방문진 이사장 해임을 의결한 지난 8월 21일 비공개 회의록을 보면 감사원 질문서와 방통위가 지적한 내용이 정확히 일치한다"며 "일종의 피의사실 내용을 '복사, 붙여넣기' 수준으로 해임 사유에 가져다 쓴 것"이라고 주장했다.

　서울행정법원은 권 이사장이 방통위 해임 의결에 불복해 낸 해임 효력 정지 가처분을 지난 9월 인용했다. 방통위가 이에 다시 반발해 낸 항고도 전날 서울 고등법원에서 기각됐다. 윤 의원은 감사원 유 사무총장과 방통위 조 사무처장, 해임 결정 당시 방통위원장 직무를 대행한 김 전 방통위원, 이상인 현 방통위 부위원장을 "이 불법적 사태의 공범자들"이라며 모두 고발하겠다고 말했다.

한편 유 사무총장은 국회 법제사법위원회에 올 때마다 야당과 충돌하기 일쑤였다. 가령 유 사무총장은 10월 13일 국정감사에서도 변함없는 태도를 보였다. 급기야 야당 의원을 쏘아붙이는 모습에 회의장은 또 한번 소란스러워졌다. 이날 법사위 국감장은 감사원의 전현희 전 국민권익위원장 감사를 두고 여와 야, 감사원 간의 치열한 공방이 펼쳐졌다.

더불어민주당의 감사위원 배석 요구로 국감은 시작하자마자 중지됐다가 가까스로 오전 11시 40분에야 재개됐다. 이후 야당은 최 감사원장과 유 사무총장에게 '전현희 감사' 주심인 조은석 감사위원의 결재 없이 감사보고서를 최종 승인한 일을 집중 추궁했다.

같은 당 박용진 의원은 "여러분은 괜찮은 거 같다고 주장할지 모르지만, 국민들이 볼 때는 '뭐 저런 게 다 있나' 싶을 것"이라며 "국회 와서 '주심 패싱해 버렸다. 이 양반이 자기 뜻에 안 맞는다고 클릭을 안 해줘 갖고요.' 이걸 자랑스럽게 얘기하는 게 납득이 안 된다"고 개탄했다.

또 최 원장과 유 사무총장이 이 일로 공수처 수사를 받는 와중에서 내부 진상조사를 진행, '셀프방탄'했다고 비판했다. 그는 이들의 국감 참여가 이해충돌방지법 위반 소지도 있다고 덧붙였다. 이때 유 사무총장이 "의원님, 이해충돌방지법은 해당사항이 없다"며 끼어들었다. 박용진 의원은 "사무총장한테 물은 게 아니지 않나"라고 받아쳤다.

그러자 유 사무총장은 "(질의시간이) 끝나지 않았나"라고 대꾸했다. 통상 국회 상임위원회 회의나 국감에서 국회의원과 정부 측이 질의-답변을 주고받을 때는 기관장이 답변하고, 실무자 등은 의원이나 위원장의 허락을 받아 발언 기회를 얻는다. 당시 유 사무총장은 발언권 요청을 하지 않은 상태였다. 박 의원이 "제가 질의는 원장한테 했다"고 하자 유 사무총장은 말 없이 종이컵에 든 물을 벌컥 마셨다.

이어진 의사진행발언 시간, 민주당 송기헌 의원은 "(의원들이 그간) 여러 번 얘기했는데도 유병호 사무총장은 스스로 나서서 그렇게 대답하고, 그리고 또 인상을 부릅쓰면서 '다 끝났잖아요' 그렇게 얘기하는 게 적절한가"라며 "(의원 질의시간이) 끝나든 안 하든 답하는 건 위원장 허락을 받아서 하는 거고, 질문 끝나면 마음대로 얘기해도 되나? 그것도 인상 푹푹 쓰면서"라고 항의했다.

민주당 이탄희 의원은 김도읍 위원장에게 "법사위원장으로서 사무총장이 방금 한 행위에 대해서 감사원장에게 적절한 감찰조치를 요구해달라"며 "이러한 행위는 있을 수 없다"고 말했다. 김 위원장도 "그게 가능한지 모르겠지만 이탄희 의원 말씀 들으셨나, 원장님"이라고 한 뒤 "그리고 유병호 사무총장님, 송기헌 의원이 지적한 것을 겸허히 받아들여야 된다"고 쓴소리했다.

국민의힘 의원인 김 위원장 쓴소리를 듣고서야 유 사무총장은 "죄송하게 생각한다"고 말했다. 대체 누굴 믿고 눈에 뵈는 게 없는 그런 태도로 국회의원을 대해 국민의 시선을 어지럽히는지 모를 일이다. 하긴 그런 태도의 유 사무총장에 대해 "윤 대통령 비호 아래 무소불위 권력기관으로 행세하는 모양새"(한겨레, 2023.7.4.)라는 지적이 나온 게 오래 전이다.

그런 태도의 유 사무총장은 "꼴뚜기가 뛰니 망둥이도 뛴다"는 속담을 떠오르게 한다. 일개 장관들이 대놓고 나대니 덩달아 '건방을 떠는' 것으로 보여서다. 왜 이런 뉴스를 대하며 살아야 하는지 분통이 터질 노릇이다. 본의아니게 '어통령' 시대를 살아서 그런가, 아님 대통령의 국정운영을 지원하는 기관인 감사원 시절이라 그런가? 뭐 저런 사무총장이 다 있나 싶다.

〈2023. 11. 14.〉

또 한 명의 돌격대장1

또 한 명의 돌격대장이 나타나 나라가 어지럽다. 바로 11월 12일 윤석열 대통령이 임명한 박민 KBS 사장이다. 박 신임 사장은 1991년 문화일보 기자로 입사해 사회부장·정치부장·편집국장을 거쳤다. 앞서 국회는 11월 7일 박민 사장 후보자에 대한 인사청문회를 열었지만, 인사청문 경과보고서는 여야 이견으로 채택되지 않았다.

청문회에서는 청탁금지법 위반 의혹과 상습 체납·병역기피 관련 논란 등이 불거진 바 있다. 이후 윤 대통령은 11월 8일 국회에 인사청문 경과보고서 재송부를 요청하면서, 기한을 11월 9일까지로 정했고 이날 임명 강행했다. 이로써 윤석열 정부 들어 인사청문 경과보고서 채택 없이 임명된 장관급 인사는 19명으로 늘었다.

어쨌든 더불어민주당은 "또 한 명의 낙하산 인사가 공영방송 한국방송 역사에 오점을 남기는 순간"이라고 날을 세웠다. 고민정·민형배·조승래·허숙정 등 국회 과학기술정보방송통신위원회 소속 민주당 의원들은 11월 13일 오전 서울 용산 대통령실 앞에서 규탄 기자회견을 열어 "정권 유지에 자신이 없는 윤석열 대통령의 KBS 장악을 규탄한다"고 직격했다.

고민정 민주당 의원은 박 사장이 윤 대통령의 검찰총장 재직 시절 법조언론인클럽 회장을 지내고, 이동관 방송통신위원장의 서울대 정치학과 후배라는 점을 들어 "'설마' 했던 그가 결국 '낙하산 사장 KBS 장악 시대'를 열어젖혔다"며 "이명박 정권의 공영방송 장악 시즌 2가 현실화됐다"고 비판했다.

민형배 의원은 "윤석열 정권은 그간 치졸하고 끈질기게 KBS 장악 작전을 벌여왔다"며 "수신료 제도를 흔들고 KBS 이사회 이사들을 군사작전하듯 해임시키고, 이사회를 장악한 후 김의철 사장을 강제 퇴출시켰다"고 쏘아부쳤다.

허숙정 의원도 박민 사장을 두고 "청문회장에서조차 거짓말을 수차례나 하고 들통나는 촌극이 연출됐다"며 "공영방송의 본질적 가치를 훼손하는 정치적 편향성을 노골적으로 드러내고, 출연자 섭외와 방송 제작·편성에 개입하겠다는 취지로 방송법을 정면으로 위반하는 발언을 아무렇지 않게 내뱉었다"고 지적했다.

허 의원은 "청탁금지법 위반 행위도 반성은커녕 변명에만 급급한 박민은 언론인으로서 자질뿐만 아니라, 기본적인 준법정신마저 갖추지 못한 인물이었음이 확인되었음에도 낙하산 KBS 사장으로 심기 위해 막장 정권과 거수기 이사회가 자행한 만행을, 역사는 똑똑히 기억할 것"이라고 밝혔다.

조승래 의원은 "이런 상황에서 윤 대통령이 공영방송의 정치적 독립성 보장과 엄중한 공적 책무 이행을 위해 개정하여 국회를 통과한 방송 3법마저 무력화시키려 든다면, 국민과 언론계의 분노는 걷잡을 수 없이 폭발하게 될 것"이라고 경고했다.

이어 "윤석열 대통령이 정권 유지를 위해 공영방송 장악으로 국민의 눈과 귀를 막고, 민주주의를 파괴하려는 시도를 멈추지 않는다면 엄혹한 국민의 심판을 받게 될 것"이라는 경고도 했다. 특히 고민정 의원은 "얼마나 많은 사람을 잘라내야 직성이 풀리고, KBS MBC YTN 얼마나 많은 언론사들을 옥죄고 결국은 민영화까지 시켜야 직성이 풀리겠느냐"고 반문했다.

정의당도 박민 사장 임명을 규탄했다. 배진교 정의당 당 대표 직무대행은 비상대책회의에서 "박민 사장은 KBS 이사회가 위법적 절차를 동원하여 제청한 악성 낙하산 인사"라며 "인사청문회에서는 청탁금지법 위반 의혹과 상습 체납, 병역기피 관련 사안으로 논란을 빚는 등 절차도 자격도 갖추지 못했다"고 지적했다.

배 직무대행은 "수단 방법을 가리지 않는 윤석열 정부의 막무가내식 방송장악을 강력히 규탄한다"고 밝혔다. 특히 배 직무대행은 박민 사장이 임명되기도 전인 지난주부터 KBS 뉴스 앵커들이 줄줄이 하차하기 시작한 점을 들어 "내부에서는 사장이 바뀌기도 전에 측근들이 권력을 휘두른다는 말이 공공연하게 나돌았다"며 "이건 장악이라기보다 점령에 가깝다"고 성토했다.

배 직무대행은 "절차적 정당성을 완전히 무시한 윤석열 대통령의 KBS 점령 의지가 벌써 내부의 공포와 줄서기를 낳고 있다"고 말했다. 반면 국민의힘은 박 사장이 적임자라는 입장이다. 국회 과방위 소속 홍석준 국민의힘 의원은 11월 10일 CBS 라디오 '박재홍의 한판승부'에 출연해 KBS 정상화를 이끌 적임자라고 판단하는 이유가 뭐냐는 질의에 이렇게 답했다.

"문재인 대통령이 정한 소위 말하는 7대 도덕성 검증 기준에 걸린 사항은 지금 하나도 없음이 확인되었고, 신문사의 정통 언론인으로서 역량이 검증"되었다며 "관훈클럽 회장을 하면서 리더십을 갖췄고, 문화일보의 노조위원장도 해서 어느 정도의 조직 내의 어떤 상하 간의 소통 능력도 갖고 있다고 판단했다"고.

노조위원장까지 지낸 기자가 어찌 그렇게 망가졌는지 모르겠지만, 공영방송을 '우리편' 만들려는 정권의 한심한 작태가 또 벌어진 것이다. 권력에 놀아나는 하수인도 그렇지만, 그렇게 할 수 있도록 되어 있는 법과 제도가 더 큰 문제다. 이런 볼썽사나운 모습을 없애기 위해선 기본적으로 공영방송 사장을 대통령이 임명하는 자체부터 뜯어 고쳐야 한다.

〈2023. 11. 17.〉

또 한 명의 돌격대장2

윤석열 대통령이 임명한 박민 KBS 사장을 일러 또 한 명의 돌격대장이라고 한 바 있다. 그런 평가를 해놓고 보니 자기보다 먼저 했다고 서운해할 사람이 있다. 바로 이동관 방송통신위원장이다. 11월 14일 박지원 전 국가정보원장이 "박민 위에 이동관, 이동관 위에 윤석열 대통령이 있다"고 말한 대로라면 본의 아니게 결례를 범한 듯하다.

물론 이동관 방송통신위원장 위에 있는 윤 대통령은 예다. 대통령이라 그런 게 아니라 별도로 많은 이야기를 하고 있어서다. 아무튼 동아일보 정치부장·논설위원을 거쳐 이명박 정부에서 홍보수석을 지낸 이 위원장은 "'땡윤 방송' 만들기 정점에 이동관이 있다"(한겨레, 2023.11.16.)는 신문기사 제목만으로도 또 한 명의 돌격대장이라 말해도 손색이 없어 보인다.

이 위원장은 더불어민주당이 탄핵을 벼르고 있는 대상이기도 하다. 보도를 종합해보면 민주당 언론자유특별위원장을 맡고 있는 고민정 최고위원은 이 위원장 탄핵 추진 배경을 두고 "윤석열 정부는 출범 이후 줄곧 공영방송에 대한 무더기 과징금 부과와 YTN 매각 추진, 수신료 분리징수를 통한 KBS 재원 옥죄기 등 전대미문의 위법적 행태를 거듭하고 있다"고 밝혔다.

이어 "이러한 방송장악과 '땡윤방송' 만들기의 정점에 있는 인물이 언론장악 기술자 이동관 방통위원장으로, 언론에 대한 검열 부활 시도와 민주주의 훼손 행위를 더 이상 지켜보고만 있을 수 없다"고 설명했다. 아울러 민주당은 이 위원장 탄핵 추진과 별도로 11월 8일 윤석열 정부의 방송장악 시도에 관한 국정조사 요구서를 국회에 제출한 상태다.

방송장악 국정조사를 대표로 요구한 조승래 민주당 의원은 "한상혁 전 방통위원장과 정연주 전 방심위원장 등 윤 정부에서 이뤄진 면직·해임·해촉 처분의 위법성과 수신료 분리징수 추진 관련 김효재 전 방통위원장 직무대행의 월권 행위, 방통위의 방문진·방심위 감사의 부당성 등이 전부 국정조사 대상에 포함될 것"이라고 밝혔다.

윤창현 전국언론노동조합(언론노조) 위원장도 "이 위원장은 취임 이후 국회 발언 등을 통해 방통위가 언론 보도 내용에 대한 규제를 할 수 있다는 식으로 발언한 것은 물론 사실상의 언론 검열 정책인 '가짜뉴스 근절 추진방안'을 발표하고 추진했다"며 "이는 언론 자유를 넘어 표현의 자유마저 침해하려는 시도로 (이 위원장은) 단 하루도 방통위원장 자리에 있으면 안 되는 인물"이라고 직격했다.

앞서 이 위원장 체제의 방통위는 지난 9월 7일 뉴스타파의 '김만배-신학림 녹취파일' 인용보도와 관련해 지상파 방송사와 종합편성채널의 팩트체크 검증 시스템을 점검하겠다며 KBS·MBC·JTBC에 '뉴스타파 인용보도 경위 및 자체 확인한 사실관계', '인용보도 방식 및 팩트체크 확인 절차' 등 10가지 자료를 제출하라고 요구했다.

이에 대해 방통위는 방송사 재허가 조건에 해당하는 이들 방송사의 공정성 및 객관성 확보 계획 이행 여부를 점검하는 차원이라고 설명했으나, 언론노조 등 언론단체는 다른 반응을 보였다. 방송사의 취재 및 보도 과정에 대한 개입이자 언론 검열 시도라며 반발한 것이다.

방통위가 9월 18일 발표한 '가짜뉴스 근절 추진방안'을 두고도 언론계에서는 위헌적 발상이라는 지적이 나왔다. 이는 방통위가 민간 독립기구인 방송통신심의위원회(방심위)를 통해 '가짜뉴스'에 대한 신속심의를 활성화(원스톱 패스트트랙)한다는 것이 주된 내용이다.

그러나 가짜뉴스에 대한 개념 정의 및 판단 기준조차 마련되지 않은 상태에서 정부가 국민의 기본권을 제한하려 한다는 비판이 뒤따랐다. 그런데도 방심위는 11월 13일 뉴스타파의 '김만배-신학림 녹취파일'을 인용보도한 KBS·MBC·YTN·JTBC 등에 대해 총 1억 4,000만 원의 과징금 부과를 확정했다.

야권 성향 공영방송 이사에 대한 방통위의 거듭된 해임 시도와 '정권 친화적 인사 임명' 논란은 이 위원장 취임 이후 더욱 커졌다. 실제로 방통위는 법원이 MBC 대주주인 방송문화진흥회(방문진)의 권태선 이사장에 대한 해임처분 집행정지 신청을 받아들인 상태인데도, 거의 비슷한 사유로 김기중 이사를 해임했다.

아울러 법원이 권 이사장 집행정지 건에 대한 방통위의 항고를 기각하고 김 이사의 해임처분 집행정지 신청을 인용하자 11월 7일 법원을 비난하며 각각 재항고와 즉시항고 입장을 밝혔다. KBS 이사회가 새 사장 후보자 선임을 둘러싸고 파행을 거듭한 사실이 충분히 드러났는데, 이를 방치한 것도 이 위원장의 주요 탄핵 사유 중 하나다.

언론노조와 한국기자협회는 '공영방송 이사의 결격사유를 무시한 임명과 해임 강행', 'KBS 이사회 사장 임명제청 파행 방치', '방문진 이사장 해임 강행', '방송 제작 및 편성의 자율권 침해' 등 8가지 사유를 들어 이 위원장 탄핵을 공식 요구했다. 11월 9일 민주당이 실행하려 했지만, 국민의힘은 국회 본회의에서 '이동관탄핵안'이 자동폐기되도록 예고했던 필리버스터마저 전격 철회하는 등 지키기에 나섰다. 참 지랄 같은 일이 또 벌어지고 있는 것이다.

〈2023. 11. 27.〉

뭐 저런 사장이 다 있나1

아니나다를까 박민 KBS 사장은 대통령의 임명 재가를 성토한 야당에 마치 화답이라도 하듯 칼을 휘둘러댔다. 지난해 대통령실의 MBC에 대한 대통령 전용기 탑승 불허를 '쪼잔한 짓'이라 말하고, '국익 빙자한 언론탄압'을 역설했지만, 박민 KBS 사장이 하는 걸 보니 그건 서막에 불과했다는 생각이 들 정도다.

박 사장은 취임하자마자 '뉴스9'를 4년 동안 진행해온 이소정 앵커와 제1라디오 '주진우 라이브' 진행자를 하차시켰다. 시사 프로그램 진행자들도 교체했다. '사사건건'·'일요진단'·'남북의 창' 등이다. 또 월~목요일 오후 2TV에서 방송하는 시사 프로그램 '더 라이브'를 이날 결방하고 대신 드라마와 코미디 재방송으로 메꾼다고 밝혔다.

KBS는 "주요 종합뉴스의 앵커를 교체함으로써 KBS의 위상을 되찾고 시청자들의 신뢰를 회복할 것"이라고 이번 인사 배경을 설명했다. 한 술 더 떠 박 사장은 11월 14일 오전 '대국민 기자회견'을 자처해 "공영방송으로서 핵심 가치인 공정성을 훼손해 신뢰를 잃어버린 상황에 깊은 유감을 표하며 정중히 사과한다"고 말했다.

이어 "불공정 방송의 경위와 진상을 철저히 규명하고 관련 백서를 발간하겠다"고 밝혔다. 또한 "불공정 편파보도로 사회적 물의를 일으킨" 기자나 피디(PD)에 대해서도 "엄정한 징계" 방침을 밝혔다. 즉각 전국민주노동조합총연맹(민주노총) 전국언론노동조합 KBS 본부는 사측이 방송법과 단체협약, 편성규약을 위반했다며 반발하고 나섰다.

전국언론노조 KBS 본부는 "박민 사장 취임 첫날부터 편성규약과 단체협약 위반 행위가 잇따르고 있다"며 비판했다. 또 "박민 사장 체제와 보직자들에게 법적 책임을 분명히 물을 것"이라며 "해당 행위를 한 보직자들에 대해 방송법 위반과 단체협약 위반 등 혐의로 고발할 것이며, 편성 삭제와 진행자 교체와 관련해 사측에 긴급 공정방송추진위원회를 요청한다"고 덧붙였다.

"취임 첫날부터 정권에 비판적인 보도를 해온 시사프로그램을 폐지하고 저녁 간판 뉴스의 앵커를 교체한 데 이어 공영방송 장악에 가속페달을 밟은 셈이다. 야당은 "점령 작전", "쿠데타"란 표현으로 강하게 비판했고, 언론 전문가들은 대통령실 눈치 보기에 급급해 언론의 독립성과 자율성을 내팽개치고 있다고 우려했다"(한겨레, 2023.11.15.)는 지적이 나오기도 했다.

가령 더불어민주당 홍익표 원내대표는 11월 14일 오전에 열린 원내대책회의(국회 본관 원내대표 회의실)에서 "어제 밤에 KBS 뉴스를 보면서 과거 5·16 쿠데타처럼 군사쿠데타 일어나는 줄 알았다"며 "무슨 방송 진행자나 방송개편이 이렇게 전격적으로 이뤄지는 것을 듣도보도 못했다"고 밝혔다.

홍 원내대표는 "박민 사장이 취임하자마자 KBS 점령작전이 일사천리로 진행되고 있는 것 같다"며 "군사쿠데타를 방불케 한다"고 지적했다. 홍 원내대표는 박 사장 취임과 동시에 "KBS TV '뉴스9'와 '주진우 라이브' 등 시사보도프로그램의 앵커와 진행자가 시청자에 인사도 못하고 그대로 교체됐다"며 목소리를 높였다.

'더 라이브'가 폐지된 것을 두고 "이런 것을 본 적이 없었다"며 "특히 진행자가 불법행위나 사회적 물의를 일으킨 경우를 제외하고 이런 경우가 없었다"고 지적했다. 홍 원내대표는 "박 사장 취임 첫 날 보도·시사·교양·라디오 총괄 책임자 5명이 물갈이돼 현재 공석인데, 박민 사장 취임 첫날부터 편성규약과 단체협약 위반행위가 잇따르고 있다"고도 지적했다.

홍 원내대표는 "정권의 낙하산 사장이라고 오직 정권에 충실하고 이렇게 무참하게 유린해도 괜찮다는 거냐"며 "도대체 박민 사장 뭐 하는 사람인지 모르겠다"고 비판했다. 박민 사장을 향해 홍 원내대표는 "분명히 경고한다"며 "방송은 국민의 것이지 권력의 것이 아니다. 당장은 자신의 방송장악 시나리오가 성공하는 것 같지만 반드시 심판받을 것"이라고 밝혔다.

배진교 정의당 원내대표도 이날 의원총회에서 "박민 사장을 앞세운 윤석열 정부의 KBS 장악 시도가 군사작전처럼 속전속결로 진행되고 있다"며 "'더 라이브' 편성 삭제와 뉴스 진행자 일방 교체 등 그 행태가 점입가경"이라고 비판했다.

또한 배 원내대표는 "윤석열 대통령에게 다시 한번 경고한다"며 "많은 지도자가 고요함을 무관심으로 착각하다가 임계점을 지나쳤다. 풀은 바람보다 빨리 눕고, 바람보다 빨리 일어난다고 했다. 오늘의 고요가 내일도 이어질 거라는 착각 속에서 하루빨리 헤어 나오길 바란다"고 직격탄을 날렸다.

배 원내대표는 박 사장의 대국민 기자회견 계획에 대해 "방송사 사장이 대국민 기자회견을 운운하는 것 자체도 어처구니 없지만, 마치 적진 점령에 성공한 개선장군이 대국민 점령 포고문을 발표하는 것 마냥 행세하는 행태가 참으로 가소롭다"며 "권력을 앞세운 윤석열식 언론장악의 추악한 모습은 역사의 한 장면으로 똑똑히 기억될 것"이라고 밝혔다.

  정권이 바뀔 때마다 이런 볼썽사나운 모습을 언제까지 봐야 하는지 답답하고 한심스럽다. 예전부터 잘못된 걸 알면서도 또 이런 작태가 벌어진 데에는 정치권 책임이 크지만, 똥 싸러 갈 때와 싸고난 후 마음이 다른 여러 행태를 일삼는 윤 대통령의 박민 KBS 사장 임명이 결정적이라 할 것이다. '공정과 상식'을 외치던 윤석열 대선 후보는 어디로 갔나?

〈2023. 11. 20.〉

뭐 저런 사장이 다 있나2

또 한 명의 돌격대장인 박민 KBS 사장이 저지른 짓을 보고 언론 전문가들이 하는 말은 한결같다. 박 사장의 인사 조처는 KBS 자체 판단이 아니라 총선을 앞두고 마음이 급한 대통령실 및 여당의 의중에 따른 비정상적인 결정이라는 것이다. 가령 KBS 이사를 지낸 김서중 성공회대 교수(신문방송학)는 이렇게 말한다.

"하루아침에 방송 진행자가 퇴출되는 지금의 상황은 비상식적이다. 특정 정당에서 문제가 있다고 지목한 진행자를 바꾸는 것은 외압 때문이라고밖엔 볼 수 없다"고. 한국방송학회 회장을 지낸 강상현 연세대 명예교수도 "박 사장의 무리한 조처들은 하루라도 빨리 한국 방송을 장악해 내년 총선에서 유리한 구도를 만들겠다는 속셈"이라고 지적했다.

박지원 전 국가정보원장은 11월 14일 "박민 위에 이동관, 이동관 위에 윤석열 대통령이 있다"고 직격했다. 박 전 원장은 이날 페이스북에 "5·16 쿠데타 이후 처음 사태"라며 "국민의 방송 KBS가 박민의 방송 KBS가 될 수 없다"고 주장했다.

이어 "토마스 제퍼슨 미국 제3대 대통령의 논리를 소환하지 않더라도 국민은 언론자유 없는 정부를 원치 않는다"며 "제1호 국민은 기자, 민주주의 제1호는 언론의 자유"라고 밝혔다. 그러면서 "이동관 위원장 탄핵의 사유가 명명백백해졌다"고 강조했다.

박 전 원장은 "윤석열 대통령께서 그렇게 강조하는 자유 중 언론의 자유가 민주주의의 핵심"이라며 "민주당 등 야권·시민단체·언론이 모두 뭉쳐서 국민과 함께 투쟁하여 민주주의와 언론의 자유를 지켜야 한다"고 주장했다. 그는 친여 언론계 인사가 KBS사태를 두고 '해도 해도 너무 했다'고 한 발언도 소개했다.

박민 KBS 사장 취임과 동시 벌어진 뉴스 시사프로그램 진행자 교체사태에 국민의힘 내부에서도 "당황스럽다", "집권하면 언론장악의 주구가 된다", "매끄럽지 않다"는 등 비판의 목소리가 나왔다. 가령 국회 과학기술정보방송통신위원회 소속인 허은아 국민의힘 의원이 11월 14일 오전 YTN 라디오 '뉴스킹 박지훈입니다'와 한 통화 내용을 들어보자.

허 의원은 "박민 사장 취임 직후 진행자들이 갑작스럽게 하차하거나 프로그램 결방 및 폐지하는 일이 발생한 것을 어떻게 보느냐"는 박지훈 변호사 질의에 "어제(13일) 주진우 라디오 출연하고 왔"다면서 "오후에 제가 통보를 받았다. 그 사회자가 바뀌었다는 (소식을). 그래서 조금 저도 좀 당황을 했다"고 털어놨다.

허 의원은 "쇠뿔을 단김에 빼는 것도 좋겠지만, 글쎄요, 박민 사장에게 제가 청문회 때 확답을 받았다. (제가) '열심히 일한 사람들이 두려워하지 않도록 어느 누가 정권을 잡든지 정권에 휘둘리지 않는, 오롯이 국민만 바라보는 그러한 국민의 방송으로서 KBS가 나갈 수 있도록 해주셔야 된다'는 말씀을 드렸다"고 말했다.

이언주 전 국민의힘 의원도 이날 오전 KBS 라디오 출연 직전 자신의 페이스북에 쓴 글에서 KBS 출연자 교체 사태를 두고 "보수진영에서는 시원하다고들 난리다. 진보진영에서는 언론탄압이라고들 난리고"라며 "이 장면은 어디서 많이 봤다. 문재인정권 때도 이랬다. … 상대진영 출연자, 상대진영 경영진을 향한 집단린치도 똑같다. 지금은 태극기, 그때는 진보시민단체였을 뿐"이라고 지적했다.

이 전 의원은 "과반 넘는 침묵하는 다수가 피해자인데, 어느 정치인도 어느 정치집단도 그들 다수를 대변하지 않는다"며 "그때도 언론탄압에 대해 비판하고 지금도 비판하는데, 보수진영에서는 내가 '변했다', '전향했다'고들 한다. 내가 아니라 그들이 변했다. 권력이 사라지면 언론의 자유를 주장했다가 권력이 생기면 언론장악의 주구가 된 것"이라고 비판했다.

시청자 항의도 빗발친 것으로 전해졌다. KBS 공식 홈페이지 시청자 소감 게시판에 수십 개 글이 올라온 것이다. "열 받아서 회원가입까지 했습니다. 그냥 하루아침에 사장이 '폐지해' (하면) 그냥 바로 폐지하는 건가요? 모든 일에는 절차라는 게 있는 것입니다. 이건 해도 해도 너무하는 거 아닌가요? (삶의) 낙이 없어졌네요." 같은 글이다.

'더 라이브' 운영진이 운영하는 유튜브 채널 게시판에 올라온 결방 공지에는 "언론탄압이 더 라이브까지 덮쳤다", "너무 즐겨보던 프로그램인데 다시 볼 수 있길 희망한다", "프로그램을 제발 지켜달라" 등 댓글이 11월 14일까지 이틀 만에 560여 개 달린 것으로 전해졌다.

'더 라이브' 애청자라고 밝힌 김모씨(56)는 "하루를 마무리하면서 딸과 함께 보던 프로그램이고, 여야 정치인이 균형 있게 출연해서 불편함 없이 잘 봤다"며 "이런 프로그램이 사장 말 한마디에 사라진다는 건 시청자들의 볼 권리, 채널 선택권이 침해되는 것"이라고 분개했다.

2017년 9월 KBS와 MBC 두 공영방송 노조 총파업과 관련, 문재인 대통령이 취임 100일 기자회견에서 "저는 공영방송을 정권의 목적으로 장악하려 했던 정권도 나쁘지만, 그렇게 장악당한 언론에게도 많은 책임이 있다고 생각한다"고 말한 게 떠오른다.

〈2023. 11. 20.〉

뭐 저런 사장이 다 있나3

마침내 전국언론노동조합(언론노조) KBS본부가 '더 라이브' 등 일부 프로그램 강제 폐지와 출연진 교체 등 최근 잇따르고 있는 제작 자율성 침해 논란과 관련해 박민 KBS 사장을 방송법·노동조합법 등 위반 혐의로 서울남부지검에 고발했다. 노조는 검찰 고발장 접수와 함께 고용노동부에 특별근로감독도 신청한 것으로 알려졌다.

참고로 '특별근로감독'은 노동부에서 사회적 물의를 일으킨 사업장에 감독관을 파견해 점검하고 위법 행위 등을 발견할 경우 형사 사건으로 전환하고 행정처분을 내리도록 한 제도다. 박 사장이 11월 13일 KBS 사장에 취임한 지 일주일 만의 일로 언론노조 KBS본부가 본격 대응에 나선 것이다.

언론노조 KBS본부는 11월 20일 KBS 노조 회의실에서 기자회견을 열어 "박민 사장은 방송법과 KBS 편성규약, 단체협약을 위반했다"며 법적 대응 방침을 밝혔다. 강성원 KBS본부장은 "저희가 그간 내부 투쟁을 통해 쌓아온 공정방송을 위한 최소한의 안전장치가 처참하게 무너지고 있다"며 "위법 행위를 조목조목 밝히고 법리적 책임을 끝까지 물어 나갈 것"이라고 말했다.

노조는 11월 12일 저녁 라디오센터장 내정자가 시사프로 '주진우 라이브' 제작진에게 진행자 교체 및 특집 프로그램 편성을 지시한 점, 이 내정자가 '사장의 뜻'을 언급한 점, 박 사장이 임명 전 국회 인사청문회에서 주진우 라이브 관련 질의에 "조치하겠다"고 답변한 점 등으로 미루어 볼 때 박 사장이 '방송편성의 자유와 독립을 보장'한 방송법 4조를 위반했다고 주장했다.

아울러 노조는 박 사장 취임식 날 아침 갑작스럽게 '더 라이브'를 편성 삭제한 뒤 결국 폐지한 일, '뉴스9' 앵커를 교체한 일 등을 꼽으며 편성규약 및 단체협약 위반이라고 지적했다. 방송법에 따라 제정된 KBS 편성규약 6·7조는 제작 책임자가 방송 수정 등 사안에 관해 실무자의 의견을 듣고 협의해야 한다고 규정한다.

법무법인 새날의 정명아 노무사는 이날 기자회견에서 "편성규약 및 단체협약 미준수가 방송 노동자의 근로조건을 저해하는 위법 행위가 될 수 있다"(한겨레, 2023.11.16.)고 강조했다. 실제 대법원은 지난해 12월 '2012년 MBC파업'에 대해 정당하다고 판결하면서 "방송 공정성은 방송의 결과가 아닌 제작·편성 과정에서의 민주적 의사결정 여부에 따라 판단해야 한다. …사용자가 이러한 절차를 무시한 것은 위법 행위"라고 판시한 바 있다.

한편 3년 넘게 진행해온 '주진우 라이브'에서 강제 하차당한 주진우 진행자는 이번 인사 조처에 대해 "전형적이고 저열한 언론 탄압이 벌어지고 있다"고 말했다. 주씨는 11월 14일 한겨레와 한 전화통화에서 "저는 윤석열 정부를 비판했지, 편파 방송을 하지 않았다"며 "자신과 생각이 같지 않다는 이유로 '불공정'이라고 공격하는 일이야말로 편향"이라고 주장했다.

2020년 2월께부터 해당 방송 진행을 맡아온 주씨는 박민 KBS 사장 취임 첫날인 11월 13일 출근길에 갑작스럽게 하차 통보를 받았다고 밝혔다. 그는 "라디오센터의 한 부장을 통해서 오늘 사장이 취임하기 때문에 (주진우가 방송에) 나오면 안 된다는 취지의 얘기를 들었다"며 "녹음 파일로라도 청취자에게 마지막 인사는 하고 싶다고 했는데, 사장이 단호하게 안 된다고 했다더라"고 했다.

'주진우 라이브'는 그간 여권 정치인들의 '편파 방송' 공세 표적이 되었던 프로그램이다. 주씨는 이에 대해 "누구보다 공정하려고 노력했다. 편향적이지 않았고, 윤석열 정부가 잘못한 점을 비판했을 뿐"이라고 했다. 그는 "제가 기자니까 (방송 아이템을) 검증하면서 진행했다"며 "국민의힘 인사들을 더 많이 부르려고 했으나 본인들이 나오지 않았다. 나오지 않으면서 편향적이라고 했다"고 말했다.

지난해 12월 TBS 라디오 '아닌 밤중에 주진우입니다'에서 물러난 바 있는 주씨는 약 1년 만에 유사한 상황을 맞게됐다. 당시 오세훈 서울시장을 향해 "특정인, 특정 프로그램이 밉다고 밥줄을 끊는 최악의 언론 탄압"이라 성토했던 그는 "이명박 정부 때 벌어지던 일이 더 저열하게 반복되고 있다"며 "박민·이동관이 말하는 '공정'은 전두환이 말하는 '정의'와 다를 바 없다"고 울분을 감추지 못했다.

전국언론노동조합 KBS본부 라디오 조합원들은 앞서 성명을 통해 "프로그램 진행자와 제작진에게 청취자와 작별할 단 하루의 시간조차 주지 않고 방송 전날 저녁에 하차를 통보하는 것은 사상 초유의 일"이라고 비판했다. 이들은 박민 사장 취임 전날인 11월 12일 저녁 발령이 예정된 라디오센터장이 담당 제작진에게 진행자 교체를 통보한 뒤 "불이행 시 사규에 따라 처리할 것"이라 협박했다고 주장하기도 했다.

앞의 한겨레에 따르면 현재 '주진우 라이브'와 '더 라이브'의 프로그램 시청자 참여 게시판에는 프로그램 폐지와 진행자 하차에 항의하는 글들이 수십~수백개씩 올라오고 있다. 대통령 임기는 단임 5년에 불과한데, 또 한 명의 돌격대장과 그 '똘마니'들은 이 죄업을 역사에 길이 남기려고 그리 몸부림치는 것일까.

〈2023. 11. 28.〉

무주군에 바란다

　연전에 김환태문학관을 탐방했다. 우리 고장에도 한국문학 초창기에 이런 활동을 해온 문학평론가가 있다는 사실에 나도 모르게 우쭐해했던 기억이 난다. 사실 내가 태어나 70년 가까이 살고 있는 우리 전북은 시·소설·수필 등 여러 문학 장르중에서도 유독 평론가가 적게 활동했거나 하고 있는 지역이라 해도 크게 틀린 말이 아니다.
　그런 가운데 눌인 김환태(1909~1944)는 무주가 낳은 자랑스러운 문학평론가다. 김환태문학관에서 구한 팸플릿을 보면 "김환태 선생님은 일제 암흑기에 순수문학의 이론체계를 정립하고 1930~1940년에 크게 활약한 문학평론가로서, 경향문학과 계급주의의 비평에 의해 정치성과 사상성으로 경직된 문단에서 순수문학의 옹호자로서 순수문학의 씨앗을 띄운 기수로 한국문학비평사에 우뚝 섰다"고 소개되어 있다.
　그런 문인을 기리고 추모하는 것은 응당 우리 후손의 몫이다. 다행스럽게도 무주가 낳은 자랑스러운 문학평론가 김환태에 대한 무주군의 추모사업은 내가 알고 있기론 어느 지자체 못지않게 활발한 편이다. 이에 앞서 37년 전인 1986년에 문학사상사 주관으로 지금은 모두 고인이 된 김동리·박두진·최승범·이어령 등 52명의 문인들이 뜻을 모아 설천 나제통문 앞에 '김환태문학비'를 세웠다.
　1988년에는 문학사상사가 김환태평론문학상을 제정했다. 이후 김환태탄생 100주년인 2009년 기념문학제를 시작으로 추모행사는 활성화된다. '눌인김환태문학제전위원회'(이후 '김환태문학기념사업회'로 바뀜)가 설립되었고, 첫 사업으로 '눌인문학전집'을 출간한 바 있다. 2012년 6월 8일엔 김환태문학관이 건립되었다.

그리고 매년 김환태문학제와 함께 김환태평론문학상 · 김환태청소년문학상 시상식을 실시하고 있다. 또 동인지 성격의 '눌인문학'도 매년 발간하고 있다. 이 모든 추모사업은 무주군의 예산 지원이 있어야 가능한 일이다. 군수나 군의회의장 교체에도 불구하고 변함없이 무주군의 예산 지원이 이루어지고 있어 안심되고 든든하기도 하다.

그러나 아쉬움을 주는 게 있다. 일련의 김환태추모사업이 그냥 1회성 행사에 그치고마는 게 아닌가 하는 점이다. 작고(作故) 작가에 대해 추모하고, 그 활동과 업적을 후대 사람들에게 각인(刻印)시키는 것은 뭐니뭐니해도 고인(故人)이 남긴 작품, 즉 저서다. 김환태의 경우 35세로 요절한 평론가여서 비평이라든가 수필 등 남긴 작품이 그리 많지 않은 편이다. 전집이라 말하기가 민망할 정도다.

그럴망정 1972년 유고집으로 처음 발간된 '김환태전집' 이후 2009년 탄생 100주년기념 '김환태전집'이 출간되었다. 하지만 그 책을 얼마나 많은 사람들이 사거나 증정받아 간직하고 있는지는 의문이다. 가령 김환태문학관을 방문하고, 김환태평론문학상 시상식에 갔어도 나는 사실상 주인공이라 할 김환태의 문집(문학전집)은 구경조차 할 수 없었다. 정상으로 보이지 않는, 알차고 내실있는 김환태 추모라고 말할 수 없지 않은가?

특히 김환태청소년문학상 시상식에서 전국의 수상학생들에게 '김환태문학전집'을 증정하는 것은 상금과 상장수여보다도 훨씬 크게 무주가 낳은 자랑스러운 문학평론가 김환태를 효과적으로 각인시킨 셈이 될 것이다. 32년간 머문 중 · 고교에서 글쓰기 지도로 수많은 학생들이 상을 받게 했던 나의 경험으로 볼 때 가장 효과적인 추모

문인 선양사업은 바로 전국공모전과 백일장이다.

시상식에서의 '김환태문학전집' 증정은 김환태청소년문학상을 단순히 매년 개최되는 1회성 행사에서 벗어나게 하는, '김환태의 순수비평정신을 알리고 문화적 업적을 기리는' 명실상부한 추모사업이 될 것이라 믿어 의심치 않는다.

무엇보다도 '김환태문학전집' 발간은 큰 돈이 들어가지 않는 사업이다. 가령 매년 1,000만 원어치 책을 찍어 그게 1,000권이든 1,500권이든 1년 동안 증정·배포하면 된다. 문학관 방문객과 문학제 참가자, 고향사랑기금 기부자 등 1년에 소진될 책의 부수를 면밀히 분석해 매년 1,000만 원이든 2,000만 원이든 예산을 세워 시행하면 될 것이다.

내친김에 하나 더 말할 것은 '눌인문학'에 대해서다. '눌인문학회' 이름으로 해마다 책은 내는 모양인데, 어찌된 일인지 40년째 평론가인 나는 한 번도 '눌인문학'을 받아본 일이 없다. 아예 우편발송의 배포를 하지 않고 있어서 그런 것 같다. 무슨무슨 동인지들이 1년에 1~2회 나오면 적어도 도내 문인들에게 직방 증정·배포하는 것과 전혀 다른 '눌인문학'이라 할 수 있다. 이걸 어떻게 받아들여야 할지 난감하다.

물론 우편발송하지 않는 동인지가 더러 있지만, 그것은 그들의 마음이고 자유다. 하지만 '눌인문학'은 다르다. '눌인문학'에 대해서만 한마디 하는 것은 무릇 회지와 성격이 달라서다. '눌인문학'은 무주가 낳은 자랑스러운 문학평론가 김환태를 기리기 위해 내는 회지다. 더구나 비매품으로 발간하기 때문에 증정이 없으면 김환태를 기리기 위해 무주군이 후원해 펴내는 '눌인문학', 그런 회지가 있는지도 모를 정도이니 이 역시 정상은 아니라고 본다.

〈전북연합신문, 2023.11.23.〉

문학상 선정 기준이 뭔가

최근 문학상 수상자 발표나 시상식 기사를 보며 '어, 이건 아닌데'라거나 '역시 또 그렇군' 따위 생각이 들었다. '받을 사람이 받았네'라는 공감이 아니라 '뭐 저런 선정이 다 있나' 하는 반감이 생긴 것이다. 나로선 치밀어오른 부아를 삭히느라 꽤 많은 시간을 흘려보내야 했다. 최근 10년간 상에 대해 어떻게 썼는지 저서들을 떠들어 본 것도 그런 와중에서다.

먼저 '대한민국인재상에 바란다'·'제자의 대한민국인재상 수상'·'소녀가장 제자의 미래인재상 수상'·'상금 없는 자랑스러운 전북인대상'·'응모자 희롱하는 현진건문학상공모전'·'퍽 관료적인 교육상 추천'·'상, 제대로 주고 있나'·'교육상 선발방식 개선되어야'·'교육상 수상이 사적인 일인가' 등이 장세진 산문집 '참 이상한 나라'(2016)에 실려 있다.

'상, 제대로 주자'·'넘쳐나는 문학상 이대로 좋은가'·'20년째 그대로인 하림예술상 상금'·'어느 여고의 시상식 못가게 하기'·'주는 기쁨, 교원문학상과 전북고교생문학대전'·'열린 혼불문학상 시상식 돼야'·'문학상 시상식 풍경'·'문학상, 받을만한 사람이 받고 있나' 등은 장세진 산문집 '진짜로 대통령 잘 뽑아야'(2019)에 실려 있다.

'교육상, 3D업종 지도교사에게도 관심을'·'상금도 주는 지자체 상이라야'·'개탄스러운 돈 주고 상받기'·'상금이 있어야 제대로 된 상'·'아르코문학창작기금 독소조항 정비해야'·'부러운 정철원 회장의 상금 후원' 등이 장세진 에세이 '뭐 저런 검찰총장이 다 있나'(2022)

에 실려 있다.

그리고 조만간 출간 예정인 장세진 에세이 '뭐 저런 대통령이 다 있나'(가제)에 수록될 '제3회교원문학상 시상식을 치르고'가 있다. 출간 예정인 장세진수필집 '어머니의 좌판'(가제)에도 '교원문학회원이면 누구나 받는 교원문학상'·'쑥스러운 3개의 수상'·'아주 흐뭇한 교육상 시상'·'교원문학상, 그 어떤 수상보다 뿌듯'이 더 있다.

이 글들은 책에 수록되기 전 신문 등에 발표한 것이란 공통점이 있다. 2014년부터 한 해도 거르지 않고 2020년까지 각종 상에 대해 이런저런 이야기를 했음이 확인된다. 그만큼 할 말이 많았다는 얘기다. 현직에 있을 때는 제자들 수상과 관련해 좋은 이야기들이 대부분인 것과 달리 2016년 2월말 퇴직후엔 쓴소리 열전이라 할 만큼 비판한 글들이다.

그렇다면 상에 대한 글을 쓰지 않은 2021년부터는 이전의 글들에서 성토(聲討)했던 문학상의 나쁜 점들이 해소 내지 개선돼 굳이 글을 쓸 일이 없었던 것일까? 그랬으면 얼마나 좋을까만, 전혀 그렇지 않다. 아니 오히려 이왕 있어온 상들에 새로 생긴 것까지 합쳐 도대체 수상자 선정 기준이 뭔가 하는 의구심을 자아내 수상 후보가 될 무릇 문인들을 실망시키곤 했다.

가령 2022년 어느 문화상 문학부문 수상자는 놀랍게도 일생을 통틀어 고작 수필집 한 권 냈을 뿐인 수필가였다. 다른 분야 업적이 탁월해 여기저기 매스컴에서 인터뷰도 한 걸 본 기억이 있지만, 2배로 상금이 늘어난 첫 해 문학상 수상자가 된 걸 보고 나는 되게 놀랐다. 이 상에 '문학부문' 아닌 다른 부문이 신설되었는가, 적잖이 당황해 했다.

어느 문인협회가 주관하고, 후원금으로 상금을 수여하는 문학상은 수상자 발표를 보고 내년도 대상이 짐작될 정도다. 직전 회장이 어김

없이 수상자에 포함되고 있어서다. 이 문인협회는 스스로 좀 뭐했는지 이전에는 회장 퇴임 후 1년쯤 지나 수상자로 발표하곤 했는데, 이번엔 아예 그 '룰'마저 뭉개버렸다. 이쯤되면 상을 받기 위해 회장을 맡는 것으로 보인다.

최근 생긴 어느 문화상도 수상자 명단을 보면 내년엔 누구겠구나 하는 짐작이 간다. 상 제정자의 이른바 '측근'들이 수상자 명단에 2회 연속 오르고 있어서다. 이런 상들의 공통점은 공모 절차 없이 '찾아서 주는' 상을 지향하고 있단 점이다. 심사위원들이 예비 수상자들의 작품활동을 시시콜콜 꿰뚫고 있지 못할텐데, 선정은 척척 해내니 참 신기하다.

이를테면 알음알음 개인적 친분을 통한 '그들만의 잣대'가 작동될 수밖에 없는 셈이다. 수상자를 제한적으로 '재단하는' 가능성에 노출되어 있기도 한 셈이다. 제도적으로 공정성이 위협받는 '깜깜이' 심사라 할까. 그렇게 할망정 열에 여덟 정도는 납득·공감할만한 수상자를 내면 뒷말이 없을텐데 그렇지 않아 문제인 것이다.

아무리 모두가 다 만족할 수 없는 것이 상이라지만, 그래도 '깜냥'이 못되는 사람의 수상은 더 이상 보지 않길 간절히 소망한다. 나아가 결코 나이순이나 막걸릿잔 수로 정해지는 문학상 수상이 되어서도 안 되는 것임을 밝혀둔다. 왕성한 작품활동이 수상 이유의 전부가 아닐 때 문인들 자괴감이나 문단 왜곡 같은 폐해가 매우 큼을 유념하기 바란다.

주최측 자의적으로 수상자를 선정해 많은 문인들에게 상대적 박탈감 등 문단의 물을 흐리게 하는 그런 문학상은 없어져야 한다. 상을 받고도 못내 찝찝해하는 그런 시상은 없는지, 과연 주최측 스스로 권위를 떨어뜨리는 문학상이 여전한지, 돈 써가면서 욕먹을 짓을 계속해나가는 건 아닌지 매의 눈으로 내년에도 지켜볼 것이다.

〈2023. 11. 27.〉

문학상 수상자 발표를 보며

　바야흐로 수상 또는 시상의 계절이다. 어느새 한 해가 저물어가고 있는가 생각하니 조금은 쓸쓸하다. 그만큼 나이가 들어가는 탓이 아닐까 싶다. 아무튼 최근 신문에 보도된 2023이팝프렌즈 예술상 수상자 발표를 보곤 '제대로 했네' 하는 생각이 들었다. 다른 분야는 모르겠고, 문학부문 수상자인 이종근 수필가의 문학활동에 대해선 어느 정도 알고 있는 터라 공감이 됐다.
　"상이라는 것은 받을만한 사람에게 주어졌을 때 의미와 가치가 있는 것이지, 그렇지 않을 경우 쓰레기 배급에 지나지 않는다"는 말은 오래 전 SBS연기대상에서 이병헌의 대상 수상을 두고 드라마작가 김수현이 자신의 홈페이지를 통해 내던진 말이다. 자신이 극본을 쓴 TV드라마 '완전한 사랑'에서 열연한 김희애가 대상을 받지 못하자 터뜨린 '울분' 성격의 말이기도 하다.
　문학상 수상자들을 보며 때론 그의 말을 떠올리게 되는데, 이번엔 아니다. 받을만한 사람이 상을 받았다고 공감되는 2023이팝프렌즈 예술상 수상자 발표라서다. 이는 고개를 갸우뚱하게 만드는 문학상 수상자 발표를 종종 볼 수 있는 것과 대조적이기도 하다.
　가령 일생을 통틀어 고작 책 한두 권 낸 게 전부인데, 쟁쟁한 경쟁자를 누르고 당당히 수상하는 경우가 그렇다. 방송사 연기대상이 공헌도나 시청률 따위가 아닌 연기력으로 평가받아야 하듯 문학상도 활발한 필력 내지 왕성한 저술활동이 수상의 기준이 되어야 하는데, 그렇지 않아 보이는 게 여러 개 있다.

무엇보다도 작가는 작품(집)으로 말한다. 아마도 이 명제에 시비할 사람은 없을 것이다. 그런데도 그런 왕성한 활동을 인정받지 못하는 경우가 종종 있다. 한 해에 한두 권 저서 발간 등 작품활동을 눈썹 휘날리게 하고 있는 나로선 앙앙불락(怏怏不樂)할 수밖에 없다. 그런 문학상 수상자 발표를 대한 것만도 올해들어 3번이나 된다.

그런 수상자 발표를 보면 문학회 회장 역임이라든가 회원으로서 당연한 사무·행정 등 작품외적 활동을 기여도 운운하며 수상의 잣대로 삼는 경우가 많다. 작품공모로 수상자를 정하는 경우 그런 인상에서 벗어나 있다는 것이 그나마 위안이 될 정도로 특히 '찾아서 주는 상'이 문제다.

앞에서 말한 2023이팝프렌즈 예술상의 경우 1~2회에선 후보자 공모를 하다 이번부터 '찾아서 주는 상'으로 바뀌었다. '찾아서 주는 상'이 공정성·투명성 등 무성한 뒷말에 노출돼 후보자 공모로 바뀌는 일반적 경향과 반대인 경우라 할 수 있다. 추천위원회 추천을 받아 선정한다는 것인데, 추천대상이나 투명성 등 한계가 있음은 말할 나위 없다.

나는 지난 10월 전북수필문학회원의 한 사람으로 전북수필문학상 시상식에 다녀온 바 있다. 우리 교원문학회 회원의 수상을 축하해 주기 위해서 비가 살짝 오는 등 궂은 날씨 불구하고 전북수필문학상 시상식에 들른 것이다. 그런데 이 상도 추천을 받아 수상자를 정한다. 추천자들이 잘 알아 추천해주면 되지만, 실제 그런지 알 수 없다.

추천을 받기 위해 추천자에게 사전 연락 등 불필요한 일들이 벌어질 수 있다. 전북수필문학상뿐이 아니다. 모든 문학상 수상자 선정이 자천 포함 공모전으로 바뀌어야 하는 이유다. '찾아서 주는 상'을 표방한 문학상의 경우 추천 및 심사위원들이 예비 수상자들의 작품활동을 시시콜콜 꿰뚫고 있으리라고 생각하는 사람은 많지 않을 것이기 때문이다.

대개의 경우 투명하고 정확한 심사 기준이 언론 등을 통해 공개되지 않는 것도 문제이다. 그래서 그런지 공모절차 없이 '찾아서 주는 상'을 표방한 어느 문학상은 몇 년째 계속 깜이 안 되는 수상자를 내고 있다. 미간을 찌뿌리게 할뿐더러 문학상의 전통 및 권위 상실을 자초하는 모양새다. 귀한 돈 써가면서 욕먹을 짓을 하고 있는 셈이라 할까.

하긴 도무지 수상자로 깜 안 되는 사람들이 상받는 일이 어제 오늘의 일일까마는. 당연히 나는 깜냥이 안 되는 사람이 수상하는 문학상 시상식엔 가지 않고 있다. 필연 악수를 나누고 축하한다는 말도 해야 하는데, 마음이 그게 아니어서다. 연기 잘하는 영화배우나 무슨 사업가·정치인도 아닌데, 억지춘향이 노릇을 왜 해야지 하는 반감이 생겨서다.

무릇 상은 누구나 박수를 쳐줄 수 있는 사람이 받아야 한다. 그래야 수상자로서도 티없이 기쁘고 내심 감격에 겨워 할 수 있다. 그런 수상자가 아닌데도 시상식장은 사람들로 꽉 채워진다니 알다가도 모를 일이다. 중요한 건 큰 의미없이 꽉 들어차는 시상식 축하객이 아니다.

말할 나위 없이 '뭐 저런 문학상이 다 있나' 따위 비난의 소리 대신 누구나 진심으로 박수쳐줄 수 있는 그런 문학상 발표 및 시상식이 되는 게 중요하다. 내 돈 써가며 성대하게 하는 문학상 시상식인데, 욕먹을 짓은 하지 않는 게 더 중요하다.

사실은 나도 교원문학회 발행인으로 교원문학상 상금을 쾌척, 매년 시상해오고 있다. 교원문학회가 시상한 7번의 교원문학상은 피수상자들로부터 앞에 지적한 사항들에서 자유로운지 살피며 심사하게 된다. 불현듯 전북문인협회장일 때 공적서를 내게 해 신인상 이후 최초로 상(전북예술상)을 받게 해준 김학 수필가가 생각난다.

〈2023. 11. 27.〉

아니나다를까 땡윤 뉴스

최경진 KBS 시청자위원장은 한겨레(2023.11.27.)와의 인터뷰에서 박민 사장 취임 이후 '땡윤 뉴스' 논란을 빚고 있는 KBS의 뉴스 보도와 관련해 "도저히 제대로 된 공영방송 보도라고 볼 수 없다"고 지적했다. 참고로 각 방송사 시청자위원회는 방송법(87조)에 따라 설치되는 시청자 권익보호 기구다.

방송프로그램의 편성과 내용, 자체 심의규정에 관한 의견을 제시하거나 시정을 요구할 수 있다. 시청자위원은 방송통신위원회가 정한 12개 분야 단체의 추천을 받아 각 방송사가 위촉한다. KBS에선 현재 31기 시청자위원회(2022년 9월 출범)가 활동 중이며 대구가톨릭대 언론광고학부 교수를 지낸 최 위원장의 임기는 내년 8월까지다.

최 위원장은 KBS 메인 뉴스인 '뉴스9'의 윤석열 대통령 영국 국빈 방문 보도 등에 대해 "공정성은 물론 균형성과 객관성까지 잃은 뉴스라고 지적을 받을 만하다"고 했다. KBS는 11월 21일 '뉴스9-윤석열 대통령 영국 국빈 방문 공식환영식' 리포트에서 다른 지상파·종합편성채널 메인 뉴스와 달리 5분 36초에 걸쳐 황금마차 등이 동원된 의전 행사 내용을 자세히 소개했다.

이에 대해 최 위원장은 "단 몇 초도 길게 느껴지는 방송의 특성상 아무리 빅뉴스라 하더라도 한 꼭지에 3분을 넘어서는 경우가 거의 없는데 무려 5분 30초가 넘는 긴 시간 동안 (환영식 장면을) 뉴스로 내보내는 건 의아한 일"이라고 짚었다.

또 윤 대통령 부부에 대한 공식 환영식을 소개하는 리포트때 박장범 앵커의 "국제사회에서 가장 화려한 의전이라는 평가를 받고 있다"는 멘트에 대해선 "60~70년대 '대한뉴스'에서나 들을 수 있었던 표현"이라고 꼬집었다. "앵커(anchor)라는 단어의 본래 의미대로 중심을 잡아야 할 진행자가 스스로 나서서 그러한 표현을 썼다는 건 문제가 있다"는 얘기다.

여기서 잠깐 '대한뉴스'에 대해 알아보자. 한겨레(2023.11.28.)에 따르면 '대한뉴스'는 1990년대 초반까지 극장에서 영화를 보기 전 의무적으로 관람해야 했다. 정부가 제작하다 보니 독재정권의 '나팔수'라는 비판을 피할 수 없었다. 텔레비전 보급이 일반화되고 일방적인 정권 찬양에 대한 반발이 커지면서 1994년 12월 31일 2,040회를 끝으로 제작이 중단됐다.

'대한뉴스'를 잠시나마 부활시킨 것은 이명박 정부다. 2009년 유인촌 장관의 문화체육관광부는 '대한늬우스 4대강 살리기' 영상 두 편을 제작해, 전국 52개 극장 190개 상영관에서 상영을 시도했다. 정부는 개그맨들이 4대강 사업에 대해 대화하는 '코믹 정책홍보 영상'이라고 설명했지만, 관제홍보 부활 등 거센 비판에 부딪혀 중단해야 했다.

그러니까 2023년 11월 KBS 밤 9시 뉴스가 그 '대한뉴스'같다는 지적이 제기된 것이다. KBS는 정부 행정전산망 마비로 큰 혼란이 빚어졌던 11월 17일에도 역시 다른 방송사와 달리 첫 꼭지로 윤 대통령의 아시아태평양경제협력체(APEC) 참석 소식을 전했다. 전국언론노동조합 등 언론단체와 야당에선 곧바로 땡윤 뉴스라는 비판을 쏟아냈다.

북한의 군사정찰위성 발사가 이뤄진 11월 22일에는 이와 관련된 소식이 12개 꼭지에 걸쳐 30분 남짓 이어졌다. 최 위원장은 "북한의 정찰위성 발사가 충분히 보도할 만한 사안이기는 하지만, 그 정도가 지나치면 공영방송이 안보 문제로 긴장감을 조성하는데 앞장선다는 오해를 살 수 있다"고 지적했다.

최 위원장은 11월 16일 박 사장이 참석한 시청자위원회에서도 '더 라이브' 등 간판 시사프로그램 강제 폐지와 이소정 전 '뉴스9' 앵커를 비롯한 진행자 교체를 두고 "수신료를 내는 시청자에 대한 예의가 아니다"라며 경영진을 비판했다.

먼저 '더 라이브' 강제 폐지는 기가 막힐 정도다. "며칠간 제작진과 시청자를 '희망고문'하더니, 결국 4주간 다른 프로그램으로 대체 편성 뒤 폐지라는 기발한 방안을 내놨"기 때문이다. 누가 봐도 작가 등 프리랜서 보호를 위해 도입했던 '방송 폐지 땐 한 달 전 통보'라는 계약서 조항 위반을 피하기 위한 꼼수로 보여서다.

최 위원장은, 특히 바뀐 '뉴스9' 앵커가 충분한 내부의 공론 절차 없이 과거 KBS 뉴스의 공정성 훼손 논란에 대해 방송에서 사과한 장면과 관련해서는 "앵커가 다짐했던 균형성과 객관성, 공정성을 스스로 어긴 리포트"라고 직격했다. 직전의 이소정 '뉴스9' 앵커에 대해선 김영희 편집인이 쓴 '이별에도 예의가 필요하다'(한겨레, 2023.11.21.)는 제목의 칼럼이 쏙 와닿는다.

'이별에도 예의가 필요하다'가 한겨레 논설주간을 지냈던 언론인 김선주가 2007년 썼던 칼럼의 제목이라고 밝힌 이 글은 시청자와의 이별에도 예의가 있어야함도 강조한다. "이명박 정권 때는 한꺼번에 출연진이나 진행자를 바꿀 경우 여론이 악화될까 시기를 나누기도 했지만, 이젠 그런 눈치도 안 본다"는 것이다.

  이동관 방송통신위원장은 11월 20일치 조선일보 인터뷰에서 시청자들과 작별 인사할 시간은 줬어야 하지 않냐는 질문에 "문 정권에서 꽹과리 치며 쫓아낸 사람들이 그런 말할 자격 있나"라고 답했다. 애초 일반 시청자들은 안중에도 없음을 시인한 셈이다. 나는 주로 MBC 뉴스를 보지만, 땡윤 뉴스를 언제까지 대해야 하는지, 그러려고 대통령이 됐는지 우울하다.

〈2023. 11. 28.〉

어느 돌격대장의 자진사퇴

'또 한 명의 돌격대장'이라 일컬은 이동관 방송통신위원장이 12월 1일 국회에서의 탄핵소추안 표결을 앞두고 자진사퇴했다. 이 위원장은 이날 오전 사퇴 의사를 표명했고 윤석열 대통령이 이를 재가했다. 지난 8월 25일 임명된 지 98일 만이다. 내가 "참 지랄 같은 일이 또 벌어지고 있는 것"이라 개탄한 '또 한 명의 돌격대장2'를 쓴 지 이틀 만의 일이다.

이 위원장은 오후 2시 30분 방송통신위원회(방통위)에서 기자회견을 열고 "거대 야당이 국회에서 추진 중인 저에 대한 탄핵소추가 이뤄질 경우, 그 심판 결과가 나오기까지 몇 개월이 걸릴지 알 수 없다"며 "탄핵을 둘러싼 여야 공방 과정에서 국회가 전면 마비되는 상황을 제가 희생하더라도 피하는 게 보직자의 도리일 것"이라고 사퇴 배경을 설명했다.

일전에 이상민 장관 탄핵소추에서 보듯 탄핵안이 국회를 통과할 경우, 최장 180일 걸리는 헌법재판소의 탄핵 심판이 끝날 때까지 그의 직무는 정지된다. 그는 "(사퇴는) 거야에 떠밀려서가 아니다. 오직 국가와 인사권자인 대통령을 위한 충정"이라고 주장했다. 국민을 위해서가 아니라 대통령에게 잘 보이려고 하는 공직관이 엿보인다.

이 위원장은 "국회의 권한을 남용해 마구잡이로 탄핵을 남발하는 민주당의 헌정질서 유린 행위에 대해 앞으로도 그 부당성을 알리고 계속 싸워나갈 것"이라며 "국민 여러분께서 거야의 횡포에 준엄한 심판을 내려주리라 믿는다"고 말하기도 했다. 정치인도 아니면서 이런 말을 한 걸 보면 자신이 왜 탄핵까지 당하는지에 대해 조금이라도 돌아보는 계기로 삼지 않은 모양새다.

이 위원장 자진사퇴와 윤 대통령 재가에 대해 한겨레(2023.12.2.)는 사설을 통해 "탄핵을 피하려는 '꼼수 사퇴'이자, '제2의 이동관'을 다시 내세워 방송 장악 폭주를 이어가겠다는 선언이나 다름없다. 언론 자유를 훼손한 반헌법적 행태에 대해선 일말의 반성조차 없는 후안무치한 태도"라고 비판했다.

이어 "윤 대통령이 이날 공영방송의 정치적 독립을 위한 '방송 3법'에 거부권을 행사한 것은 방통위를 통해 방송을 계속 틀어쥐겠다는 뜻이나 다름없다. 정권의 낙하산 사장이 취임한 뒤 한국방송이 '땡윤 방송'으로 변해가는 모습을 지켜보는 시민들의 탄식이 들리지 않는가"라며 개탄했다. "대통령실과 국민의힘은 이동관 탄핵에 '거야 횡포' 운운하기 전에, 윤 대통령의 시대착오적인 언론관을 다시 한번 돌아보기 바란다"는 주문도 하고 있다.

한편 이 위원장이 물러난 건 전격 사퇴가 맞지만, 자발적으로 한 것인지는 의문이다. 전날 국민의힘 윤재옥 원내대표와 중진 의원들 모임에서 '최장 6개월간 방통위를 식물기관으로 만들 바엔 위원장이 사퇴한 뒤 1~2개월 동안 인사청문회를 거쳐 새 사람을 앉히는 게 낫다'는 의견이 나왔던 것으로 알려져서다.

"안 그래도 여당 안에서는 '방송 장악 폭주' 이미지가 강한 이 전 위원장 체제의 방통위는 총선에 부담이 된다"(앞의 한겨레)는 의견도 존재해왔다. 여당의 이런 분위기가 대통령실에 전달됐고, 사퇴 재가로 이어진 것이라 할 수 있다. 여권 관계자는 "이 전 위원장도 이런 의견을 듣고 안 받아들일 수 없으니 자연스럽게 (사퇴에) 수긍한 것으로 보인다"고 말했다.

아무튼 이동관 탄핵안은 없던 일이 되어버렸다. 더불어민주당은 11월 9~10일 이 위원장 탄핵소추를 시도했다가 본회의 무산으로 실패한 뒤 2차 시도에서도 표결 기회를 놓쳤다. 이재명 대표는 "꼼수를 쓸 줄 몰랐다"며 "결국 '이동관 아바타'를 내세워서 끝내 방송 장악을 하겠다는 의도"라고 비판했다.

민주당으로선 지난 번 국민의힘의 필리버스터 철회에 이어 또다시 허를 찔린 셈이 됐지만, 이 방송통신위원장을 직에서 끌어내린 성과는 거둔 것으로 만족하는 모습이다. 탄핵안 처리 계획이 무산되자 "탄핵 회피 꼼수 사퇴"라고 반발하면서도 "언론 장악 기술자를 끌어내린 것은 성과"라는 민주당 자평만 봐도 그렇다.

나아가 민주당 고민정 최고위원은 "결국 많은 이들의 힘으로 '언론 장악 기술자'인 이 전 위원장을 끌어내렸다. 연합뉴스TV와 YTN 민영화도 멈춰 세웠다"며 성과라고 강조했다. 홍익표 원내대표는 "이전 위원장과 같은 방식으로 하는 방통위원장이 임명된다면 좌시하지 않겠다. '제2, 제3의 이동관'도 탄핵시킬 것"이라고 말했다.

반면 전주혜 국민의힘 원내대표는 논평을 통해 "방통위를 무력화시키고자 한 민주당의 '나쁜 탄핵'으로 방통위를 지키고자 이 위원장이 결단을 내린 것"이라며 "민주당의 방통위원장 탄핵은 문재인 정부 시절 이루어진 기울어진 운동장을 그대로 이어가기 위함으로 국민의힘은 민주당의 숫자를 앞세운 힘에 맞서 방송의 공정성과 중립성을 세워 나갈 것"이라고 강조했다.

나로선 곧이곧대로 믿기 힘든 말이다. 아무튼 방통위는 안건 의결 자체가 불가능한, 그래서 이상한 이상인 부위원장 1인 체제로 전락해버렸다. 근본 원인은 상임위원 5명의 합의제 독립기구인 방통위를 사실상 독임제 부처처럼 운영해온 윤 대통령한테 있다는 것이 일부 언론 전문가와 야당의 시각이다.

가령 최진봉 성공회대 교수(신문방송학)는 "방통위의 5인 체제가 무너지게 된 근본적 출발점은 임기가 보장된 한상혁 위원장 면직과 야당 추천 최민희 상임위원 내정자에 대한 누구도 납득할 수 없는 (윤 대통령의) 임명 거부"라고 짚었다. 윤 대통령은 감사원 감사 결과와 검찰 기소를 이유로 지난 5월 문재인 정부에서 임명된 한상혁 전 방통위원장을 면직시킨 바 있다.

또한 야당이 추천한 최민희 상임위원 내정자에 대해서는 임명을 거부했다. 그 상태에서 대통령 추천 몫의 이상인 위원과 이동관 위원장만 차례로 임명했다. 그들 2인은 약 두 달 동안 안건 36건을 심의·의결했다. 결국 그런 2인체제의 폭주에 브레이크가 걸렸다. 바로 이동관 탄핵안이고, 그의 자진사퇴다.

〈2023. 12. 3.〉

트러블 메이커

12월 6일 윤석열 대통령이 새 방송통신위원장 후보로 김홍일 국민권익위원장을 지명했다. 이동관 방통위원장이 낙마한 지 5일 만이다. 그 뉴스를 보고 '트러블 메이커'가 떠올랐다. 오래전 자주 듣기도 했던 가수, 비스트의 장현승과 포미닛의 현아 두 명으로 구성된 유닛 그룹(아이돌 그룹의 소속 멤버 가운데 일부를 새로운 기획을 통하여 별개로 활동하도록 만든 그룹)의 이름인 트러블 메이커는, 그러나 문제를 일으키는 사람이란 뜻이다.

왜 트러블 메이커가 떠올랐는지 말하지 않아도 많은 이들이 짐작할 줄 안다. "'제2, 제3의 이동관'도 탄핵시킬 것"이라고 한 민주당의 경고를 무시한 채 문제를 일으킬 인물을 보란 듯 또다시 지명했기 때문이다. 이쯤되면 윤 대통령은 트러블 메이커가 되기 위해 '어통령'이 되었는지, 강한 의구심을 불러 일으킨다.

또한 '대법원장 임명동의안 부결'(전북연합신문, 2023.10.18.)이란 글에서 이미 말한 것처럼 윤 대통령이 아직도 여소야대 국회임을 모르는 모양이다. 야당의 '이동관 탄핵안'에 굴복해 직전 임명자가 어쩔 수 없이 물러난 것을 보고도 더 어처구니없는 인물을 지명하는 그 '똥배짱'이 놀랍고 신기하기까지 하다.

보도를 종합해보면 방송통신위원장 후보로 지명된 김홍일 국민권익위원장은 1986년 대구지검 검사로 임관한 뒤 서울지검 특수1부 부부장검사, 춘천지청 원주지청장, 서울고검, 수원지검 부장검사, 대검 중수부장 등을 거쳤다. 잘난 검찰 후배인 윤 대통령 덕에 국민권익위원장을 5개월째 하고 있지만, 평생을 윤 대통령처럼 검사만 한 사람이다.

2007년 서울중앙지검 3차장 시절 이명박 대선 후보의 도곡동 땅 및 다스(DAS) 실소유주 의혹, BBK 주가조작 관여 의혹 등을 수사했으나 무혐의 처분했다. 2009년 대검 중수부장 시절엔 윤석열 대통령과 부산저축은행 비리 수사를 지휘했다. 지난 대선 당시 윤석열 후보 캠프의 '정치공작 진상규명특별위원회' 위원장을 맡았다.

아니나다를까 윤 대통령의 김홍일 지명은 당장 문제를 일으켰다. 언론·시민단체와 야당이 강력히 반발하고 있다. 12월 6일 전국언론노동조합·언론노조 MBC본부·한국PD연합회·민주언론시민연합·언론개혁시민연대·참여연대 등 언론·시민단체는 각각 입장을 내고 김홍일 방통위원장 후보가 부적절한 인사라며 철회를 촉구했다.

이들 단체는 김홍일 후보가 △특수통 검사 출신으로 전문성이 없고 △BBK 주가조작 의혹에 사실상 면죄부를 줘 '정치검사' 비판을 자초했고 △대통령의 측근 인사로 독립적 업무 수행이 우려되고 △국민권익위원장을 지내며 방통위의 언론장악을 도왔다고 지적했다.

더불어민주당 권칠승 수석대변인은 이날 브리핑에서 "윤 대통령이 2차 방송 장악에 나섰다. 김 후보자는 윤 대통령의 검사 재직 시절 직속상관으로, 윤 대통령을 필두로 한 '검찰판 하나회' 선배"라며 이같이 말했다. 권 수석대변인은 "방송·통신 관련 커리어나 전문성이 전혀 없는 특수통 검사가 어떻게 미디어 산업의 미래를 이끌어간다는 말이냐"라며 "공정과 상식을 철저히 짓밟는 어불성설의 인사"라고 비판했다.

권 수석대변인은 "결국 도로 검사냐"며 "5공 신군부가 정치군인들로 국가 요직을 독식했듯 대통령이 임명하는 모든 자리에 특수통 검사들로 채우려고 하느냐"고 따졌다. 그러면서 "윤석열 정권의 방송

장악을 기필코 저지하겠다"며 "윤 대통령은 김 후보자 임명을 철회하고 국민의 눈높이에 맞는 인사를 추천하지 않는다면 국민의 준엄한 심판을 각오해야 할 것"이라고 쏘아붙였다.

민주당 언론자유대책특별위원회도 성명서를 내 "'언론 장악 기술자'가 실패하자 이번엔 특수통 검사로 '방송 장악 돌격대' 삼겠다는 것이냐"고 목소리를 높였다. 이어 "윤 대통령의 언론 탄압, 방송 장악 아집은 국민 심판을 받을 것"이라며 "이 전 위원장 사퇴에서도 교훈을 찾지 못한 윤 대통령의 방통위 장악 시도는 성공하지 못할 것"이라고 덧붙였다.

정의당도 강은미 원내대변인 명의 논평에서 "이동관 전 방통위원장이 저주한 대로 '제2의 이동관'이 끝내 나타났다"며 "이 전 위원장을 '꼼수 사퇴'로 도피시킨 직후 지명한 인사의 면모를 보니 더 노골적 언론장악 의욕이 보인다"고 지적했다.

이어 "당은 특수통 출신, 대통령 측근, 방송·통신 경력 전무 등을 이유로 김 후보자 지명은 안된다고 수차례 경고한 바 있다"며 "김 후보자 지명은 제2의 '이동관 탄핵'을 맞게 될 것"이라고 경고했다. 야당의 경고와 함께 전임자 낙마로 방송통신위원장이 탄핵소추 대상임을 알았을텐데, '어디 또 해볼테면 해보라'인가?

이동관 낙마에 대해 잘못 임명을 인정하고 사과하긴커녕 오히려 더 터무니없는 인물을 지명했으니 기가 찰 노릇이다. 5개월밖에 안 된 국민권익위원장을 아랫돌 빼서 윗돌 괴듯하는 것도 기가 막힌 일이다. 한 술 더 떠 방송·통신과 전혀 무관한 검사 출신을 방송통신위원장으로 지명했다. 그걸 또다시 지켜봐야 하는 고역(苦役)을 왜 감수해야 하는지 참담할 뿐이다.

〈2023. 12. 7.〉

제5부

대통령실의 수사외압 의혹1
대통령실의 수사외압 의혹2
뭐 저런 비대위원장이 다 있나1
뭐 저런 비대위원장이 다 있나2
민주당의 인재영입 류삼영 전 총경
류삼영 사용법
또 다른 돌격대장1
또 다른 돌격대장2
밥값 안하는 국회의원들
이낙연 전 대표, 제 정신인가
제1야당 대표가 테러당하는 나라1
제1야당 대표가 테러당하는 나라2
이준석 전 대표의 국민의힘 탈당
이상민 의원을 규탄한다
국회의원이 들려나가는 나라
이성윤 사용법
민폐쟁이 김 여사1
민폐쟁이 김 여사2

대통령실의 수사외압 의혹1

윤석열 정부의 특징중 하나는 뜻밖의 사고가 일어났을 때 수습은 온데간데 없어지고, 전혀 엉뚱한 방향의 비상식적인 사건으로 이어진다는 점이다. 가령 해병대 채 상병 순직사고가 그렇다. 인재(人災)일망정 사고이므로 유가족을 비롯한 국민에게 사과하고, 책임자 문책으로 어느 정도 진정되는 것이 우리가 그간 봐온 일반적 모습인데, 그게 아니다.

채 상병 순직사고의 경우 해병대수사단장이 항명죄 등 혐의로 재판을 받는 등 전혀 엉뚱한 방향의 사건으로 흘러가고 있는 대표적 사례라 할만하다. 박정훈 전 해병대수사단장(대령)은 고 채 상병 순직사고를 수사하다 난데없이 항명·상관 명예훼손 혐의로 기소돼 보직을 박탈당한 채 피의자가 돼 재판을 받고 있는 중이다.

앞서 박 대령은 채 상병 순직사고 조사 뒤 임성근 당시 해병대 1사단장에게 업무상 과실치사 혐의를 적용해 8월 2일 사건을 경찰에 넘겼다. 이후 박 대령은 보직 해임됐다. 군검찰은 이종섭 전 국방부장관이 김계환 해병대사령관을 통해 전달한 사건 이첩 보류 지시를 어겼다며 박 대령을 항명 혐의로 불구속 기소했다.

군검찰은 박 대령이 방송에 출연해 허위사실을 얘기했다며 이종섭 전 장관의 명예를 훼손한 혐의(상관 명예훼손)도 적용했다. 12월 7일 그 재판이 서울 용산구 중앙군사법원에서 열렸다. 박 대령은 "(순직 사건의) 수사 결과를 축소·왜곡하라는 불법적인 명령이 사건의 본질"이라고 주장하며 외압의 실체가 함께 밝혀져야 한다고 강조했다.

박 대령 쪽은 이날 재판에서 공소가 기각돼야 한다는 주장도 펼친 것으로 알려졌다. 항명죄는 군사상의 필요에 의한 작전 또는 교육훈련 및 이와 직접적인 관련이 있는 병력통솔 사항 명령을 어겨야 성립하는데, 이번 일은 채 상병 사건 조사 사후 행정처리 중 발생한 사건이라는 것이다. 박 대령 쪽 하주희 변호사는 "이 전 장관의 정무적 판단에 이견을 제시한다는 이유로 (국방부가 보직해임 등) 불이익을 준 것"이라고 밝혔다.

이날 재판장의 "할 말이 있냐"는 물음에 자리에서 일어선 박 대령은 "스무살 해병이 피어보지도 못하고 너무나 어이없게 사망한 사건이 발생한 지 5개월이 지났는데도 아직 경찰은 혐의자 입건조차 못했다"며 말문을 열었다. 이어 박 대령은 말한다.

"(해병대) 사령관은 분명히 제게 말했다. 7월 31일 (오전) 11시께 대통령주관 수석보좌관회의에서 국방비서관으로부터 1사단 사망사건 보고받으면서 (윤석열 대통령이) 격노했다. 대통령은 (국방부)장관에게 '이런 일로 사단장을 처벌하면 대한민국에서 누가 사단장을 하냐'고 질책했다고 한다"며 대통령실 수사외압 의혹을 거듭 제기했다.

박 대령은 나아가 "이번 재판은 한평생 국가와 나라를 위해 헌신한 한 국민의 명예뿐 아니라 군사법 체계의 신뢰가 달린 중차대한 재판인 점을 고려해 사안의 본질을 살펴봐주시기를 (재판장께) 간곡히 부탁드린다"고 말했다. 박 대령의 이런 호소가 재판부에 얼마나 받아들여질지 초미의 관심사가 아닐 수 없다.

박 대령은 이날 재판정에 들어서기 전에도 취재진에게 "오늘은 고 채 상병이 순직한 지 141일째 되는 날"이라며 "사망 원인을 밝히는 경찰의 수사는 요원하고 또한 수사외압을 규명하는 공수처의 수사

역시 더디기만 하다. 참으로 안타깝고 답답한 심정"이라고 말하며 안타까워했다.

박 대령은 이날 아침 10시께 시작된 재판 전 기자들을 만난 자리에서 "군사 재판을 믿고 성실히 저의 무고함을 잘 규명하고, 나아가서 우리나라의 정의가 살아있다는 것을 증명하겠다"고 말했지만, 대통령의 격노로 박 수사단장의 경찰이첩이 항명죄로 바뀐 거라면 상식적인 판결이 날 지는 미지수다. 어쨌든 이날 법정 방청석엔 80여 석 자리가 가득 들어찬 것으로 전해졌다.

또한 박 대령의 첫 공판에 출석하러 가는 길에는 20여 명의 해병대 전우회 회원들이 동참했다. 이들은 '박정훈 대령 준법 사건에 대한 공정재판 촉구'라는 플래카드를 내걸었다. 해병대 사관 제81기 동기회 김태성 회장은 "개인을 상대로 집단 린치를 하는 이런 비열한 행동은 결국 준엄한 역사의 심판을 받게 될 것"이라고 비판했다.

이들 해병대 예비역들은 9월 23일 고 채모 해병대 상병 사망에 대한 진상규명과 박정훈 전 해병대 수사단장(대령)의 원대복귀를 촉구하는 집회를 열기도 했다. '해병대예비역전국연대'는 이날 오후 2시 서울 용산 대통령실 앞에서 집회를 열고 "채 상병의 죽음에 대한 진상규명과 이를 방해하는 세력의 일벌백계가 이뤄져야 한다"고 밝혔다.

이들은 '진상규명 촉구한다', '(박 대령의) 직무복귀 명령하라' 등이 적힌 손팻말을 들고 "공정수사 안 되면 될 때까지" 등의 구호를 외쳤다. 집회에는 해병대 빨간티를 입은 예비역 400여 명이 참가했다. 유례를 찾아보기 힘든 예비역들의 '해병대수사단장 구하기' 집회라 할 수 있다.

사회관계망서비스(SNS)를 통해 이날 집회를 조직한 것으로 알려진 전원철 해병대 예비역은 "해병대 수사단 수사가 국가안보실의 입맛에 맞게 재단됐다. 이런 군대를 국민이 믿을 수 있겠나"라며 "해병대 수사단에 수사 가이드라인을 주고 '누구의 혐의를 빼라'고 지시한 자의 죄를 반드시 물어야 한다. 정부는 국민에 대한 항명을 멈춰야 한다"고 했다.

〈2023. 12. 8.〉

대통령실의 수사외압 의혹2

지금까지 전해진 채 상병 순직사고 조사 및 박정훈 전 해병대수사단장의 항명·상관 명예훼손 혐의 재판과정을 보면 국민 누구나 공통으로 생각하는 게 있지 않을까 싶다. 박 수사단장은 제대로 수사했는데, 그게 너무 FM적이라 "대통령이 국방(분야)에 대해 이번처럼 격노한 적이 없었다"는 말까지 듣게 된 바로 그것이다.

윤석열 대통령과 대통령실 관계자만 알 수 있는 일이 돼버린 셈이지만, 얼른 이해가 안 되는 게 있다. "이런 일로 사단장을 처벌하면 대한민국에서 누가 사단장을 하냐"고 질책한 게 사실이라면 도대체 왜 그랬냐는 것이다. 전시가 아닌 대민봉사 활동에서 애먼 젊은 군인이 죽었는데, 그럼 누구 책임이란 말인지 알 수 없어서다.

또 윤 대통령이 직접 명령을 내렸는지 '격노'에 놀라 대통령실이 '알아서 긴' 행태의 외압을 행사했는지 자세히 알 수 없지만, 아예 없어도 될 일로 국민들을 언짢게 하고 있는 건 분명하다. 미치고 팔짝 뛸 일이 또다시 벌어진 것이다. 박 대령이 12월 8일 '2023 올해의 호루라기상'을 수상한 것만 봐도 세간의 이목이 집중된 사건임을 알 수 있다.

박 대령은 지난 7월 19일 발생한 채 상병 익사 사고 보고서를 해병대 사령관과 해군참모총장, 그리고 국방부 장관에게 결재 받아 해병대 1사단장 임성근 소장 등 8명을 업무상과실치사죄로 경북도경에 이첩했다. 그 이첩이 손바닥 뒤집듯 번복되는 등 불법적 수사 개입이 진행되자 박 대령은 언론을 통해 공익제보를 했다.

박 대령은 "(내가 제보한 사건은) 수해 복구 현장에서 구명조끼 없이 실종자를 수색하다가 상병이 사망하게 된 사건"이라며 "현장에서 채 상병의 시신을 보고, 스무살 애띤 해병이 덧없이 사망한 데 대해 반드시 진실을 밝히고 이 죽음에 책임이 있는 사람들에 대해서는 수근이의 억울함이 남지 않도록 수사하겠다고 마음먹었다"고 했다.

그러나 이 과정에서 박 대령이 집단항명죄로 입건돼 재판을 받고 있음은 이미 말한 바와 같다. 참고로 '올해의 호루라기상'은 호루라기재단(이사장 이영기)이 수여하는 상이다. '호루라기는 세상을 바꾼다'는 모토로 공익제보자 개인 또는 단체가 그 대상이다. 양심적 행위를 장려하고 사회의 민주적 발전에 기여하고자 2012년부터 매년 수상자를 선정해 시상하고 있다.

야권도 움직이고 있음은 물론이다. 가령 11월 20일 더불어민주당 홍익표 원내대표는 해병대원 순직 사건과 관련해 "증거와 정황들이 모두 대통령실과 국방부의 사건 은폐, 축소 시도 의혹이 사실일 가능성이 크다는 것을 보여주고 있다"고 지적했다. 홍 원내대표는 이날 국회에서 열린 최고위원회의에서 "군검찰이 외압 의혹은 숨기고 항명만 증명하려 할수록 외압 사실이 드러나고 있다"며 이같이 밝혔다.

그는 "해병대원 순직 사건 수사에 외압을 행사했다는 의혹을 부인해 온 국방부의 주장이 거짓임을 드러내는 물증이 나왔다"며 "박진희 당시 국방부 장관 군사보좌관이 장관의 출장을 수행하면서 김계환 해병대 사령관에게 연락해 사건 축소를 주문한 것"이라고 말했다.

이어 "5년 임기에 불과한 정권이 죄 없는 군인의 억울한 죽음을 영원히 은폐할 수 있다는 듯 보이는 오만함에 대통령과 여당 지지자들도 이 사건에 대해 정부가 보이는 태도를 불신하고 있다"며 "윤석열 대통령과 여당은 손바닥으로 하늘을 가리려 해서는 안 된다"고 강조했다.

홍 원내대표는 10월 13일엔 "윤석열 대통령이 수사 방해에 관여했다는 의혹이 사실로 확인된다면 퇴임 후에라도 형사책임을 피할 수 없는 일"이라고 밝혔다. 홍 원내대표는 이날 오전 열린 최고위원회의에서 "해병대 수사단의 수사 과정에서 국가안보실과 국방부 고위권력자들이 수사를 방해하고 사건을 은폐하는 데 외압을 행사했다는 의혹이 제기되고 있다. 있어서는 안 될 일"이라며 이같이 말했다.

　홍 원내대표는 "유가족은 아들이 죽은 것도 억울한데, 왜 죽었는지 알지도 못한 채 슬픔에 잠겨 있다"며 "한 청년이 최소한의 안전장비도 갖추지 못한 채 급류에 투입되었다가 목숨을 잃은 사건의 진실을 밝히는 것은 당연한 국가의 의무"라고 강조했다. "진상을 규명하고 합당한 처벌을 해야 한다"며 "수사 방해, 사건은폐 의혹을 밝혀 책임을 물어야 한다"고 목소리를 높였다.

　민주당은 지난 10월 6일 정의당 등과 함께 채 상병 사망사건에 대한 진상규명을 위한 채 상병 특검법을 신속처리안건(패스트트랙)으로 지정했다. 정부·여당을 향해 "합의해 법안을 처리하면 180일을 기다리지 않고 바로 진상규명을 시작할 수 있다"며 "유가족과 국민이 180일을 기다리며 좌절하지 않도록 최소한의 도리를 다해주기를 바란다. 지금이라도 채 상병 특검법 통과에 협조해 주시길 바란다"고 촉구했지만, 국민의힘은 나몰라라 했다.

　지금은 대통령 재임중 형사소추되지 않는 특권으로 피해갈망정 임기가 끝나면 그렇지 않음을 지적한 홍 원내대표의 경고가 나로선 예사롭지 않게 다가온다. 상식적인 법원 판단이 나오지 않을 경우 길게는 윤 대통령 퇴임 후로 진상 규명이 미뤄질 사건이라는 게 슬프지만, 박 대령, 모쪼록 힘내기 바란다.

〈2023. 12. 9.〉

뭐 저런 비대위원장이 다 있나1

 12월 26일 국민의힘은 한동훈 전 법무부장관을 비상대책위원장에 임명했다. 국민의힘은 이날 전국위원회의 자동응답(ARS) 투표에서 재적 824명 가운데 650명이 투표해 627명의 압도적인 찬성으로 한 비대위원장 임명안을 의결했다. 반대는 23명에 그쳤다. 한 위원장이 법무부 장관직에서 사퇴한 지 5일, 김기현 대표가 대표직을 그만둔 지 13일 만이다.
 1987년 민주화 이후 일개 장관에서 사실상 집권여당 대표로 직행한 건 내 기억으론 한 비대위원장이 처음이 아닌가 한다. 말인지 막걸리인지 모를 전무후무한 일이 또다시 벌어진 셈이라 할까. 먼저 나로선 도대체 보수의 뿌리요 본산이라 할 국민의힘은 뭐하는 정당인지 의구심이 생긴다. 무엇보다도 그렇게 사람이 없나 해서다.
 응당 대선에서 이긴 정당인데도 2년이 채 안돼 3번째 비상대책위원회가 꾸려진 게 정상으로 보이지 않는다. 이제 갓 들어온 '뜨내기'에게 한 번도 아니고 두 번씩이나 갈이고 쓸개고 다 내줘버리는 그런 정당의 민낯을 보이고 있다. 적지에서 아군의 수장을 감옥에 보낸 굴러들어온 돌에게 박힌 돌들이 까이더니 그 시즌 2가 시작된 셈인 한동훈 비상대책위원장이랄 수 있다.
 그럴망정 비대위원 인선과 함께 최고위원회의·상임전국위원회 의결을 거쳐 12월 29일 '한동훈 비상대책위원회'가 공식 출범했다. 한 비대위원장이 윤석열 대통령 아바타로 불리는데다가 일개 국무위원임에도 불구하고 야당 공격을 정치인보다 더 빈번하게 일삼아

온 무도(無道)한 '전사'의 출전이 공식화됐다 해도 그리 과하지 않다.

아니나다를까 한 비대위원장은 전국위 의결 뒤 수락 연설에서 "이재명 (더불어민주당) 대표와 '개딸전체주의', '운동권 특권세력'의 폭주를 막아야 한다"고 말했다. "중대 범죄가 법에 따라 처벌받는 걸 막는 게 지상 목표인 다수당이 더욱 폭주하면서 이 나라의 현재와 미래를 망치는 것을 막아야 한다"고 밝히기도 했다.

이어 "그런 당을 숙주 삼아 수십년간 386이 486·586·686이 되도록 썼던 영수증을 또 내밀며 대대손손 국민 위에 군림하고 가르치려 드는 운동권 특권정치를 청산해야 한다"고 강조했다. 누가 봐도 민주당과 그 지지자들을 향한 선전포고라 할, 일반 상식을 뛰어넘는 아주 '검사스러운' 비대위원장 수락 연설이라 할 수 있다.

즉각 강선우 더불어민주당 대변인은 "어떻게 취임 첫 일성으로 그간의 국정운영 실패, 무능과 무책임에 대한 반성 한마디 없이 제1야당의 대표에 대해 모독과 독설부터 뱉는가"라고 말했다. 민주당 지도부 소속 의원은 "나라를 어떻게 이끌어나갈지, 국민과 청년의 미래, 보수의 가치에 대해 논해도 모자랄 판에 개딸 전체주의와 싸우겠다는 게 말이 되냐"며 개탄했다.

국민의힘에서도 우려하는 목소리가 나왔다. 한 중진 의원은 "아무리 선거가 있다고 해도 야당과 협의할 건 협의해야 하는데, 우려된다"고 말했다. 다른 중진 의원도 "한 위원장의 말은 우리 진영을 결속하는 데는 도움이 되겠지만 중도에선 어떻게 볼까 싶다"며 "한 위원장은 기존 정치판을 바꾸기 위해 등판한 것인데, 구태의연한 정치에서 벗어나야 한다"고 말했다.

그런데 거기서 그치지 않았다. 한 비대위원장은 "이대로 가면 지금

이재명 민주당의 폭주와 전제를 막지 못할 수도 있다는 상식적인 사람들이 맞이한 어려운 현실은 우리 모두 공포를 느낄 만하다"며 "상식적인 많은 국민을 대신해 이재명 대표의 민주당과 그 뒤에 숨어 국민 위에 군림하려는 운동권 특권 세력과 싸울 것이다"라며 전선도 명확히 했다.

"민주당에 공포를 느끼는 사람을 상식적인 국민으로, 그렇지 않은 사람은 비상식적인 국민으로 사실상 편가르기"(한겨레, 2023.12.27.) 해 총선을 치르겠다는 것이다. '뭐 저런 비대위원장이 다 있나' 하는 탄식이 절로 나오지만, 그러나 그걸로 윤 대통령을 찍고도 국민의힘을 떠난 중도층이 돌아와 내년 총선을 이길 수 있을지는 미지수다.

한 비대위원장은 다음날인 12월 27일 국회 본청 출근길에 기자들과 만나서는 "민주당은 검사를 그렇게 싫어하면서, 왜 검사도 아니고 검사를 사칭한 분을 '절대 존엄'으로 모시는 건지 묻고 싶다"고 말했다. 이재명 대표가 2002년 '분당 파크뷰 특혜분양 사건' 당시 검사를 사칭한 혐의로 기소돼 150만 원 벌금형을 받은 사실을 상기시키며 독설을 날렸다.

한 비대위원장은 또 "특정한 정치적 목적을 위해 국민의 자산이고 도구인 검찰을 악마화하는 것은 국민에게 피해가 가는 무책임한 행동"이라며 민주당의 검찰 개혁 요구를 '정치적 목적을 위한 악마화'로 깎아내리기까지 했다. 검찰은 이제껏 하나도 잘못한 게 없고, 따라서 개혁 대상이 아니라는 뼛속까지 검사로서의 인식을 고스란히 드러냈다.

민주당 박용진 의원은 페이스북에 "제1야당과 야당 대표를 '청산 대상'으로 삼아놓고, 곧 이재명 대표를 만나 악수하고 웃으며 사진 찍고 협력을 다짐하는 덕담을 주고받을 텐데 제정신이냐"며 "정치의 에이비시(ABC)도 모르고 멋있는 말이나 갖다 붙인 취임사로는 아무것도 할 수 없다. 한동훈도 실패할 것"이라고 강하게 비판했다. 실제로 29일 오후 한 비대위원장은 민주당사로 가 이재명 대표를 만났다.

〈2023. 12. 28.〉

뭐 저런 비대위원장이 다 있나2

'뭐 저런 비대위원장이 다 있나1'에서 한동훈 국민의힘 비상대책위원장의 더불어민주당을 향한 공세에 대해 주로 살펴봤다. 어느 당이고 비상대책위원장은 구원투수 성격을 갖는데, 수락연설을 보면 그렇지 않은 것으로 보인다. '구원'이 아니라 그나마 당을 폭망시키려 온 게 아닌가 하는 느낌마저 들 정도다. 여기서는 다른 이야기다.

먼저 한 비대위원장은 대통령실과의 수직적 관계 재정립 요구를 일축했다. 한 비대위원장은 수락 연설에서 당·대통령실 관계와 관련한 직접적인 언급을 하지 않았다. 그 대신 한 위원장은 "우리는 소수당이지만, 대선에서 기적적으로 승리해 대통령을 보유한, 정책의 집행을 맡은 정부 여당"이라며 "우리의 정책은 곧 실천이지만, 야당인 (더불어)민주당의 정책은 실전이 보장되지 않는 약속일 뿐이다. 그건 굉장히 큰 차이"라며 이렇게 말했다.

연설 뒤 '대통령실과의 수직적 관계가 뭐라고 생각하느냐'는 기자의 질문에 한 비대위원장은 "여당과 대통령은 헌법과 법률의 범위 내에서 각자 국민을 위해서 할 일을 하는 기관이다. 수직적이니 수평적이라는 얘기가 나올 부분이 아니다"라면서도 "상호 협력하는 동반자 관계라고 하는 게 옳다"고 강조했다. 사안의 본질과 동떨어진 원론적 이야기만 늘어놓은 셈이다.

"대통령은 여당이 있기 때문에 정책적인 설명을 더 잘할 수 있고, 여당이 사랑을 받아야 대통령이 더 힘을 받게 된다"고도 했다. "사실상 '당정일체'를 통해 당이 윤석열 대통령을 뒷받침해야 한다는 주장으로 읽힌다"(한겨레, 2023.12.27.)는 지적이 나왔다. 서울 강서구 보궐선거 참패로 3번째 비대위가 꾸려진 것과는 전혀 맞지 않는 '귀신 씻나락 까먹는 소리'로 들린다.

한 비대위원장은 "누가 누구를 누르고 막는 식의, 사극에나 나올 법한 '궁중 암투'는 끼어들 자리가 없다"며 당과 대통령실·정부 사이의 견제와 긴장에 부정적인 인식도 드러냈다. 한 위원장의 이런 시각은 구원투수로 등판한 게 맞나 하는 의구심을 일으킨다. 당 안팎의 보편적인 평가와 간극이 크다는 지적이 나오기도 한다.

국민의힘 한 중진 의원은 "한 위원장이 대통령에게 휘둘리지 않으면서 제대로 된 소신을 갖고 당의 입장을 얼마나 반영할 수 있을지가 내년 총선 승리의 핵심"이라며 "하지만 한 위원장이 검찰 재직 당시 윤석열 대통령과 오랫동안 '상명하복'의 관계였다는 점이 우려스럽다"고 말했다. 국민의힘 한 초선 의원은 "검찰 출신이자 윤 대통령 최측근인 한 위원장이 방향 추를 어디로 잡느냐에 따라 총선 대박 아니면 쪽박이 정해질 것"이라고 말했다.

한 비대위원장은 수락 연설에서 "오직 동료시민과 이 나라의 미래만 생각하면서 승리를 위해 용기 있게 헌신하겠다"며 내년 총선 불출마를 선언했다. "지역구에도, 비례로도 출마하지 않겠다"고 선명하게 말한 것인데, 그동안 한 비대위원장은 장관시절에 서울 서초·종로 등이나 비례대표 상위권 출마 가능성이 거론돼왔다.

그는 불출마 이유로 "(총선) 승리를 위해 뭐든지 다 할 것이지만, 제가 승리의 과실을 가져가지는 않겠다"고 했다. 당 안에선 "한 위원장의 목표는 국회의원이 아니라 대통령이라는 점을 암시하는 것"이라는 풀이가 나왔다. 국민의힘 한 초선 의원은 "대선 주자로 꼽히는 한 비대위원장에겐 국회의원 배지보다 총선 승리가 더 중요할 것"이라 말하기도 했다.

이어 "불출마는 총선 승리에 대한 한 비대위원장의 의지를 보여주는 대목"이라고 말했지만, 그러나 유승민 전 의원은 이날 나도 지켜본 MBC '뉴스외전'에 유시민 작가와 함께 출연해 "굉장히 실망스럽고 생뚱맞다. 험지 지역구에 출마하든 했어야 한다"고 비판했다.

한 비대위원장은 "국회의원 불체포 특권을 포기하기로 약속하시는 분만 공천할 것"이라며 공천 기준도 제시했다. "공직을 '방탄 수단'으로 생각하지 않는 분들, 특권의식 없는 분들만 국민들께 제시하겠다"며 국회의원 불체포 특권 포기를 약속해야 공천하겠다고 밝혔다. 글쎄, 감동을 주는 공천이 될지 더 지켜볼 일이다.

강선우 더불어민주당 대변인은 이날 논평을 내어 "한 위원장은 결국 윤석열 대통령의 공천 지령을 전달할 대리인이고, 김건희 여사를 지키기 위한 호위무사일 뿐"이라며 날을 세웠다. 강 대변인은 이어 "대통령 선거에서 표를 더 받았다고 대통령 부인의 죄가 없어진다면 그것은 민주주의가 아니다. '윤석열 아바타' 한 위원장이 자신이 쓰고자 한 왕관의 무게를 '김건희 특검법' 수용으로 견뎌내길 바란다"고도 했다.

민주당에선 한 비대위원장이 내년 총선에서 불출마를 선언한 것은 "비겁하다"는 반응도 나왔다. 정청래 최고위원은 "강남·영남 아니면 당선 가능성 없고, 비례대표는 검사공천에 차질을 빚을 것 같으니 고육지책으로 불출마 선언한 것"이라며 "검사공천용 자구책일 뿐"이라고 평가절하했다.

민주당 유기홍 의원은 "텃밭이나 비례는 체면상 요구하지 못하겠고, 접전지로 가자니 지면 타격이 크고, 그렇다고 험지 나가서 떨어지기도 싫으니 안전하게 불출마를 택했을 것"이라며 "선거에 한 번도 나온 적 없고 총선에도 안 나온다는 사람이 굳이 비대위원장을 맡았다면 윤 대통령의 아바타로서 당을 꽉 잡고 흔들겠다는 뜻"이라고 직격했다.

〈2023. 12. 29.〉

민주당의 인재영입 류삼영 전 총경

구랍 18일 더불어민주당 인재위원회(위원장 이재명 대표)는 국회 당대표회의실에서 기자회견을 열어 류삼영 전 총경을 '인재 3호'로 영입했다고 밝혔다. 민주당은 "류삼영씨는 윤석열 정부의 경찰 장악에 맞서 경찰을 지키기 위한 목소리를 모은 것으로 세간의 주목을 받았다"며 "권력이 아닌 국민만 바라보는 '국민의 경찰'로서 가치관과 역량을 갖춘 적임자"라고 밝혔다.

국민의 한 사람으로서 민주당의 류 전 총경 영입에 박수를 보낸다. 류 전 총경은 인재영입식에서 "지난 30년간 경찰의 민주화, 정치적 중립의 성과가 윤석열 정권의 등장으로 일순간에 무너졌다"며 "무도한 정권으로부터 경찰을 지켜내고 우리 경찰이 국민의 경찰로 거듭나게 하고 우리나라 민주주의를 회복하기 위해 싸우고자 여기에 왔다"고 말했다.

그는 경찰국 신설과 검수원복(검찰수사권 원상복구)에 대해 "헌법 질서를 교란하는 시행령 쿠데타"라며 "윤석열 정부가 망친 것들을 조속히 정상으로 돌려놓겠다"고도 했다. 그렇게 될지는 지켜볼 일이지만, 일단 그 결연한 의지를 높이 사고, 제1당이 그런 활동을 하는 데 안성맞춤이라서다. 민주당원이나 지지자가 아니라도 그런 생각이 든다.

류 전 총경은 최근 민주당이 주도해 국회 본회의를 통과한 검사 탄핵소추안에 대해서도 "특권층을 만들 수 없다는 게 우리 헌법상 아주 중요한 원리"라며 "민주당에서 이제 역사상 처음으로 보여준 것이기 때문에 아주 창의적으로 잘하셨다"고 평했다.

류 전 총경은 울산 중부경찰서장으로 재직하던 2022년 7월 행정안전부 내 경찰국 신설에 반대하며 전국 총경회의를 주도했다가 정직 3개월의 중징계를 받았다. 그 뒤 2023년 7월 정기인사에서 총경 아래 계급인 경정급이 맡아온 경남경찰청 112치안종합상황실 상황팀장으로 발령이 나자 사직서를 제출했다.

당시 류 총경은 "차라리 파면을 하지 보복인사는 참을 수 없는 모욕"이라며 경찰을 떠나는 심경을 밝혔다. 류 총경은 2023년 8월 1일 오전 MBC 라디오 프로그램 '김종배의 시선집중'에 나와 이렇게 말했다. 류 총경은 전날 경찰청 민원실에 사직원을 접수했다. 류 총경은 "지난 2월 1차 보복인사가 있었고, 이번 인사는 2차 보복이라고 확신한다"고 말했다.

이어 "보복인사의 배후는 이상민 행정안전부 장관이 아니고 '더 위'"라고 주장했다. 그러면서 "이렇게 공공연하게 보복인사를 하는 것은 경찰의 중립이 제대로 옳게 지켜진다고 볼 수 없는 명확한 증거라고 본다"며 "경찰같이 계급 있는 사회에서는 인사권을 쥐고 있는 게 누구인지를 살펴 자기 검열을 통해 그쪽 방향에 코드를 맞춘다"고 덧붙였다.

앞서 류 총경은 경찰 내부망에 올린 '사직의 변'에서도 "최근 1년간 일련의 사태로 인해 경찰 중립의 근간이 흔들리는 것을 더 이상 지켜보기 어려워, 감히 14만 경찰의 자존감을 지키기 위해 사직을 결심하게 됐다"고 밝혔다. 그렇다면 류 전 총경의 운명을 바꾼 전국 경찰서장(총경) 회의란 무엇인가?

전국 경찰서장 회의는 2022년 7월 23일 행정안전부내 경찰국 설치에 반대하며 총경급 간부들이 아산 경찰인재개발원에 모인 사건을 말한다. 현장에 54명의 간부들이 모여들었고, 357명이 반대에 뜻을 모았다. 총경급 간부 600여 명의 과반이 넘는 숫자다. 류 전 총경은 정년을 2년여 앞둔 상황이었지만 모여든 이들의 많은 수는 앞날이 창창한 젊은 간부들이었다. 경찰 역사 77년 만에 보기 드문 '항명'으로 기록될 사건이었다.

류 전 총경은 총경회의를 주도한 과정을 담은 책 '나는 대한민국 경찰입니다'를 펴낸 후 한겨레(2023.12.12.)와의 인터뷰에서 "그날 '우리 경찰에 희망이 있다'는 걸 확인했습니다"라고 말했다. 공직을 떠난 류 전 총경의 발언은 거침이 없었다는 게 인터뷰한 기자의 전언이다.

"헌법 질서를 무너뜨리는 게 쿠데타지요? 권력자가 합법적인 수단으로 헌법 질서를 무력화하는 게 친위 쿠데타입니다. 경찰국 설치를 비롯해 지금 윤석열 정부가 저지르고 있는 게 친위 구데타지요." 사실 경찰국 설치 반대 투쟁에 나설 때부터 이미 두려운 게 별로 없는 듯한 류 전 총경이다.

서장 회의를 두고 대통령실과 여권이 일제히 "하나회 쿠데타"에 빗대며 옥죄어오자 류 전 총경은 "공무원의 입을 막아 정치적 중립을 훼손하는 세력이 오히려 쿠데타 일당"이라고 맞받았다. 출범한 지 석 달 밖에 안된 서슬퍼런 정권에 '현장 간부'급인 총경이 온몸으로 맞선 것이다.

기자가 "그때부터 직을 걸 생각이었냐"고 묻자 류 전 총경이 웃으며 답했다. "하루를 살아도 가치있게 살아야겠다는 마음을 갖고 살았어요. 조직이 위기에 처하면 내가 목숨을 한번을 걸어야겠다 했는데 '지금이 그때다'는 확신이 들었던 거죠."

한편 1964년 울산에서 태어난 류 전 총경은 경찰대 4기(1984년 입학)로 졸업한 뒤 부산 영도경찰서장, 부산경찰청 반부패수사국장 등을 지냈다. 울산 중부경찰서장으로 재직하던 2022년 7월 전국 총경 회의를 주도했고, 이후 앞의 한겨레에 따르면 윤석열 정부의 눈 밖에 나 찍혀나간 '1호 공직자'가 됐다.

〈2024. 1. 3.〉

류삼영 사용법

얼마전 '그렇게 사람이 없나1, 2'를 쓴 바 있다. 2023년 9월 13일 지명된 국방부·문화체육관광부·여성가족부 세 명의 장관 후보자를 보며 탄식한 글이다. 그중 김행 지명자는 자진사퇴했지만, 신원식·유인촌 후보자는 각각 국방부·문화체육관광부 장관으로 재임하고 있다. 반면 민주당의 류삼영 전 총경 영입은 매우 잘한 일로 보인다.

난세가 영웅을 만든다고 했던가. 책을 펴낸 저자로서 민주당에 입당한 류 전 총경은 이제 정치인의 길을 걷게 됐다. 당장 '나는 대한민국 경찰입니다'를 펴낸 후 한겨레(2023.12.12.)와의 인터뷰에서 류 전 총경은 많은 정치적 발언을 이어갔다. 요컨대 류 전 총경은 윤석열 정부에서 경찰이 중립성을 빼앗긴 건 더욱 더 절체절명의 위기라고 본다.

사실 경찰은 건국 이래 독재 정권이 들어설 때마다 부역에 앞장선 오욕의 족적이 뚜렷한 흑역사가 있다. "독재정권이냐 민주정권이냐에 따라 정부는 경찰을 뗐다 붙였다 해왔습니다. (독재정권에서) 박종철·이한열 열사의 죽음처럼 경찰이 용서받지 못할 죄를 지었지만 국민이 용서해주셨는데, 다시 빼앗겨서야 되겠습니까."

류 전 총경은 경찰의 집단 반발이 윤석열 정권에 "브레이크를 세게 걸었다"고 평가했다. 비록 경찰국 설치를 막아내진 못했지만, '검찰공화국'을 향한 새 정부의 기획에 강력한 제동을 걸었다는 것이다. "검찰공화국으로의 가는 첫 단추"를 끼우는 데 도전을 받자 뒤이은 시도들도 성공하지 못했다는 것이 류 전 총경 주장이다.

"만약 우리가 나서지 않았다면 훨씬 더 자유롭게 경찰을 흔들었겠죠. 서장들이 나서면서 국민들이 감시의 눈을 갖게 됐고 그 시기 윤 대통령 지지율이 20%대를 기록하면서 어느 때보다 큰 위기를 맞았습니다. 경찰 인사권을 장악하고 검찰·경찰 수사권 조정으로 설치된 국가수사본부장에 검사 출신(아들 학교폭력 문제로 낙마한 정순신 변호사)을 앉히려 했지만 실패했지요. 본인 친구인 이균용 판사를 대법원장에 앉혀 사법부를 장악하려 했지만 이 또한 뜻대로 되지 않았습니다."

구랍 22일엔 광주전남촛불행동 등 5개 시민단체가 주관·주최한 '나는 대한민국 경찰입니다' 북콘서트가 열렸다. '더팩트'를 통해 좀 자세히 들여다보면 이날 오후 7시 5·18민주화운동교육관(서구 누리로)에서 열린 북콘서트에는 200여 명의 시민들이 참석해 열기가 뜨거웠다.

울산 출신으로 부산을 포함한 경상도에서 경찰 생활을 해온 류 전 총경의 광주 콘서트는 상징적이면서 정치적이다. 콘서트 서두에 류 전 총경은 "광주는 처음이다. 45년 전 고 안병하 치안감이 전두환의 경찰이 아닌 국민의 경찰임을 보여주며 광주시민의 생명을 지켰던 위민정신을 마음 속에 새기고 있다"고 청중들에게 인사를 전했다.

류 전 총경은 "이승만 정권 당시 내무국에 경찰이 소속되며 독재의 하수인이 됐고, 그후 민주당 시절 공안위원회에 소속된 경찰이 박정희 정권에서 다시 내무국 소속이 되면서 독재정치의 하수인이 됐다"며 "행안부에 경찰국을 신설해 경찰을 다시 정권의 하수인으로 만들려는 윤석열 정권의 의도를 두고만 볼 수 없어 경찰서장 집회를 열고 저항에 나섰다"고 밝혔다.

또 류 전 총경은 "국회를 무시한 시행령을 동원한 행안부 경찰국 신설은 경찰을 도구로 검찰독재를 완성하려는 의도라고 볼 수밖에 없다"면서 "이는 헌법에 반하는 친위쿠데타와 같은 무도한 행위로 민주주의를 무너뜨리고 있다. 이를 다시 되돌려놓기 위해 이 자리에 섰다"고 목소리를 높였다. 예고된 시련을 눈앞에 보면서도 행동에 나선 원동력을 묻는 청중의 질문에 대해 류 전 총경은 "욱하는 마음에 행동에 나섰다"고 해 웃음을 자아냈다.

이어 류 전 총경은 영화 '서울의 봄'에서 진압군을 지휘한 수경사령관 이태신(정우성)의 "내 눈 앞에서, 내 조국이 반란군한테 무너지고 있는데! 끝까지 항전하는 군인 하나 없다는 게 그게 군대냐"라는 대사를 인용해 "나 같은 경찰 하나 있어야 되지 않겠노?"라고 경상도 사투리로 소신을 밝혀 청중들의 박수를 받았다.

'나는 대한민국 경찰입니다' 집필을 결심하게 된 이유를 묻는 실문에 대해서는 "임은정 검사와 '김어준의 뉴스공장'에 출연했을 때 임 검사가 기록을 남기기 위해, 그리고 지금 견디고 있는 스트레스를 풀기 위해서라도 책을 쓰는 게 좋겠다고 했다"며 일화를 소개했다.

류 전 총경은 지금 자신이 겪는 고통을 안타까워하는 청중들에게 "옳은 일에 손해보는 것은 남는 장사다. 뚜렷하게 소신껏 살자가 평소 공직관이었다"며 단호하게 의지를 밝혔다. 류 전 총경은 "윤 정권과 싸우겠다. 어렵지 않은 상대다. 나 하나 핍박하는 통에 당시 지지율이 20%대로 떨어졌다"며 "윤 정권 반드시 무너진다. 총선 때 힘 모으면 된다"고 목소리를 높였다.

출마 지역구 혹은 비례대표 배정을 당과 논의한 바가 있느냐는 취재진의 질문에 류 전 총경은 "선거제가 아직 확정되지도 않았고, 입당을 한 신분이니 당과 협의해 결정을 할 사안이다"고 말을 아꼈다. 이에 대해 일부 청중들은 "비례대표를 배정받고 총선 때 전국을 돌며 유세 지원하는 것이 민주당의 가장 효율적인 '류삼영 사용법'이 아니겠느냐"고 말했는데, 그럴 듯하다.

〈2024. 1. 3.〉

또 다른 돌격대장1

박민 KBS 사장과 이동관 전 방송통신위원장 이야기를 하느라 놓친 게 있음을 알게 된다. 또 다른 돌격대장이 있다는 사실 바로 그것이다. 방송통신심의위원회(방심위) 류희림 위원장 이야기다. '류희림 방심위, 언론 탄압 빌런의 재림'(한겨레, 2023.10.26.)이란 칼럼을 이미 읽으며 공분(公憤)이 치솟았음에도 잊어버리고 있었던 셈이라 할까.

류 위원장이 윤석열 정부의 또 다른 돌격대장으로 새삼 떠오른 건 청부 민원 사실이 확인된 뉴스 때문이다. 류 위원장의 청부 민원 의혹은 구랍 23일 국민권익위원회에 공익신고가 접수되면서 불거졌다. 뉴스를 보면 뉴스타파의 '김만배-신학림 녹취파일' 인용보도 방송사를 겨냥해 방심위에 가짜뉴스 심의 민원을 넣은 이들이 류 위원장의 가족과 지인 등이었다는 내용이다.

즉각 더불어민주당은 구랍 26일 가족과 지인을 동원해 특정 언론보도 관련 심의 민원을 넣었단 의혹이 제기된 류 위원장의 사퇴를 촉구했다. 홍익표 민주당 원내대표는 이날 당 원내대책회의에서 류 위원장의 '청부 민원' 의혹과 관련해 "직권남용과 언론 탄압을 자행한 것"이라며 "류 위원장은 스스로 사퇴하거나 최소한 업무에서 배제시켜야 한다"고 말했다.

아울러 홍 원내대표는 "류 의원장에 대한 철저한 조사를 진행해야 한다"고 강조했다. 류 위원장의 가족·지인이 방심위에 뉴스타파의 '김만배-신학림 녹취파일'을 인용보도한 언론사를 상대로 가짜뉴스 심의 민원을 넣었다는 게 의혹의 핵심이다.

이날 국회 과학기술정보방송통신위원회 소속 민주당 의원들은 기자회견을 열어 '배후설'을 제기했다. 고민정 의원은 "이동관 전 방송통신위원장 후보자가 지난 9월 4일 (신학림 녹취록 보도 관련) 엄중 조치를 방심위를 통해 한다고 했고 바로 그날부터 방심위에 접수가 시작됐다. 그리고 그날 바로 (류 위원장의) 친척과 지인 등에 해당하는 분들이 신고를 한다"고 말했다.

이동관 전 후보자의 발언 이후 9월 18일까지 14일 동안 60여 명이 160여 건의 민원을 방심위에 제기했다는 게 민주당 과방위원들의 설명이다. 이들은 "민원인 절반 이상인 40여 명이 류 위원장과 직·간접적인 사적 이해관계가 있는 것으로 추정된다"고 주장했다. 민형배 의원은 "독립적으로 심의하라고 앉혀놓은 국가기관의 기관장이 청부 민원, 민원 사주를 하나. 지금까지 한국 정치사에서 한번도 보지 못한 전대미문의 사건"이라고 말했다.

구체적인 내용에 앞서 먼저 살펴볼 게 있다. 류 위원장 되기 과정이다. 윤 대통령은 8월 17일 옛 여권(더불어민주당) 몫으로 위촉된 정연주 방심위원장과 이광복 부위원장을 해촉했다. 방통위가 방심위에 대한 회계검사를 벌여 업무추진비 부당 집행 등을 이유로 '경고' 처분을 한 것이 해촉 사유였다.

황성욱 상임위원(국민의힘 추천)은 같은 이유로 경고 처분을 받았지만 자리를 지켰다. 윤 대통령은 바로 다음날 KBS·YTN 기자 등을 지낸 언론인 출신 류희림 위원을 위촉했다. 이로써 방심위 여야 구도는 3 대 6에서 4 대 4로 바뀌었다.

방심위 장악은 정민영 위원 해촉으로 대미를 장식했다. 국민권익위원회가 9월 8일 오전 야권 추천인 정 위원에 대해 '징계가 필요하다'고 밝히자, 그날 오후 윤 대통령은 국외 순방 중임에도 인사혁신처가 올린 해촉안을 재가했다.

보수 언론단체가 이해충돌 방지 규정 위반으로 정 위원을 고발한 지 불과 열흘 만에 이루어진 일이다. 정 위원 해촉으로 여야 구도가 4 대 3으로 뒤집히자 방심위는 불과 30여 분 뒤 류 위원을 위원장으로 선출했다. 류 위원은 위촉될 때부터 위원장 내정설이 돌았던 인물이다.

그쯤해두고 이제 자세히 청부 민원 내용에 대해 살펴보자. 국민권익위원회에 접수된 공익신고서에 따르면 지난해 9월 4~6일 사이 뉴스타파의 '김만배-신학림 녹취파일' 보도와 관련해 방심위에 들어온 심의 민원 중 10건이 류 위원장의 가족과 그가 몸담았던 미디어연대 대표로 추정되는 인물들에 의해 제기된 것으로 나타났다.

이들은 뉴스타파를 인용 보도한 KBS · MBC · JTBC의 뉴스에 대해 민원을 넣었고, 이 중 일부는 10~13일 뒤 취하됐다. 민원이 쏟아진 직후인 9월 5일 방심위는 뉴스타파 김만배 녹취파일 인용 보도 관련 민원에 대해 신속심의를 하기로 결정했다.

11월 13일 KBS '뉴스9', MBC '뉴스데스크' · '피디수첩', JTBC '뉴스룸', YTN '뉴스가 있는 저녁' 등 5개 프로그램에 1억 2,000만 원 상당의 과징금을 부과하기로 의결했다. 방심위 역사상 최고 수준 중징계였다. 류 위원장은 관련 회의를 주재하며 심의 · 의결에 참여했다. 이를테면 윤 대통령이 개시한 '가짜뉴스와의 전쟁'에 물불 안 가리고 돌격대장이 된 류 위원장인 셈이다.

새삼스러운 말이지만, 방심위는 "독립적으로 사무를 수행하는"(방송통신위 설치법) 민간 기구다. 방심위의 '사무'가 헌법이 보장하는 표현의 자유와 직결되는 방송·통신 '내용'을 심의하고 규제하는 일이라는 점에서 방심위의 독립성은 매우 중요하다. '윗대가리'와 달리 직원들은 방심위가 독립성 기구임을 잘 아는 모양이다. 이 이야기는 '또 다른 돌격대장2'에서 이어진다.

〈2024. 1. 7.〉

또 다른 돌격대장2

국민권익위원회에 접수된 공익신고서에 따르면 9월 14일 방송통신심의위원회(방심위) 사무처 직원이 류희림 위원장에게 류 위원장 가족으로 추정되는 인물의 민원신청 현황을 보고했다. 같은달 27일에는 방심위 내부게시판에 "류 위원장님, 뉴스타파 인터뷰 인용보도 안건 심의 왜 회피하지 않으십니까"라는 제목의 글이 올라오기도 했다.

이에 신고자는 "류 위원장이 (가족 등의 민원 제기 사실을 알고서도) 회피 신청 등 조치를 취하지 않고, 오히려 사무처를 통해 해당 직원에게 게시물 삭제를 요청했다"고 설명했다. 내부 동요가 일기도 했다. 가령 10월 6일 방심위의 팀장급 직원 11명은 실명이 담긴 의견서를 내부 온라인 게시판에 올렸다.

이들은 의견서에서 "위원회의 '가짜뉴스 심의 추진'과 관련해 사회 각계각층에서 표현의 자유 침해, 언론 탄압 및 검열 논란, 나아가 민간 독립 심의기구로서의 위원회 존립 이유에 대한 근본적 의문을 제기하는 등 비판의 대상이 되고 있다"고 우려했다.

평직원들의 반발도 이어졌다. '가짜뉴스 심의전담센터' 소속 직원들의 파행적 운영 실태 고발에 이어 방심위 직원들까지 연서명을 통해 조직 운영에 제동을 걸고 나선 것이다. 전국언론노동조합(언론노조) 방심위 지부는 11월 14일 "방심위 평직원 150명은 심의센터 직원들의 고충에 공감하고 센터 역할이 합의될 때까지 사회적 합의와 충분한 검토를 요구하며 연대 서명부를 작성해 사측에 전달했다"라고 알렸다.

노조 측은 "보직자를 제외한 방심위 평직원은 200명 수준으로, 방심위 출범(2008년) 이후 직원들이 의견을 모아 서명부를 작성한 것은 이번이 처음"이라고 설명했다. 이번 연서명은 앞서 심의센터 직원 4명이 "센터 출범 한 달이 넘도록 불법적 업무 행태가 지속되고 있다"며 노조 고충처리위원회에 파견 발령 취소 및 원소속 부서로 복귀를 요청한 데 따른 것이다.

이들은 "센터의 언론보도 심의가 명확한 원칙 없이 졸속으로 이루어지고 있어 향후 직원들이 법적 책임을 뒤집어쓰게 될 것이 우려된다"는 내용의 신고서를 11월 2일 노조에 제출했다. 가짜뉴스 심의센터가 출범 두 달이 되지 않아 내부 반발로 파행을 맞게된 것이다.

한 마디로 류 위원장이 자신을 임명해준 '주군'에게 충성을 다하기 위해 가족과 지인을 닥치는 대로 동원해 윤 대통령 비판 언론사들에게 과징금을 부과했다는 얘기다. "지금까지 한국 정치사에서 한번도 보지 못한 전대미문의 사건"을 저지른 것에 대한 반성과 사과는 없었다. 더 기가 막힌 건 "방귀 뀐 놈이 성낸다"는 말을 떠올리게 하는 류 위원장 태도다.

류 위원장의 청부 민원 논란이 커지자 방심위는 류 위원장 명의의 보도자료를 내어 "민원 신청인의 개인 정보 유출은 중대 범죄 행위"라며 "'공익신고'로 포장될 수 없는 일"이라고 입장을 밝혔다. 이어 "특별감사와 수사의뢰 등 법적조처를 통해 범죄행위를 명명백백히 규명해 낼 것"이라며 강경 대응을 예고했다.

그 예고대로 방심위는 그 다음날 개인정보 불법 유출에 대해 서울남부지검에 수사를 의뢰하고, 내부 감사에도 착수한 것으로 알려졌다. 지난 1월 3일엔 류 위원장의 가족·지인을 통해 가짜뉴스 심의 민원을 사주했다는 의혹을 논의하고자 구랍 29일 야권 위원들이 요청해 소집된 임시회의가 무산되는 일도 벌어졌다.

방심위가 "회의 소집을 요청한 위원 이외 4인 위원이 예정된 일정이 있어 참석이 어렵다고 밝혀 전체회의를 개최하지 않는다"고 알려와 무산 당한 임시회의다. 야권 추천 옥시찬 위원은 "방심위 역사상 소수위원이 불참한 경우는 있어도 다수위원이 불참한 경우는 없었다"며 "8일 전체회의에 다시 같은 안건을 상정할 것"이라고 말했다.

앞서 이날 방송회관 앞에서는 민주언론시민연합·참여연대 등 시민단체가 기자회견을 열고 류 위원장 사퇴를 촉구했다. 김준희 언론노조 방심위지부장은 "류희림 위원장은 해촉 대상이 아니라 수사와 처벌 대상"이라며 "개인의 사적 복수를 위해 방심위라는 조직을 사유화하고 있다"고 말했다. 이어 "우리의 노동이 더럽혀지지 않도록 양심을 걸고 싸우겠다"고 했다.

민주당 언론자유대책특위 고민정 위원장은 류 위원상을 공직자의 이해충돌 방지법 위반 혐의로 서울남부지검에 고발한다고 밝혔다. 고 의원은 "류 위원장은 가짜 뉴스를 잡겠다면서 아들·동생 등 가족과 지인을 동원해 민원을 접수하는 선고 민원을 자행한 바 있다. 이를 근거로 방송사들을 심의하고 최고 수위의 징계인 과징금을 부과하는 상상조차 어려운 부도덕한 행위를 저질렀음이 방심위 공익신고자들에 의해 확인됐다"고 말했다.

고 의원은 이어 '류 위원장이 공익 신고자 색출 작업에도 나섰다'고 주장했다. 고 의원은 "제가 확인한 자료에 따르면 지난해 12월 27일부터 (방심위가) 감사반을 편성해 내부 공익 신고자 색출 작업을 진행하고 있다"며 "도둑을 신고하자 위험을 무릅쓰고 도둑을 신고한

의인을 색출하겠다는 적반하장의 파렴치한 생각을 하고 있는 것"이라고 꼬집었다.

왜 이런 뉴스를 보며 살아야 하는지 한심스럽고 화가 날 따름이다.

〈2024. 1. 7.〉

밥값 안하는 국회의원들

'아무리 정치권이 개판이라지만' · '장세환 의원의 불출마를 보며' · '뻘짓 일삼는 정치권' · '의원님들, 본업에나 충실하세요' · '담뱃값 인상, 새정연은 야당도 아니다' · '너희가 국회의원이냐1' · '너희가 국회의원이냐2' · '값진 죽음보다 사는 가치가 우선' · '정치인의 출판기념회' · '기소된 4명의 전북 국회의원들' · '가장 핫한 전북 국회의원1' · '가장 핫한 전북 국회의원2' · '민주당이 우물쭈물하는 사이'.

혹 눈치챈 독자가 있을지 모르겠지만, 위에 열거한 것은 지난 10년간 내가 국회의원을 주인공으로 쓴 글들의 제목이다. '장세환 의원의 불출마를 보며'와 노회찬 의원의 자살에 대해 쓴 '값진 죽음보다 사는 가치가 우선'만 빼고 성폭행 · 배임 · 횡령 · 금품수수 · 뇌물 따위 범죄 혐의이거나 공직선거법 위반, 탈당과 함께 낭을 옮긴 국회의원들을 성토한 글이다.

위의 글들은 대부분 국회의원 개인 비리나 범죄 혐의에 국한된 내용이지만, 이번엔 좀 다른 이야기다. 12월 2일 법정시한을 넘겨 19일 만에 통과한 예산안 늑장 처리도 있지만, 여기선 12월 12일부터 시작된 내년 총선 예비후보 등록과 관련한 이야기다. 예비후보로 등록하면 후원회 설립, 선거사무소 설치, 명함 · 홍보물 배포 등을 할 수 있다. 전국적으로 많은 예비후보들이 등록을 마친 것으로 전해졌다. 바야흐로 총선 레이스가 시작된 것이다.

그러나 맙소사! 내년 4월 10일 치르는 총선 선거구 획정도 아직까지 이루어지지 않았다. 선거 1년 전이라는 법정 기한을 훌쩍 넘긴 지

8개월이나 됐는데도 12월 7일 국회 정치개혁특별위원회(정개특위) 간사와 위원 한 명이 각각 참여하는 2+2 회의를 열어 선거구 획정 논의를 시작했다. 말할 나위 없이 국회의원들이 밥값을 제대로 안한 탓이다.

그나마 중앙선거관리위원회 산하 선거구획정위원회의가 12월 5일 기존 선거구 가운데 6곳을 쪼개고, 6곳을 통합하는 내용의 획정안을 국회에 제출한 데 따른 것이다. 선거구획정위의 안을 보면 6개 선거구가 통합되고 6개 선거구가 분구되어 결과적으로 서울·전북에서 각 1석이 줄고 인천·경기에선 각 1석이 늘게 된다.

이는 여야의 선거구 협상을 위한 초안의 성격일 뿐이다. 정개특위 협의를 거쳐 확정될텐데, 이미 더불어민주당이 '여당 편향적'이라며 반발하고 있어 협상이 순조로울지 장담할 수 없다. 따라서 언제 합의가 이루어져 선거구가 확정될 지도 알 수 없는 상태다. 그야말로 '깜깜이 선거'라는 악순환이 되풀이되고 있는 형국이라 해도 국회의원들은 할 말이 없게 되었다.

다시 말하지만, 국회의원들이 밥값을 제대로 안한 탓이다. 이 제도는 현역 정치인과 정치 신인, 원외 후보들 사이의 공정한 경쟁을 보장하려 2004년 도입됐지만, 번번이 법대로 되지 않고 있다. 국회가 선거구 획정을 방치한 게 처음이 아니라서다. 21대 총선은 선거 39일 전, 20대 총선은 42일 전, 18·19대 총선은 각각 47일, 44일 전에야 선거구를 획정했다.

한겨레 사설(2023.12.11.)에 따르면 "국회가 매번 선거구 획정을 미루는 이유는 정쟁 탓도 있지만, 여야를 막론하고 현역 의원들이 기득권을 지키기 위해 의도적으로 미루는 것"이라는 지적이 제기되는 이유다. 선거구 획정이 늦어지면 일부 출마 예정자들은 유권자가 누구인지도 정확히 모르는 상태로 선거전에 나서야 한다.

그러나 현역 국회의원들은 다르다. 현역 국회의원들은 선거구가 갑자기 바뀌어도 높은 인지도 덕을 볼 수 있지만, 정치 신인들은 처음부터 다시 시작해야 한다. "여야의 '벼락치기' 선거구 획정 관행이 결국 현역 국회의원들의 기득권 지키기"라는 비판이 나오는 이유다. 내가 밥값 '못하는'이 아니라 '안하는' 국회의원들이라 하는 이유이기도 하다.

경계 조정 지역에서 처음 나서는 한 출마자는 "기존 정치인들은 이미 지역 주민 정보와 네트워크가 탄탄하다. 그러나 신인들은 노력과 시간, 비용을 들여 네트워크를 구축해야 하는데, 지역구가 갑자기 바뀌면 그동안의 노력이 무위로 돌아간다. 제발 법대로만 했으면 좋겠다"고 말했다. 분구 예상 지역에 출마하려는 한 인사는 "공정 경쟁을 보장하기 위해 도입한 예비후보제노가 무색할 정도"라고 밀했다.

선거관리위원회 선거사무에도 어려움이 따름은 말할 나위 없다. 우선 21대 총선 선거구를 기준으로 예비후보자 등록을 받은 뒤, 추후 선거구가 획정되면 변경안을 토대로 다시 신고를 받아야 하기 때문이다. 일을 두 번 하는 셈이다. 지난 총선 때도 예비후보자가 '기존 지역구의 전부 또는 일부를 포함하는 지역구' 중 출마지를 선택해 선관위에 다시 신고하도록 했다.

경기 동두천·연천 지역 출마를 준비중인 국민의힘 소속 손수조 리더스클럽 대표는 "(현역의원들 입장에선) 획정을 늦추면 늦출수록 신인의 발목을 잡아 놓을 수 있다. 정말 피선거권을 박탈당한 거나 마찬가지"라고 말했다. 정치신인 예비후보로서 당연히 행사하도록 되어있는 선거운동에 제약을 받게 되는, 그야말로 기울어진 운동장이다. 언제까지 이럴 건지, 제대로 밥값 하는 국회의원들을 빨리 보고 싶다.

〈전북연합신문, 2024.1.10.〉

이낙연 전 대표, 제 정신인가

 더불어민주당을 탈당해 국민의힘으로 옮겨간 5선의 이상민 의원을 규탄한 글에서 "탈당이 기정사실화된 이낙연 전 대표 행보와도 구별된다. 신당 창당으로 새로운 도전과 함께 홀로서기라는 점에서다"라고 말한 바 있다. 그렇다고 이낙연 전 대표의 민주당 탈당을 잘했다거나 그럴만하다고 동의하는 건 아니다.

 이 전 대표가 이미 예고한 대로 1월 11일 오후 2시 민주당 탈당을 선언했다. "민주당을 벗어나, 새로운 위치에서, 새로운 방식으로 대한민국에 봉사하는, 새로운 길에 나서기로 했다"고 말했다. 이 전 대표는 "'마음의 집'이었던 민주당을 떠난다는 것은 참으로 괴로운 일이었다"면서도 "민주당은 저를 포함한 오랜 당원들에게 이미 '낯선 집'이 됐다"고 털어놨다.

 이어 "민주당이 자랑했던 김대중과 노무현의 정신과 가치와 품격은 사라지고, 폭력적이고 저급한 언동이 횡행하는 '1인 정당', '방탄 정당'으로 변질했다"며 "민주당의 정신과 가치를 지키고 구현할 만한 젊은 국회의원들이 잇달아 출마를 포기하는 지경에 이르렀다. 당내 비판자와 저의 지지자들은 2년 동안 전국에서 '수박'으로 모멸받고, 처단의 대상으로 공격받았다"고 지적했다.

 이재명 대표가 재판받는 상황에 대해서도 "민주당은 (이 대표) 자신의 사법리스크로 '검찰폭주'를 제어하지 못하고 있다"고 꼬집었다. 이 전 대표는 "후목불가조(朽木不可雕·썩은 나무로는 조각을 할 수 없다)라는 공자의 말씀처럼 지금의 정치로는 대한민국을 살릴 수 없다. 대한민국을 위기에서 구하려면 정치구조부터 바꿔야 한다"는 말도 했다.

"무능하고 부패한 거대양당이 진영의 사활을 걸고 극한투쟁을 계속하는 현재의 양당 독점 정치구조를 깨지 않고는 대한민국이 온전하게 지속될 수 없다"고 주장하며 하루 먼저 민주당을 탈당한 '원칙과상식'의 조응천·김종민·이원욱 의원들과 협력하겠다는 뜻도 밝혔다. 신당 창당과 함께 총선에 나서 최대한 많은 의석수를 얻겠다는 목표를 밝히기도 했다.

탈당 기자회견문을 보면 그간 맺힌 게 많았음을 짐작할 수 있지만, 이에 앞서 같은날 오전 민주당 의원 129명은 이 전 대표를 향해 "탈당과 신당 창당에는 아무런 명분이 없다"라며 탈당과 신당 창당을 만류하는 내용의 성명을 냈다. '이낙연 전 대표의 탈당 의사 철회를 간절히 바라는 국회의원 일동'이라는 이름으로 이 전 대표의 탈당을 만류하는 내용이다.

이들은 이 전 대표가 이 대표의 사법리스크를 문제 삼으면서 윤석열 정권의 검찰 독재에 대해서는 한마디 비판도 하지 않았다고 꼬집었다. 이 전 대표가 이 대표에게 제안했던 대표직 사퇴·통합 비대위 구성 등에 관해서는 "많은 당원들이 의아해한다"라며 "이 대표는 민주당 전당대회를 통해 당원의 압도적인 지지를 받는 대권 후보다. 이 전 대표는 당원들의 지지가 보이지 않는다는 말인가"라고 반문했다.

이들은 "심지어 이제는 '민주당 의원의 44%가 전과자'라며 당을 공격하고 있다. 그 44%에는 민주화 운동과 노동 운동으로 인한 전과까지 포함됐다"라며 "더욱이 지금 민주당 국회의원들은 4년 전 이낙연 공동상임선대위원장이 전국을 돌아다니며 국민께 당선시켜 달라 요청했던 사람들인데, (이 전 대표가) 스스로를 부정하면서까지 당을 공격하고 있다"고 지적했다.

이들은 "민주당은 반드시 이번 총선에서 윤석열 정권을 심판해야 한다. 이 엄중한 상황 속에서 민주당 분열은 윤석열 정권을 도와줄 뿐이다"라며 "이 전 대표에게 절박한 마음으로 호소한다. 이낙연을 키운 민주당을 기억하길 바라며 정권교체를 위한 길이 어느 쪽인지 다시 한번 생각해 주길 바란다"라며 이 전 대표의 탈당을 만류했다.

이 전 대표의 민주당 탈당은 총선을 앞두고 벌어진 단순한 이합집산이 아닌 걸로 보인다. 단적으로 말하면 민주당이 대선까지 내리 4패를 하고도 정신을 제대로 차리지 못한 모양새라 할까. 대선때 이미 흠결 많은 이 대표를 대통령 후보로 뽑은 걸 지적한 바 있지만, 그것이 민주당 뜻이었다. 깻잎 한 장 차이로 진 대선 석패에 절치부심함은 너무 당연하다.

박지원 선 국성원상의 "국민이 시시하는 지도자를, 윤석열 정권의 야당 탄압과 이재명 죽이기에 희생되고 있는 이재명을 왜 바꿉니까?"라는 반문이 와닿는 이유다. "우리 민주당은 김대중 대통령이 말씀하신 대로, 문재인 대통령이 축사에서 밝힌 대로, 제가 지난 2년간 계속해서 강조한 대로 단결해 강한 민주당이 돼서 윤석열 독주 정권에 투쟁하면 총선 승리하고 정권 교체할 수 있다"는 말도 공감이 간다.

박 전 원장은 민주당 누구보다도 강력하게 "이낙연 돌아와라. 십리도 못 가서 발병난다. 미쳤냐. 윤석열 독주 정권 도와주는 거다. 이건 민주주의 파괴 행위다"라고 강하게 반대 의사를 표명하기도 했다. 불현듯 천만영화 '서울의 봄' 속 전두광이 외친 "실패하면 반역! 성공하면 혁명 아닙니까!"라는 대사가 떠오른다.

그렇다. 이제 이 전 대표는 '잘하면 충신 못하면 역적'의 길로 들어섰다. 만약 총선에서 민주당이 지면 '만고의 역적'으로 역사에 기록되는 그 '오명'을 어떻게 감당하려는지 알 수 없다. 이 대표 중심으로 단합해 총선에 임하는 것 말고 민주당에 무슨 다른 대안이 있나? 그런 점에서도 이 전 대표가 24년을 몸담았던 민주당 탈당은 온당해 보이지 않는다.

〈2024. 1. 12.〉

제1야당 대표가 테러당하는 나라1

1월 10일 오전 11시 더불어민주당 이재명 대표가 퇴원했다. 1월 2일 부산에서 괴한으로부터 습격당해 입원한 지 8일 만이다. 윤석열 대통령은 1월 3일 새해 인사회에서 "원래 오늘 이 자리에 참석하시기로 했던 민주당 이재명 대표께서 어제 테러를 당하셨다. 지금 치료 중"이라며 이 대표의 회복을 기원했다.

윤 대통령은 "테러라고 하는 것은 어떤 것이든 간에 피해자에 대한 가해 행위, 범죄 행위를 넘어서서 인간의 자유를 억압하고, 자유사회를 지향하는 우리 모두의 적"이라며 "우리 모두 정말 하나 된 마음으로 피해자를 위로하고, 같은 마음으로 단호하게 대응해야 된다고 생각한다. 우리 모두 이재명 대표의 빠른 쾌유를 기원하자"고 말했다.

인사회에 참석한 한동훈 국민의힘 비상대책위원장도 "국민의힘은 모든 폭력을 강력하게 반대할 뿐만 아니라 진영과 상관없이 피해자의 편에 서서 행동하는 사람들"이라며 "국민의힘과 지지자들 모두 같은 마음으로 이재명 대표의 쾌유를 기원한다"고 말했다. 정치도의상 당연한데도 윤 대통령과 한 위원장의 이 대표 '쾌유 기원'에 박수를 보내고 싶다.

그야말로 죽었다 살아돌아온 이 대표는 "모두가 놀란 이번 사건이 증오 정치, 대결 정치를 끝내고 서로 존중하고 상생하는 제대로 된 정치를 복원하는 이정표가 되기를 진심으로 소망한다. 상대를 죽여 없애야 하는 전쟁 같은 이 정치를 이제는 종식해야 한다"고 밝혔다.

그는 "우리 정치가 어느 날인가부터 절망을 잉태하는 죽임의 정치가 되고 말았다"며 "이제 이번 사건을 계기로 우리 모두가 되돌아보고, 저 역시도 다시 한 번 성찰하고, 그래서 희망을 만드는 살림의 정치로 되돌아갈 수 있도록 저부터 노력하겠다"고 밝혔다. 이 대표는 부산 시민과 의료진 등에 대한 감사 인사도 덧붙였다.

이 대표는 "각별하게 우리 부산시민 여러분, 그리고 생사가 갈리는 그 위급한 상황에서 적절하고 신속한 응급조치로 목숨을 구해주신 부산의 소방, 경찰, 그리고 부산대 의료진분들께 각별한 감사의 말씀을 전한다"고 밝혔다. 이어 "수술부터 치료까지 최선을 다해주신 서울대병원 의료진분들께도 감사 말씀을 전한다"고 덧붙였다.

이 대표는 "이제 증오하고 죽이는 이런 전쟁 같은 정치는 이번 사건을 계기로 사라지면 좋겠다. 저도 노력하겠다"며 "존중하고, 공존하는 정치가 복원되고 희망있는 나라로 우리가 함께 갈 수 있다면 남은 제 목숨이 없어진들 뭐가 그리 아깝겠나. 감사하다"라고 발언을 마무리했다. 현장에는 지지자 100여 명이 이 대표 퇴원을 지켜본 것으로 전해졌다.

같은날 오후 1시 30분 부산경찰청 수사본부는 최종 수사 결과 브리핑을 열어 "김씨가 이 대표가 대통령이 되는 것을 막고 총선에서 특정 세력에게 공천을 줘 다수 의석을 확보하지 못하도록 하려고 범행을 저질렀다"고 밝혔다. 그러면서 "이 대표의 재판이 연기되는 등 제대로 처벌하지 않는 것 같다는 생각에 범행한 것으로 보인다"고 말했다.

공범이나 배후세력의 존재에 대해선 "압수물 분석과 디지털 포렌식 조사, 통화내역, 행적 분석 등을 통해 조사했지만, 현재까지는 없는 것으로 보인다"고 밝혔다. 앞서 경찰은 김씨가 범행에 앞서 작성한 '변명문'('남기는 말')을 범행 뒤 언론매체와 가족에게 전달해줄 것을 약속한 조력자 70대 남성을 붙잡아 입건했지만, 하루만에 석방한 바 있다.

테러범은 지난 2일 오전 부산 강서구 가덕도 대항전망대를 방문한 이 대표에게 지지자 행세를 하며 접근해 목 부위를 흉기로 찌른 뒤 현장에서 붙잡혔다. 범행은 치밀한 계획하에 이루어진 것으로 드러났다. 지난해 4월 인터넷에서 등산용 칼을 구입해 칼등과 칼날을 예리하게 갈았을 뿐아니라 범행이 용이하도록 자루 부분도 개조한 것으로 드러나서다.

그뿐이 아니다. 이 대표에게 쉽게 접근하기 위해 '내가 이재명', '총선 승리 200석' 등의 문구를 적은 손펼침막과 왕관 모양 머리띠까지 만들었다. 테러범은 이 무렵 민주당에 입당도 했다. 이후 지난해 6월부터 개조한 흉기를 가방 안에 담고 경남 김해 봉하마을, 양산 평산마을 등을 방문한 이 대표를 다섯 차례나 따라다녔다.

이 대표 동선은 민주당 누리집을 통해 파악했다고 한나. 흔적을 남기지 않기 위해 대중교통은 현금으로만 이용하는 치밀함도 보였다. 범행 전날인 지난 1일에는 추적을 피하려고 휴대전화의 유심(USIM) 칩을 제거한 뒤 현금으로만 차비를 지불하며 KTX와 도시철도·택시·버스 등을 타고 이동한 것으로 조사됐다.

사이코패스는 아닌 걸로 진단 결과가 나왔지만, 경찰이 브리핑을 통해 전한 테러범의 행적과 발언은 "그릇된 정치적 신념에 근거해 야당 대표에게 흉기 공격을 가한 '확신범'의 그것에 가깝다. 전반적 내용과 빈번하게 등장하는 표현들이 주로 우파 정치 유튜브나 태극기 집회에서 유통되는 것들"(한겨레, 2024.1.11.)이라는 지적이 있는데, 다음 글에서 이어간다.

〈2024. 1. 14.〉

제1야당 대표가 테러당하는 나라2

'제1야당 대표가 테러당하는 나라1'에서 말한 확신범은 도덕적·종교적·정치적 의무 등에 대한 신념이나 확신이 결정적인 동기가 돼 범행을 저지르는 자를 뜻한다. 이를테면 작심하고 범행을 저지른 셈인데, 지난해 4월부터 몇 차례 수정을 거쳐 작성했다는 7,446자 분량의 '남기는 말'을 보면 그런 지적이 설득력있게 다가온다.

테러범의 '남기는 말'에는 "사법부 내 종북세력으로 인해 이 대표에 대한 재판이 지연돼 그를 단죄하지 못하고 있다. 4월 총선에 공천권을 행사하면 좌경화된 세력에게 국회가 넘어간다. 나아가 이 대표가 대통령이 돼 나라가 좌파세력에 넘어가게 되니 이를 저지하겠다. 이런 내 의지를 알려 자유인들의 구국 열망과 행동에 마중물이 되고자 실행에 옮기겠다"는 내용이 담겼다.

배상훈 우석대 경찰행정학과 교수는 한국일보와의 통화에서 "김 씨에게 이재명은 문재인, 조국, 개딸(개혁의 딸), 586세대 등을 총망라하는 하나의 표상"이라며 "범죄를 감수하고라도 정치적 신념을 그 표상에 대한 극단적인 폭력으로 표출한 것"이라고 말했다.

내용과 등장하는 표현들로 미뤄, 테러범의 글은 "그가 오랫동안 국민의힘 당원이었으며 최근까지 태극기 집회에 참여했다는 주변 진술, 범행을 위해 지난해 민주당에 '위장 입당'했다는 추론이 신빙성을 갖게"(한겨레, 2024.1.11.) 하지만, 그러나 경찰이 테러범의 신상과 '남기는 말' 전문을 공개하지 않아 논란을 자초하고 있다.

더불어민주당은 1월 10일 이재명 대표 피습 사건에 대한 경찰 수사 발표에 대해 "사건의 본질을 정치적 의도로 왜곡한 축소수사이자, 실패한 수사"라고 비판하며 전면 재수사를 촉구했다. 보도를 종합해 보면 이날 경찰 수사 발표 직후 열린 '민주당 당대표 테러대책위원회'는 경찰에 대한 성토장을 방불케 했다.

전현희 위원장은 "경찰 발표 제목이 '이 대표 피습 사건'으로 규정돼 있다"며 "경찰이 이 사건을 단순한 형사사건 정도로 사건의 의미를 축소한 것"이라고 지적했다. 이어 "경찰 수사 발표를 보면 테러 동기, 공범 여부, 배후 등 국민이 궁금해하는 사건의 본질과 관련한 내용이 제대로 밝혀지지 않았다. 도대체 무엇을 수사한 것인지 알 수가 없다"고 목소리를 높였다.

민주당은 피습 직후 이 대표 부상 정도를 '1cm 열상'이라 적시한 대테러상황실 문자 메시지를 문제 삼으며, 국무총리실에 대한 공세도 이어갔다. 전 위원장은 "국무총리실에서 왜, 누가 이 문자를 발송하라고 지시했는지, 무슨 의도였는지, 어느 선 범위로 유포됐는지 철저한 수사가 필요하다"며 "이 부분은 대책위에서 법률 검토를 거쳐 고발조치할 예정"이라고 했다.

그러면서 "미비한 축소 수사, 실패한 수사 등에 대해 경찰과 수사당국의 전면 재수사를 요구한다"며 "사건을 덮거나 축소하려 한다면 대책위가 좌시하지 않고 단호히 대처할 것"이라고 밝혔다. 위원회 간사 박상혁 의원도 "오늘 수사 결과 발표에 범행 동기를 밝히는 부분이 빠졌다"며 "범행 동기를 밝히는 가장 핵심 요소 중 하나가 테러범의 신상인데, 과거 박근혜 전 대통령 사건 등을 볼 때 이름과 얼굴이 공개된 바 있다"고 지적했다.

그런데 미국 일간지 뉴욕타임스(NYT)가 테러범의 실명 및 직업 등을 공개해 대조를 보이고 있다. NYT는 김씨의 실명, 직업뿐 아니라 피습 당시 영상에 담긴 뒷모습 등을 모자이크 없이 게재하기도 했다. 일부 야당 지지자들은 "이런 중요 정보를 왜 다른 나라 신문을 통해 알아야 하느냐"며 분통을 터뜨렸다.

민주당은 이날 "경찰이 제1야당 대표를 살해하려 한 범죄자를 감싸고도는 이유가 뭐냐"며 "노무현 정부였던 2006년 박근혜 한나라당 대표 피습 사건 당시 하루도 안 돼 테러범의 신상을 공개했던 것과는 매우 대조적"이라고 지적했다. 누리꾼들도 격앙된 반응을 보였다. 한 네티즌은 "어느 나라의 정치인이 테러를 당하더라도 범인이 잡히면 공개하지 않느냐", "이런 정보를 외신을 통해 알아야 하느냐"는 등 경찰의 비공개 결정에 대해 비난했다.

전 위원장은 1월 10일 국회에서 열린 2차 대책회의에서 "테러의 동기나 공범 여부, 배후 등 국민들이 궁금해하는 사건의 본질이 제대로 밝혀지지 않았다. 경찰과 수사당국에 즉각적이고 전면적인 재수사를 요구한다"고 다시 밝혔다.

형사사건 전문 조아무개 변호사는 "경찰이 '이재명 테러범은 국민의힘 당원 출신 태극기부대'라는 사실을 경찰 발로 공식화하는 것이 부담스러워 여러 무리수를 둔 것 같다"고 했다. 강경호 변호사는 "피의사실 공표, 국민의 알 권리 사이에서 접점을 찾는 문제다. 정치적으로 민감한 문제라서 (경찰이) 김씨 글 전체를 공개하지 않기로 결정한 것으로 보인다"고 말했다.

제1야당의 대표가 백주대낮 테러를 당하는 나라에 살고 있는 게 엄청 오싹한데도 경찰은 '알아서 기는' 행태를 보이니 할 말을 잃는다. 아무튼 이래저래 이 대표는 새해 벽두부터 안팎으로의 부대낌이 더 심해진 모양새가 됐다. 테러는 액땜한 셈 치더라도 완쾌와 함께 매진해야 할 총선에서 어떤 성적표를 받아들지 걱정이 앞선다.

〈2024. 1. 14.〉

이준석 전 대표의 국민의힘 탈당

이준석 국민의힘 전 대표가 예고한 대로 구랍 27일 탈당했다. 이 전 대표는 이날 세 차례나 국회의원 선거 패배를 맛본 서울 노원구의 한 식당에서 기자회견을 열어 "변화가 없는 정치판을 바라보며 기다릴 수 없었다"며 "오늘 국민의힘을 탈당한다. 동시에 국민의힘에 제가 가지고 있던 모든 정치적 자산을 포기한다"고 밝혔다.

2011년 12월 27일 '박근혜 새누리당 비상대책위원회'에 합류해 정계 입문했고, 2021년 6월 11일 열린 국민의힘 전당대회에서 43.8%의 득표율로 당 대표에 당선된 지 약 2년 6개월 만이다. '36세 제1야당 대표'(장세진 에세이 '뭐 저런 검찰총장이 다 있나' 수록) 처음 발표(전북연합신문, 2021.6.17.)도 그 무렵이니 나 역시 약 2년 6개월 만에 다시 하는 이준석 이야기다.

나는 '36세 제1야당 대표'에서 축하할 일이라 썼다. 헌정사상 최연소인 36세 제1야당 대표가 되어서다. 국회의원 선거에 3번이나 떨어진, 그래서 0선인 30대 청년 정치인의 화려한 비상이라 할 수 있어서다. 오죽했으면 문재인 대통령도 이 신임 대표에게 전화해 "우리 정치사에 길이 남을 일이다. 정치뿐만 아니라 우리나라가 변화하는 조짐이라고 생각한다"며 축하했을까!

사실 36세 제1야당 대표는 깜짝 놀랄 일이었다. 2016년 박근혜 대통령탄핵 이후 자주 바뀐 당명이 보여주듯 지리멸렬을 거듭해온 보수정당의 젊은 피 수혈을 통한 새로운 리더십을 예고한 것이어서다. 김종인 전 비대위원장이 광주에 가서 무릎 꿇고 사과하는 등 환

골탈태하려는 국민의힘 변화의 몸짓이 정점에 이른 듯해서다.

이 대표가 수락 연설에서 "변화를 통해 우리는 바뀌어서 승리할 것"이라며 "관성과 고정관념을 깨달라. 그러면 세상은 바뀔 것"이라고 당부한 그대로 국민의힘은 정권교체를 이뤘다. 누가 뭐래도 대선 승리의 1등 공신이지만, 그러나 윤석열 대통령이 보낸 "내부 총질이나 하던 당대표"란 문자가 공개되면서 이 전 대표는 징계를 통한 '토사구팽' 당하기에 이르렀다.

새 정부 출범 두 달 만에 여당대표가 징계를 받고 법정공방까지 벌인, 정당사에 없던 수모를 겪은 이 전 대표로선 많이 인내하며 자신이 일궜던 국민의힘 개혁을 기다리다 마침내 결행한 탈당이라 할 수 있다. "전날 한동훈 비대위원장이 여당 사령탑으로 등판해 관심이 반감된 와중에 최종 선택에 내몰린 측면이 없지 않다"(한국일보, 2023.12.28.)는 주장이 있지만, 그렇지 않다. 12월 27일 탈당 날짜가 오래전부터 예고된 바 있기도 해서다.

이 전 대표는 "그들의 권력욕을 상식선에서 대했고 진압하지 못했던 오류를 반성한다", "보수정당에 찾아왔던 찰나와도 같은 봄을 영원으로 만들어내지 못한 스스로를 반성한다"고도 말했다. 탈당 원인이 윤석열 대통령과 친윤계 핵심에 있음을 분명히 한 것이다. 대선 승리의 1등공신이라 할 자신을 "내부 총질이나 하던 당대표"로 내쳐진 걸 떠오르게 하는 말이다.

이어 "3년 전의 저라면 와신상담(臥薪嘗膽)·과하지욕(跨下之辱) 등의 고사성어를 되뇌며 '당을 위해 헌신'과 같은 '여의도 방언'을 입 밖으로 내었을 것"이라며 "때로는 영달을 누리고 때로는 고생을 겪으며 만수산 드렁칡과 같이 얽혀 살 수도 있었다"고도 했다. 타협하거나 굴복해 편한 길을 가지 않은 심경도 읽힌다.

이 전 대표는 "대통령 선거가 끝난 지 2년이 다 되어 가는데도 왜 적장을 쓰러뜨리기 위한 극한 대립, 칼잡이의 아집이 우리 모두의 언어가 되어야 하느냐"고도 했다. 이와 관련해 이 전 대표는 이날 'JTBC 뉴스룸' 인터뷰에서 "제가 '칼잡이 아집'이라고 표현한 부분은 대통령에 대한 평가에 가깝다"고 설명까지 곁들였다.

그는 "선출되지 않은 누군가가 유·무형의 권력을 휘두르며 대한민국을 쥐락펴락하는 모습, 그 사람 앞에서 법과 상식마저 무력화되는 모습이 반복되는 것은 다시는 경험하고 싶지 않은 트라우마"라며 누가 봐도 김건희 여사를 겨냥한 발언도 내놨다.

한 위원장을 "경쟁자"라고 표현한 이 전 대표는 "12년 정치하면서, 매년 '이준석 대항마' 타이틀로 등장하는 분들이 '이준석 부정'으로 행보를 시작했을 때 어려움을 겪는 걸 봤다"며 "(한 위원장이) 굳이 (청년 세대와 국민의힘 전통적 지지층인 60대 이상이 연합해야 선거에 이긴다고 내가 주장한) 세대포위론을 부정하면서 나서는 걸 보면서 안쓰러웠다"고 말했다.

"생물학적 나이를 기준으로 한 세대포위론이란 말은 신뢰하지 않는다"고 한 한 비대위원장 말을 되받아친 모양새다. 이 전 대표는 "지금은 이준석과 차별화가 아니라 윤 대통령과 차별화를 하라"며 일침을 놓기도 했다. 이 전 대표는 "총선 전 (국민의힘과) 재결합 시 나리오는 부정하고 시작하겠다. 선거 뒤에도 총선 이후에도 (연대) 가능성은 약하다"고 천명했다.

국민의힘은 "그동안의 활동에 대해 감사하게 생각한다. 앞으로도 뜻하는 바 이루기를 바란다"는 박정하 수석대변인의 짧은 구두 논평을 내는데 그쳤다. 박근혜 탄핵 이후 지리멸렬했던 당을 재정비해 대선 승리까지 이룬 개국공신에게 가해진 배은망덕의 정치판을 보는 게 슬플 따름이다. 그럴망정 과거 돌풍을 일으켰던 국민의당처럼 산산조각나는 일이 없었으면 한다.

〈전북연합신문, 2024.1.17.〉

이상민 의원을 규탄한다

약 2년 전 쓴 '민주당이 우물쭈물하는 사이'(장세진 에세이 '뭐 저런 검찰총장이 다 있나' 수록)는 2021년 12월 7일 국민의힘에 입당한 무소속 이용호 의원(남원·임실·순창 지역구)에 대한 이야기다. 민주당 복당이 이뤄지지 않자 선수를 친 이 의원의 당적 변경이 주요 내용이다. 민주당이 우물쭈물하는 사이 이 의원이 뒤통수를 친 셈이라 할까.

이 의원외에도 신발을 바꿔 신은 국회의원들이 더러 있긴 하다. 민주당에서 국민의힘으로 간 조경태 의원이나 이언주 전 의원이 얼른 떠오른다. 손학규 전 대표는 그 반대인 경우다. 어쨌든 4·10 총선을 90일 남짓 앞두고 있다. 이른바 배신의 계절이 돌아오기도 한 것인데, 1월 8일 국민의힘에 입당한 5선의 이상민 의원(대전 유성구을)이 대표 주자다.

한동훈 국민의힘 비상대책위원장은 "이 의원의 용기와 경륜으로 우리는 개딸 전체주의가 계속될지도 모른다는 두려움을 이겨낼 수 있게 됐다"며 환영했다. 이 의원은 이날 열린 국민의힘 비대위 회의에서 한 위원장의 소개로 입당 소식을 알렸다.

이 의원의 휠체어를 밀어주며 입장한 한 비대위원장은 "권력에 맞서는 것은 어렵다. 큰 용기가 필요하다"라며 "지금의 민주당은 과거 민주당과 달리 개딸 전체주의 주류가 돼버렸고 그래서 이 나라와 동료시민의 삶과 미래를 위협하는 존재가 돼버렸다. 그것을 막기 위해 용기를 내주셨다고 생각한다"고 말했다.

이어 "단순히 다선 의원 한 명이 당 옮긴 것이 아니다. 이 의원의 용기와 경륜으로 우리는 개딸 전체주의가 계속될지도 모른다는 두려움을 이겨낼 수 있게 됐다"고 말했다. 소개를 받은 이 의원은 "집권여당 비대위 자리에 앉게 돼서 개인적으로 영광이고, 가문의 영광"이라며 "호랑이 잡으러 호랑이굴에 들어간다고 그렇게 다부진 생각으로 입당하게 됐다"고 말했다.

권칠승 민주당 수석대변인은 "국민들이 이런 배신과 언어도단, 야합의 정치 행태를 엄중하게 심판할 것"이라고 비판했다. 민주당 비주류로 종종 같은 목소리를 냈던 조응천 의원도 "민주당도 참 못났지만 용산의 여의도출장소를 자임하는 국힘은 봐줄만한 구석이 있느냐"고 어이없어했다. 민주당 대전시당은 논평을 통해 아예 '배반과 배신의 아이콘'이라고 이 의원을 직격했다.

이 의원은 이보다 앞선 구랍 3일 더불어민주당을 탈당했다. 이 의원은 "민주당은 이재명 대표 체제 이후 오히려 나아지기는커녕 이새명 사당, 개딸당으로 변질되어 딱 잡아떼고 버티며 우기는 반상식적이고 파렴치하기까지 한 행태가 상습적으로 만연되었고, 내로남불과 위선적, 후안무치, 약속뒤집기, 방패정당, 집단 폭력적 언동, 혐오와 차별 배제, 무능과 무기력, 맹종 등 온갖 흠이 쌓여 도저히 고쳐 쓰기가 불가능한 상황"이라고 악담을 퍼부었다.

권 민주당 수석 대변인은 연합뉴스와 통화에서 "본인 탈당의 명분을 만들기 위해서 오랫동안 몸담았던 당을 상식적으로 이해하기 어려운 수준으로 폄하하고 비난하면서 떠난 것에 대해서 매우 유감스럽다"고 말했다. 권 대변인은 "그동안 당에 대해서 많은 얘길 하셨는데 스스로를 돌아보셨으면 좋겠다"고 덧붙였다.

이 의원의 옆 지역구(대전 유성구갑) 출신의 조승래 의원은 페이스북에 "국회의원 자리를 연명하고 모로 가도 국회의장만 하면 된다는 것 아닌가"라면서 "개인의 영달을 위한 탈당"이라고 깎아내렸다. 한 친명계 인사는 통화에서 "5선 정치인으로서 과연 아름다운 마지막을 정리하는 것인지 생각해 볼 필요가 있다"며 "100% 국민의힘으로 가게 될 것"이라고 전망했다.

박상혁 민주당 의원은 자신의 페이스북에 "이 의원님, 2008년 자유선진당(으로 가더니) 이번에는 국민의힘으로 가는 것이냐"면서 "5선까지 했으면서 그렇게 한 번 더 하고 싶으냐"고 말했다. 5선인 이 의원은 2003년 열린우리당 후보로 당선돼 국회에 처음 입성했다. 2008년 18대 총선에서 통합민주당에서 낙천한 뒤 탈당해 자유선진당으로 당적을 바꿨고, 재선에 성공했다. 2011년 민주당으로 돌아왔다.

민주당 당원게시판에 이 의원의 탈당 소식이 전해진 직후 그를 비난하는 내용의 글이 줄지어 올라왔음은 말할 나위 없다. 정치적 선택은 개인의 자유지만, 그러나 선출직이 유권자 선택을 저버리는 건 정치인의 도리가 아니다. 더구나 '이재명 사당'이라며 당을 뛰쳐나간 사람이 윤 대통령의 직할 체제나 다름없는, 그래서 수직적 당정관계란 걸 세 살 먹은 어린이도 다 아는 그런 국민의힘에 들어가다니, 말인지 막걸리인지 알 수 없다.

이용호 의원때처럼 '나갈테면 어디 나가봐라' 하는 투로 일관한 민주당의 안이하거나 느슨한 태도도 못마땅하지만, 비명계로 그렇게 맘껏 이재명 대표와 17년을 몸담아온 당을 공격할 수 있는 민주정당에 있다가 국민의힘에선 찍소리조차 못낼 각오를 하고 들어간 것인지 전혀 이해가 안된다.

  이 의원의 국민의힘 입당은 탈당과 함께 신당 창당에 나선 이준석 전 대표나 불모지 지역구를 아랑곳하지 않고 '윤석열당'으로 간 이용호 의원과도 다르다. 탈당이 기정사실화된 이낙연 전 대표 행보와도 구별된다. 신당 창당으로 새로운 도전과 함께 홀로서기라는 점에서다. 심지어 노망든 게 아닌가 하는 의구심마저 자아낸다. 이상민 의원을 규탄하는 이유다.

〈전북연합신문, 2024.1.24.〉

국회의원이 들려나가는 나라

1월 18일 강성희 진보당 의원(전북 전주을)이 대통령 경호원들에게 입을 틀어막힌 채 팔다리가 들려 끌려 나가는 일이 벌어졌다. 내가 살고 있는 전주 한국소리문화의전당 모악당에서 열린 '전북특별자치도 출범식' 행사중 강 의원이 윤석열 대통령의 손을 잡고 "국정기조를 바꿔야 한다"고 말하다가 벌어진 일이다.

보도를 종합해보면 진보당은 "입법부에 대한 중대한 모독"이라고 반발했다. 반면 대통령실은 "제도권 내의 국회의원이 이런 일을 벌인 것은 금도를 넘어선 일"이라고 주장했다. 이후 강 의원은 한겨레와 한 통화에서 "경호원들이 제지를 할 만한 그런 것(행동)은 전혀 없었다"며 경호원들의 '과잉 경호'였다고 비판했다.

요컨대 대통령이 참여하는 행사의 경우 해당 장소에 입장하는 전체 참석자들이 금속탐지기 등을 통한 보안 조처를 거치며 엄격한 통제를 받기 때문에 위해를 가할 가능성도 없었다는 것이다. 강 의원은 "경호원들이 (나를) 강제로 끌어내는 과정에서 안경을 빼앗기까지 했다. 대통령실은 정중히 사과하고 경호처 책임자를 문책하라"고 말했다.

임오경 더불어민주당 원내대변인도 "'국정 기조 바꾸라'는 말 한마디가 대통령의 심기에 그렇게 거슬리게 들렸냐"며 경호처장 파면을 주장했다. 또한 민주당은 1월 21일 대통령 경호처의 '강성희 진보당 의원 과잉진압' 논란을 '국회의원 폭력 제압 사태'로 규정하며 진보당·정의당 등 다른 야당과 함께 대통령실 규탄 결의안을 공동 발의

한다고 밝혔다.

하지만 대통령실 핵심 관계자는 기자들과 만나 "강 의원이 소리를 지르면서 대통령의 손을 놓아주지 않았다. 잡은 손을 자기 쪽으로 당기기까지 했다. 경호처에서 계속해서 손을 놓으라고 경고했다"며 "(강 의원은) 대통령이 지나간 뒤에도 계속 고성을 지르면서 행사를 방해하고 있는 상황이었다. 이는 당연히 경호상의 위해 행위라고 판단될 만한 상황이었고 그래서 강 의원을 퇴장 조치한 것"이라고 주장했다.

이 관계자는 '국회의원의 입을 막고 사지를 들어 행사장 밖으로 내보내는 수준의 조치가 적절했는지'에 대한 추가 질문에는 "분리된 이후에도 계속해서 손나팔을 만들어 고성을 지르는 상황에서 경호처 입장에서는 당연히 대통령과 행사에 참석한 국민들의 안전에 위해가 가해질 수 있다는 판단을 할 수밖에 없었고, 그래서 퇴장 조치를 한 것"이라고 부연했다.

1월 23일 민주당과 정의당 등 야당이 국회 운영위원회를 열어 대통령 경호처의 강 의원 강제 퇴장 사건과 윤석열 대통령의 한동훈 국민의힘 비상대책위원장 사퇴 요구 등 '당무 개입'을 비판했다. 민주당 김한규 위원은 "(경호처가) 강 의원의 행사 참여라는 권리 행사를 방해했기 때문에 충분히 형사처벌 대상까지 될 수 있는 상황"이라고 말했다.

정의당 배진교 위원도 "강 의원 강제퇴장 조처는 국회의원 300명 전체에 대한, 국회에 대한 모독"이라며 "운영위가 대통령의 사과와 경호처장 파면을 결의해줄 것을 요청한다"고 말했다. 민주당 박상혁 위원은 "이 실장이 한 위원장을 만나 사퇴 요구를 했다는 건 명백한 당무 개입이다. 이 문제의 심각성은 박근혜 대통령 탄핵 사유에 적나라하게 적시돼 있다"고 말했다.

그러나 국민의힘과 대통령실 관계자들은 합의 없이 회의가 열렸다며 운영위에 불참했다. 여당 운영위원들과 대통령실 관계자들이 불참하면서 국회 운영위원회는 16분 만에 끝나버렸다. 국회의원들 스스로 국회의 기능과 권위를 발로 차버린 모습만 보여준 셈이 되고 말았다.

1월 25일엔 김진표 국회의장이 국회 본회의에서 강 의원 관련 대통령실의 과잉 경호 논란을 두고 "대통령 경호원들의 이와 같은 과도한 대응이 재발하지 않도록 적절한 조치가 필요하다"고 말했다. "국회의원은 한 사람 한 사람이 국민을 대표하는 헌법기관"이라며 한 말이다. 국민의힘 의원들은 고성을 지르며 항의했다.

내가 사는 전주에서 안봐도 될 그런 일이 벌어져 대단히 유감스럽다. 서로 네 탓 공방을 벌이며 민생이나 경제회복과 전혀 상관없는, 그래서 쓸데없는 일로 국력을 소모 내지 탕진하는 일이 또 벌어진 것이라 해도 틀리지 않아 화가 난다. 다시 한 번 '어통령' 시대에 사는 '국민적' 비극과 맞닥뜨려야 하는 '지랄 같은' 일이 벌어져 부아가 치밀기도 한다.

하필 전북특별자치도 출범식이란 잔칫날에 "국정 기조를 바꿔야 한다"는 '충정'을 보인 강 의원 행태가 좀 아쉽긴 하다. 전주을 지역구 국회의원으로서 잔칫날 손님을 맞는 기본적 자세가 아니라서다. 그렇다고 국민이 뽑은 국회의원을 마치 '적'처럼 제압하는 건 있을 수 없는 일이다. 얼마든지 경호원들이 강 의원을 막아서며 거리를 두는 등의 격리도 가능했지 싶어서다.

지금은 '각하' 심기 경호에 유난을 떨다 박정희 대통령과 함께 총맞아 죽은 차지철 경호실장이 설쳐대던 시절이 아니다. 12·12쿠데타를 일으켜 정권을 찬탈한 전두환 대통령에 장세동 경호실장 시절도 아니다. 그런데도 지금 대한민국은 국민이 뽑은 국회의원이 대통령에게 쓴소리(사실은 옳은 소리) 한 마디 했다고 경호원들에 의해 들려나가는 나라다.

〈전북연합신문, 2024.1.31.〉

이성윤 사용법

1월 29일 더불어민주당이 국회에서 인재영입식을 열었다. 영입 인재는 이지은 전 총경과 백승아 전국초등교사노조 수석부위원장이다. 평교사 출신을 영입한 것도 이채롭지만, 이 전 총경이 눈에 더 띈다. 이 전 총경은 경찰 최초로 지구대장 출신 총경에 올랐지만, 윤석열 정부의 경찰국 신설에 반대하는 전국총경회의를 기획한 이유로 좌천된 이력이 있는 인물이라서다.

지난해 12월 '인재 3호'로 영입한 류삼영 전 총경과 같은 맥락이라 할 수 있다. 이 전 총경은 "제 인생 그 자체였던 경찰 조직이 윤석열 정권에 의해 망가지는 모습을 더 이상 두고 볼 수 없었다"며 "증오와 야만의 시대에는 제자리에서 자신의 일만 열심히 하는 것만으로는 정의롭고 안전한 사회를 만들 수 없다"고 말했다.

그 연장선에서 민주당의 영입인재로 떠오르는 사람이 이성윤 법무연수원 연구위원(전 서울중앙지검장)이다. 이 연구위원은 지난해 9월 조국 전 장관의 신간 '디케의 눈물' 출판기념회에 참석해 "윤석열 사단은 하나회에 비견된다"라고 맹비난했다. 조 전 장관에 대해서는 "강철 같은 의지력의 소유자"며 "수사로 고초를 겪었다"라고 평가했다.

같은 해 11월에는 자신의 책 '꽃은 무죄다' 출판기념회에서 민주당의 검사 탄핵 추진에 반발한 이원석 검찰총장을 겨냥해 "검사들이 조직 구성원을 감싸는 것이 마치 리더십이라고 생각하는 듯한데 지금은 그런 게 통하는 세상이 아니다"라고 비판했다.

대검찰청은 지난 1월 4일 감찰위원회 심의·의결에 따라 이 연구위원 중징계를 청구한 상태다. 이 연구위원은 2019년 김학의 전 법무부 차관의 불법 출국금지 의혹 사건을 수사하려던 안양지청 수사팀에 외압을 행사했다는 혐의로 2022년에도 정직 요구 징계가 청구된 바 있다. 김 전 차관 사건과 관련해 1·2심에서 무죄를 선고받았다.

이 연구위원은 공직선거법상 총선 출마를 위한 공직자 출마 시한인 1월 11일 사흘 전 법무부에 사표를 제출했다. 일각에선 민주당 소속으로 총선에 출마할 가능성이 제기됐지만, 아직 영입 소식은 들리지 않고 있다. 전북 고창 출신에 전주고등학교를 나온 터라 전략공천으로 가닥이 잡힌 전주을이 덩달아 술렁이고 있는 정도다.

무엇보다도 이 연구위원은 '윤석열 저격수'로서 존재감이 뚜렷한 게 강점이다. 가령 이 연구위원은, 프레시안(2024.1.12.)에 따르면 자신이 중앙지검장 시절 윤석열 당시 검찰총장이 직접 전화해 "니가 눈에 뵈는 게 없느냐"는 등 비속어를 쏟아냈다고 주장했다. 이 연구위원은 1월 11일 MBC라디오에 출연해 "제가 방송이니까 (들었던) 비속어를 쓸 수 없다"면서 한 말이다.

이 연구위원은 도이치모터스 주가조작 사건 관련해서 자신을 비롯한 '친문' 검사들이 1년 7개월 동안 수사하고도 혐의점을 찾지 못해 기소하지 못한 사안이라는 지적을 두고 "(김건희) 특검 물타기용 주장이고 황당한 주장"이라고 잘라 말했다.

이 연구위원은 "제가 중앙지검장 시절에 도이치모터스 사건 등 가족 사건을 지휘한 것은 맞다. 도이치모터스 사건만 놓고 본다면 제가 초기에 수사를 지휘했다"면서도 "이것은 당시 검찰총장이 윤석열이라는 것을 빼놓고 하는 얘기"라고 주장했다.

그는 "윤석열 총장이 옆 건물에서 서슬퍼렇게 지켜보고 있고, 중앙

검사장인 저는 검사에 대한 인사권도 없고 대검에서 수사비를 충분히 주지 않으면 수사비를 충분히 줄 수 없었다"면서 "또 어떤 분들은 추미애 장관이 총장 수사지휘 배제를 했기 때문에 마음껏 수사할 수 있는 거 아니냐 이렇게 말하는 분도 있는데 그건 검찰 실무를 몰라도 너무 모른 얘기"라고 주장했다.

그는 "(총장이) 뒤에서 특활비를 주면서 컨트롤 해버리면 중앙검사장은 왕따가 돼 버린다"며 "또 그 당시 상황에 윤석열 전 총장은 중앙지검을 지휘하는 저에게 전화를 해서는 '네가 눈에 뵈는 게 없냐'(라는 등) 제가 방송이니까 비속어를 쓸 수 없다. 그런 막말을 중앙지검장에게 한 사람"이라고 폭로했다.

이 연구위원은 "저한테 그럴 정도면 검사들한테 오죽했겠는가"라면서 "그래서 검사들이 주눅들 수밖에 없고 엄청 부담으로 작용했을 것"이라고도 말했다. "그렇지만 저는 관련 자료를 꼬박꼬박 확인하고 또 분석해놨고 제 후임 검사장이 공범들을 구속 기소했다. 재판 과정에서 김건희 씨 관련 자료가 나왔는데 검찰이 수사를 안 하니까 특검 필요성이 됐고 특검법이 통과된 것 아닌가"라며 반문하기도 했다.

이 연구위원은 "김건희 씨 관련 진실은 반드시 규명돼야 되고 이게 정의이고 시대정신이라고 생각한다"며 "도이치모터스 사건뿐만 아니고 김건희 씨 관련돼서 나온 디올백 사건이라든가 양평고속도로라든가 코바나컨텐츠라든가, 국민들이 범죄적 의심을 갖고 있는 것을 모두 포괄하는 김건희 종합특검이 재추진돼야 한다고 생각한다"고 밝혔다.

이 연구위원은 "제가 김건희 씨나 윤석열 씨를 잘 알고 있기 때문에 무슨 역할을 할 수 있을 거라 생각하고 사직서를 냈다"고 말했다.

뜻밖의 '포부'도 드러냈다. "김건희 씨 관련해서 특별검사로 지명되는 기적이 생긴다면 소명으로 알고 결코 피하지 않겠다"고 밝힌 것이다. '김건희 특검법'이 거부된 상태지만, 귀추가 주목되는 대목이다.
 이 연구위원이 윤 대통령과 사법연수원 23기 동기라는 점에서 문재인 정부의 '인사 참사' 내지 '인사 망사'가 새삼 떠오르기도 한다. 죽은 아들 뭣 만지기식 얘기지만, 윤석열 아닌 이성윤을 검찰총장에 임명했더라면 이렇듯 '어통령'시대 참담한 꼴을 보거나 겪지 않아도 되지 않았을까 싶어 갖게된 생각이다.

〈2024. 1. 31.〉

민폐쟁이 김 여사1

구랍 28일 '대통령 배우자 김건희의 도이치모터스 주가조작 의혹 진상규명을 위한 특별검사 임명 등에 관한 법률'(이하 '김건희 특검법')이 국회 본회의를 통과했다. '김건희 특검법'은 지난해 4월 국회 패스트트랙(신속처리안건)에 올랐다. 숙려기간 240일을 꽉 채워 연말에 자동 상정된 것이다. 대통령 부인이 수사대상인 특검법이 국회 본회의를 통과한 건 헌정사상 최초다.

대한민국의 정치 역사를 새로 쓴 김 여사이지만, '김건희 특검법'은, 그러나 1월 4일 국회가 정부에 이송한 다음날 윤석열 대통령의 거부권 행사로 이어졌다. 이도운 대통령실 홍보수석이 "법안이 정부로 이송되는 대로 즉각 거부권을 행사할 것"이라고 밝힌 그대로다. 각종 여론조사에서 국민 65% 가량이 찬성하는 '김건희 특검법'인데도, 그걸 무시 내지 묵살한 거부권 행사다.

국회 재투표는 언제 있을지 기약되지 않은 상태다. 더불어민주당 등 야당이 최대한 재투표에 대한 상정을 미루고 있어서다. 대통령이나 국민의힘은 다른 거부권 법안처럼 냉큼 부결돼 폐기되지 않아 애가 타겠지만, 덩달아 '어통령' 시대의 국민들은 안봐도 될 전무후무한 일에 휩쓸리게 됐다. 후안무치한 일에 휩쓸리게된 셈이기도 하다.

사실 나는 2023년 3월 '역대급 여사(女史)'란 글을 쓴 바 있다. 이보다 앞서 '유력 대선후보 배우자들'이란 글을 쓰기도 했다. 대선에 패한 민주당 이재명 후보의 부인과 영부인이 된 김 여사에 대한 얘기다. 당연히 대선에서 진 이재명 후보의 부인은 잊혀져 갔지만, 김 여사는 그게 아니다. 오히려 논란의 한가운데에 선 모양새다.

아무튼 '역대급 여사(女史)'는 "살다살다 대통령 부인에 대한 글을 쓰게될 줄은 상상조차 할 수 없었다"는 문장으로 시작하는 글이다. "또한 바라지 않던 윤석열 대통령 시절이 와서 사상 처음 영부인에 대한 글을 쓰게된 것인지도 모를 일"이라고도 했다. "기본이 안된 대통령 후보를 뽑은 '눈 먼' 유권자들 때문 전에 못보던, 짜증나는 영부인 논란과 맞닥뜨리며 살아가야" 하는 고통을 토로한 글이라고 할 수 있다.

그로부터 10개월 이상 지난 지금 김 여사는 국민들의 그런 고통을 해소해주었을까? 해소는커녕 오히려 고통을 더 가중시키고 있다. 특검법의 수사대상 주인공이 된 영부인은 가히 '민폐쟁이 김 여사'라 할 만한 지경에 이르렀다 해도 과언이 아니라서다. 남편인 윤 대통령과 집권여당은 물론 국민들에게 폐를 끼치는 존재가 되어버린 것이다.

이를테면 그것만으로도 영부인 김 여사는 입이 있어도 할 말이 없는 처지로 전락해버린 셈이다. 그래서 그런지 김 여사는 특검법 통과 이후 나타나도 될 자리에 모습을 보이지 않는 등 '잠행'을 이어가고 있다. '김건희 여사 은거 28일째, 특검 에너지는 더 응집 중'(한겨레, 2024.1.13.)이란 제목의 기사를 볼 수 있을 정도다.

새삼스러운 얘기지만, 김 여사는 대통령 선거 이전부터 독특한 언행과 학력 부풀리기 등 여러 문제가 드러나 물의를 빚은 바 있다. 학력 부풀리기에 대해 김 여사는 2021년 12월 26일 기자회견을 열어 사과했다. "남편이 대통령이 돼도 아내의 역할에만 충실하겠다"고 했지만, 거짓말로 드러났다. 대통령 아내 이외의 역할을 하며 뉴스메이커로 떠오르곤 해서다.

그뿐만이 아니다. "김 여사가 인사에 개입하는 흔적이 여기저기 나타났다"는 뉴스도 대할 수 있다. 개인적으로 친분이 있는 사람들을 행사에 데리고 다녔는가 하면 리투아니아에서 명품 쇼핑을 하는 장면이 현지 언론에 포착돼 보도되기도 했다. 성한용 선임기자의 '김건희 호위무사… 윤 대통령 움직이는 퍼스트레이디'(한겨레, 2024.1.15.)를 보면 이런 내용도 있다.

"2022년 11월에는 인도네시아에서 열린 주요 20개국 정상회의 환영만찬에서 김 여사가 윤석열 대통령에게 앞으로 나가라고 손짓을 하는 모습이 카메라에 잡혔습니다. 소리는 들리지 않았지만 '나가, 나가'나 '가자, 가자'라고 말한 것 같다고 합니다. 대통령인 남편을 함부로 대하는 모습이 고스란히 드러난 것입니다."

성 선임기자는 "김 여사 특검에 대해 찬성 여론이 높은 이유는 도이치모터스 주가조작 사건과 명품 가방 수수 사건 등 실체가 있는 의혹 때문이기도 하지만, 그의 부적절한 언행으로 인한 국민 다수의 비호감 지수 상승이 크게 한몫을 하고 있다고 봐야합니다"라고 말한다. 이보다 앞서 소개한 동아일보 '김순덕의 도발'(2022.9.25.) 칼럼 중 김 여사 발언 일부는 충격적이다.

"우리 남편은 바보다. 내가 다 챙겨줘야지 뭐라도 할 수 있는 사람이지, 저 사람 완전 바보다. (남편이) 멍청해도 말을 잘 들으니까 내가 데리고 살지, 저런 걸 누가 같이 살아주겠어요? 인물이 좋나, 힘이 세나, 배 튀어나오고 코 골고 많이 처먹고 방귀 달고 다니고… 당신 같으면 같이 살겠어요?"

"그래서 영부인은 사람들의 상상보다 훨씬 더 깊이 국정 전반에 영향력을 미치게 된다. 한 나라를 통치하는 사람은 대통령이지만, 그 대통령을 움직이는 사람은 퍼스트레이디인 셈"(앞의 한겨레)이라는 주장이 있다. 그걸 인정한다 해도 부부간의 내밀한 사생활은 당사자 말고 아무도 몰라야 하는 게 아닌가? 역대 이런 영부인이 있었는가 싶다.

〈전북연합신문, 2024.2.7.〉

민폐쟁이 김 여사2

아무리 최고위 공직자라 할 대통령이더라도 부부만 알 수 있는 내밀한 사생활이 있다. 부부간의 일은 혹 그걸 엿보거나 들은 자녀가 있더라도 당사자 말고 아무도 몰라야 한다는 얘기다. 아무도 몰라야 하는 그런 게 언론에 보도되는 것도 문제지만, 김 여사가 민폐를 끼치는 건 거기서 그치지 않는다. 당장 윤 대통령의 '김건희 특검법' 거부권 행사가 그렇다.

대선을 약 3개월 앞둔 때인 2021년 12월 29일 윤석열 후보는 여야의 '대장동 특검'과 '고발사주' 쌍특검 공방을 두고 "떳떳하면 사정기관을 통해서 권력자도 조사받고 측근도 조사받고 하는 것이지, 특검을 왜 거부합니까. 죄지었으니까 거부하는 겁니다"라고 말했다.

그러면서 "대장동 특검에 무슨 고발사주까지 끼워넣자고 해서 저는 하라고 했다. 왜냐? 걸릴 게 없으니까. 근데 이 사람들 왜 안 합니까. 진상을 밝히고 조사를 하면 감옥에 가기 때문에 못 하는 겁니다"라고 덧붙였다. "죄를 지었으니 특검을 거부하는 것"이라는 얘기다. '김건희 특검법' 거부권을 행사한 대통령과 같은 사람인지 의문을 자아낸다.

이를테면 윤 대통령의 과거 발언을 소환해낸 '김건희 특검법' 거부권 행사인 셈이다. 누리꾼들은 2년 전 영상 갈무리를 공유하며 "숨는 자가 범인이라더니", "그렇다면 윤 대통령은 김건희 여사가 죄를 지었다고 확인해주는 거냐"고 꼬집었다. 이날 엑스에는 '즉각 거부권'이 인기 트렌드 순위에 오르기도 했단다.

다른 법안들과 달리 윤 대통령의 '김건희 특검법' 거부권 행사는 역사를 새로 쓴 것이기도 하다. 이승만·박정희·전두환 독재 시대를 지나 1987년 민주화 이후 취임한 대통령들은 가족 문제를 권력으로 덮으려 하지 않았다. 아들이나 형 등 가족의 비리 의혹이 불거지면 곧바로 대통령이 국민에게 사과했다.

비리 의혹의 당사자들은 민정수석실 감찰이나 검찰의 수사를 받도록 하기도 했다. 김영삼·김대중 대통령의 아들들과 노무현·이명박 대통령의 형들이 그랬다. 박근혜 대통령은 가족이나 다름 없던 최순실의 국정농단 사건이 터지자 여러 차례 사과했다. 결국 탄핵당해 임기를 마치지 못한 채 대통령직에서 내려와야 했다.

그런데 윤 대통령은 김건희 여사가 부적절한 처신으로 이런저런 구설에 오르고 장모가 구속됐는데도 '모르쇠'로 일관했다. 아예 '김건희 특검법'마저 거부하며 지극정성으로 부인 보호에 나섰다. 민주화 이래 듣도 보도 못한 대통령 모습이라 할 수 있다. 그뿐이 아니다. 수직적이라 할 당정간에도 김 여사는 '뜨거운 감자'가 되곤 한다.

가령 1월 18일 집권여당 국민의힘 의원총회에서 '김 여사 명품백 사과해야' 소리가 나온 데 대해 윤재옥 원내대표가 '공작'이고 '함정'이 당의 공식 입장이라며 발언 자제를 요청하는 등 소동이 일었다. 집권여당에 민폐를 끼치고 있는 김 여사인 셈이다.

김 여사의 민폐는 그뿐만이 아니다. 1월 21일엔 이관섭 대통령 비서실장이 한동훈 비대위원장에게 사퇴를 요구하며 김경율 비대위원 발언 등에 유감을 전한 것으로 전해졌다. '함정 몰카'라는 전제를 달면서도 "걱정할 부분이 있었다", "국민 눈높이에서 생각할 문제"라고 말한 한 비대위원장은 대통령실의 사퇴 요구를 단칼에 거부했다. 사실상 윤 대통령의 요구를 뿌리친 것이다.

이보다 앞선 1월 17일 김 비대위원은 한 유튜브에 출연해 김 여사를 프랑스 혁명으로 단두대에 오른 마리 앙투아네트에 비유하며 "사과를 대통령이든, 영부인이든, 혹은 두 분 다 같이 입장을 표명하는 게 국민의 감정, 마음을 추스를 수 있는 방법 아닌가 한다"고 말했다. 말인즉 제대로 된 '위기 돌파 해법'인데, 그로 인해 취임 한 달도 안 된 집권당 비대위원장이 사퇴요구에 내몰린 것이다.

한겨레(2024.1.23.)에 따르면 김 여사를 잘 아는 여권 인사는 22일 "김 여사가 김경율 비대위원의 '마리 앙투아네트' 언급에 큰 충격을 받았다"고 말했다. 그는 "김 비대위원이 (프랑스 혁명 당시 단두대에서 처형된) 마리 앙투아네트처럼 목을 쳐야 한다는 식의 말을 해서 김 여사가 너무 큰 충격과 서운함을 느낀 것으로 안다"고 전했다.

그는 또 "윤 대통령도 본인 때문에 배우자가 악마화됐다고 생각해서 미안한 감정을 많이 느낀 걸로 안다"고 말했다. 윤 대통령 역시 김 비대위원과 한 위원장이 김 여사의 명품 가방 수수 이슈를 부각한 것에 대해서 강한 서운함을 느낀 것으로 전해지기도 했다. 대통령 스스로 민주공화국 대한민국에 성역이 존재함을 만천하에 알린 셈이 되고 말았다.

윤 대통령과 한 비대위원장이 1월 24일 서천 화재현장에 시차를 두고 나타나 '90도 인사'를 주고받으며 함께하는 모습으로 대립이라든가 갈등은 일단 봉합된 모양새다. 그런데 윤 대통령 아바타란 비아냥에도 아랑곳없이 총선 승리를 위한 구원투수로 등판시킨 한 비대위원장마저 사퇴시키려 한 배경에 김 여사가 있다. 민폐쟁이 김 여사가 '비선 실세'임이 확인된 셈이라 할까.

잘못한 게 있으면 진정어린 사과는 기본이고 필수다. 김 여사가 "이 문제를 사과할 경우 민주당이 이를 고리로 계속 공격해 총선에 악재가 된다"(한겨레, 2024.2.24.)는 취지로 주변에 말했다는데, 말인지 막걸리인지 알 수가 없다. 이대로라면 국민의힘은 '영부인 리스크'를 안고 총선을 치르게 될 판이다. 이런 적이 역대 총선에서 있었는가?

〈전북연합신문, 2024.2.14.〉

까거나 씹는 사이다 에세이!

장세진 지음/308쪽/15,000원